国家社科基金
后期资助项目
GUOJIA SHEKE JIJIN HOUQI ZIZHU XIANGMU

性别失衡的社会风险研究

——基于社会转型背景

The Social Risk Research of Gender Imbanlance
—Based On Social Transition Context of China

刘慧君　李树茁　等／著

社会科学文献出版社
SOCIAL SCIENCES ACADEMIC PRESS (CHINA)

国家社科基金后期资助项目
出版说明

后期资助项目是国家社科基金设立的一类重要项目，旨在鼓励广大社科研究者潜心治学，支持基础研究多出优秀成果。它是经过严格评审，从接近完成的科研成果中遴选立项的。为扩大后期资助项目的影响，更好地推动学术发展，促进成果转化，全国哲学社会科学规划办公室按照"统一设计、统一标识、统一版式、形成系列"的总体要求，组织出版国家社科基金后期资助项目成果。

全国哲学社会科学规划办公室

本书的研究和出版受到以下项目资助

国家社会科学基金后期资助项目（13FRK001）

陕西省社会科学基金后期资助项目（13HQ002）

前　言

　　性别结构失衡问题早在 20 世纪 90 年代就已经进入了社会人口学家的研究视野。但那时候的研究集中于出生人口性别比，将其视为人口问题，更多地关注中国的出生人口性别结构到底是真偏高还是瞒报导致的假偏高，偏高的出生性别比和女婴死亡率到底导致中国有多少女性人口失踪，出生性别比和女婴死亡率偏高的产生机制是什么，如何通过综合治理使出生性别比恢复正常等问题的研究。西安交通大学人口与发展研究所一直参与其中，致力于对这些问题的解答。经过长期不懈的努力，研究团队在关爱女性、保护弱势群体及综合治理等领域积累了丰富的理论和实践经验，并与美国斯坦福大学人口与资源研究所、加拿大维多利亚大学等国际知名大学和研究机构建立长期合作关系，在联合国人口基金、联合国儿童基金、美国福特基金等国际组织的资助下，将对中国弱势群体的合作研究推向国际领域，也通过与国内各级政府部门的密切合作，将研究成果及时转化为政策实践，为国家开展"关爱女孩行动"、综合治理性别失衡问题提供了理论指导和技术支持。李树茁教授作为研究团队的负责人，一直在引领和推动着整个团队的研究方向和进展。

　　2006 年以来，西安交通大学人口与发展研究所的研究方向发生了一个重大转变，从对出生人口性别结构的关注转向对整个人口性别失衡问题的研究，从对性别结构失衡原因的揭示转向对性别结构失衡后果的探讨。研究视角也不再局限于人口学，开始向社会学、管理学倾斜。与此同时，*Bare Branches*: *The Security Implications of Asia's Surplus Male Population* 一书的出版，使得"光棍威胁论"一时之间甚嚣尘上。为此，李树茁教授希望本书的第一作者能够解答一个问题：性别失衡的影响是如何从人口领域上升到公共安全领域的？而基于多年来对弱势群体的关注及社会风险的研究积累，刘慧君副教授也迫切希望能够将人口性别结构的失衡问题放在整个经济社会转型的背景下，探讨被婚姻挤压的男性到底是社会风险的受害者还是施与者，性别失衡引发的社会风险到底是什么，与中国经济社会转型中的社会风险是什么关系。

对于这样一个庞大且重大的研究问题，同时面对非常有限的数据资料和理论可资利用的条件，怀揣一颗惶恐不安的心，在谨慎和犹豫中始终坚持着。幸运的是，有李树茁教授的执着与引导，有朱正威教授（公共安全研究）、果臻博士（人口统计）的加盟，还有西安交通大学人口与发展研究所其他教师、博士生和硕士生在数据资料搜集、数据分析甚至部分研究内容的承担等方面的大力支持。踏着先行者的足迹，经过多年的努力，终于在中国社会转型背景下性别失衡的社会风险、社会风险的传导放大及风险治理方面突破了一个又一个研究问题，积累了一系列研究成果。借助国家社科基金后期的出版资助，我们研究团队的研究想法在此能够得以系统梳理，直面研究同行和其他读者的批评指正，相信这些批评指正会是我们下一步研究的动力和方向。

在本书的撰写中，我们抱着谨慎、开放的心态，力图兼容并蓄，在社会变迁的视野下考察历史与现实的差异与延续，在全球化的形势下探讨国际研究揭示的规律性与中国特定国情下的特殊性，在理论阐释与实证检验并行中，保持研究过程的严谨性和研究结论的信服力。由此，希望我们的研究能够跟国内外研究者对话，也希望我们的研究能够为这个社会的和谐发展留下点什么，不管是认识观念方面的还是政策启示方面的。

本书除绪论外分三篇，共八章主体内容。整体按照总体设计→基础研究→机制研究→对策研究的顺序进行布局，而核心章节按照性别失衡社会风险的识别→性别失衡社会风险的传导放大→风险阻断与治理的思路进行安排。该布局基本展示了整个研究的时间顺序及各阶段研究重心的转变，也反映了研究团队在对性别失衡及其社会风险的研究中由浅入深、由表及里、由理论到实践的不断深入的认识过程。具体章节安排如下。

绪论。主要介绍了研究背景，即在社会转型的背景下进行性别失衡的社会风险研究的理论意义和实践价值，并对整个研究中涉及的核心概念、框架思路、数据方法进行了交代。

第一篇，基础研究：性别失衡及其社会风险。本篇首先基于历史和国际的视野，分析当代中国人口性别结构的演变及其驱动因素，并总结分析了性别失衡的社会人口环境下存在的人口健康和公共安全问题；在此基础上，基于现实调查数据，探索了中国的性别失衡所面临的人口健康和公共安全风险；最后，对性别失衡背景下的社会风险进行了系统的识别和总结。具体内容如下。

第一章是当代中国人口性别结构的演变。主要研究内容包括三部分：①介绍当代中国人口性别结构的主要特征及其演变过程；②梳理和分析人口性别结构的三个驱动因素及其态势；③量化分析影响人口性别结构的各个驱动因素及其在不同时期的交互作用。

第二章是性别失衡下的人口健康与公共安全。主要包括四部分研究内容：①在国际和历史背景下，对性别失衡所可能引发的人口健康与公共安全风险进行系统综述；②基于性别差异的视角，探索婚姻状况、婚姻质量与心理福利的关系，及社会支持所可能发挥的缓冲作用；③检验农村大龄未婚男性及流入城市的大龄未婚男性是否存在更大的性风险；④检验流入城市的大龄未婚男性是否对社会安全具有更大的危害性。

第三章是性别失衡社会风险的系统识别。主要包括三部分内容：①采用历史、国际和现实相结合的视角，综合利用期刊、图书及网络资源，系统识别性别结构失衡的社会环境下可能存在哪些宏观社会风险；②从相关利益者的角度，利用网络新闻案件等二手资料和一手访谈资料，系统识别和总结性别结构失衡背景下的各类相关利益群体及其行为失范特征；③识别宏观层面的社会风险与中微观层面的行为失范之间的内在关系。

第二篇，机制研究：性别失衡社会风险的传导放大。首先揭示性别失衡社会风险的放大机制，然后进一步揭示性别失衡社会风险的传导与突变机制。具体内容如下。

第四章是性别失衡社会风险的放大机制。包括三部分内容：①构建性别结构失衡风险的社会放大理论模型；②阐释中国性别结构失衡风险与社会转型风险在互动中实现社会风险放大的路径和机制；③具体到性风险领域，检验性别失衡下艾滋病性传播风险的放大机制。

第五章是性别失衡社会风险的传导与突变机制。包括四部分内容：①构建一个性别失衡风险传导的贝叶斯网络模型；②揭示性别失衡风险的传导机制；③构建性别失衡背景下社会安全事件的发生过程模型和尖点突变模型；④揭示性别结构失衡的背景下，社会安全事件发生的机理及对社会事件的控制点。

第三篇，对策研究：性别失衡及其社会风险的治理。本部分内容在对性别结构失衡的产生机制及社会风险治理进行理论阐释的基础上，分析了性别失衡议题背后的利益格局和政策博弈过程，探讨了性别失衡的出路问题，并在此基础上系统地提出了性别失衡社会风险治理的措施。具体内容如下。

第六章是性别失衡及其社会风险治理的理论基础。主要包括三部分内容：①对性别失衡的产生机制进行理论阐释；②构建社会变迁背景下性别结构演变的机制模型并揭示中国性别失衡的演化机制；③介绍社会风险治理的基础理论。

第七章是性别失衡议题的讨论与政策博弈。主要包括四部分内容：①分析性别失衡议题背后的多元利益格局；②总结性别失衡议题的政策博弈过程；③基于理论分析探讨性别失衡的出路；④通过总结归纳浙江省的成功经验，介绍一种有效的应对模式。

第八章是性别失衡社会风险的阻断与治理。主要从性别失衡风险的治理、性别失衡社会风险放大途径的阻断两方面探讨对策建议。

本书由李树茁教授和刘慧君副教授总体策划、统筹和设计，并由刘慧君副教授承担主要的研究和统稿工作。朱正威教授承担了第一章第四部分的研究和撰写任务，果臻博士承担了第一章其他部分的研究和撰稿任务。另外，在李树茁教授的协调指导下，西安交通大学人口与发展研究所靳小怡教授、杨雪燕教授、韦艳教授，研究生刘利鸽、张群林、杨博、李卫东、李静也参与了个别章节的研究工作。在朱正威教授承担的研究工作中，西安交通大学公共政策与管理学院郭雪松副教授，硕士生胡永涛、薛婷婷作为其团队成员也做出了很大贡献。在此对他们的工作和支持表示诚挚的谢意。具体章节撰写情况如下。

张群林、杨博、杨雪燕：第二章第四部分大龄未婚男性与风险性行为的研究；

薛婷婷：第二章第五部分大龄未婚男性流动人口与公共安全的研究；

靳小怡、刘利鸽：第三章第二部分性别失衡社会风险与行为失范的宏观识别；

韦艳、李静、李卫东：第三章第三部分性别失衡下相关利益群体的中微观失范研究；

胡永涛、郭雪松：第五章性别失衡社会风险传导与突变机制的研究。

目　录

Contents

绪　论

一　问题的提出

（一）转型社会人口性别结构失衡问题的爆发

进入 21 世纪，中国的人口问题变得错综复杂，已经由过去单纯控制人口数量转变为统筹解决人口数量、质量、结构、分布和流动等一系列问题。其中，结构性问题之一在于人口性别结构的失衡。性别结构是指男性人口与女性人口的比值，或者说平均 100 个女性人口所对应的男性人口数量。由于在正常情况下，男性在整个生命周期中的死亡率高于女性，因此大多数国家的女性人口略多于男性，总人口性别比的正常值应该基本等于或低于 100。一旦偏离这一正常值，则被认为人口性别结构失衡，简称性别失衡。出生、死亡和迁移因素的性别差异都会影响人口性别比。其中，中国自 20 世纪 80 年代以来持续大范围的出生性别比偏高，是导致中国目前人口性别结构严重失衡的关键因素。出生性别比是指每 100 名活产女婴对应的活产男婴的数量。根据世界各国的经验，在没有人为干预的情况下，出生性别比的正常范围是 103～107。但中国自 20 世纪 80 年代中期以来，在低生育率背景下，出生人口性别比持续攀高，严重偏离了正常范围。根据之后的历次人口普查和人口 1% 抽样调查数据，全国的出生人口性别比从 1981 年的 108.5 持续攀升到 2005 年的 119。尽管 2010 年回落到 118，但仍保持在高位。国家统计局的数据也显示，出生性别比从 2006 年的 119.25 上升到 2008 年的 120.56，达到峰值。之后持续下降，在 2009 年和 2010 年快速下降到 119.45 和 117.94，但从 2011 年（117.78）和 2012 年（117.70）来看，出生性别比下降速度趋缓，仍保持在高位。而且，中国的出生性别比偏高这个问题的波及范围越来越广。普查数据显示，1982 年中国尚有一半的省、市、自治区的出生人口性别比在 107 以内；1990 年这一数字则缩减为 1/3；到了 2000 年第五次人口普查时，全国 31 个省、市、自治区中只有 3 个省区（西藏、新疆和贵州）的出生人口性别比处于正常范围，个别省份的出生人口性别比甚至超过 130。全国范围内出生性别比的持续偏高，严重违背了性别结构平衡的自然法则。除了偏高的出生性别比，中国也存在偏高的女性婴幼儿死亡水平（Li 和 Sun，2003）。通常情况下，生物学因素是决定男女死亡性别差异的最主要因素，男性婴幼儿死亡水平高于女性婴幼儿的死亡水平。然而，我国 1~4 岁年龄段的女性死亡率要比男性死亡率高 10%，在高胎次的儿童中这一差异更加明显，达到 15%（Choe 等，1995）。偏高的女孩死亡水平甚至极端情况下的溺弃女婴现象，进一步加剧了人口性别结构的失衡。

出生性别比或者死亡率性别比偏离正常水平，必然会导致某一性别人口的绝对数量出现"过剩"，导致性别失衡。据估计，中国 20 世纪女性缺失 3559 万人，占所考察队列人数的 4.65%（姜全保等，2005）。这意味着中国将有 3000 多万名男性出现过剩。性别失衡导致的女性缺失现象必然会造成男性"婚姻挤压"，每年将有数以百万的年轻男性在本国找不到异性成婚（Das Gupta 和 Li，1999）。根据测算，中国严重的男性婚姻挤压自 2000 年开始，2013 年之后每年的男性过剩人口将在 10% 以上，2015~2045 年可能达到 15% 以上，平均每年约有 120 万名男性在婚姻市场找不到初婚对象（李树茁等，2006）。虽然出生人口性别比长期失衡的累积效应才初露端倪，对于大规模人口性别结构失衡所带来的问题，还没有人能真正判断它的后果会严重到何种程度，但在中国目前的婚配制度下，女性缺失引起中国人口性别结构失衡，必将导致适龄男性在进入婚姻市场后面临婚姻挤压问题。而且，中国目前正处于由经济体制改革触发的社会转型期，社会竞争的加剧导致一大批竞争失利者成为社会弱势群体，而收入差距的拉大也加剧了社会的矛盾和冲突。因此，这些受到婚姻挤压而成婚困难的男性往往也是社会底层的弱势群体。2000 年的普查数据显示，受教育程度在初中及以下、年龄为 30~49 岁的人口中未婚人口性别比高达 1000以上，这意味着未婚男性人数是未婚女性人数的 10 倍以上。另外，改革开放以来，人口大规模流动的趋势也将在性别结构失衡的社会环境下，加大女性婚姻迁移和流动的比重，由此导致男性婚姻挤压现象高度集中在偏远落后的农村地区，使得城乡、区域间的性别失衡态势更加复杂和严重。因此，中国的人口性别结构失衡下男性过剩对中国社会经济发展的影响乃至对国际安全的影响已经引起了广泛关注（Hudson 和 Den Boer，2004；Edlund 等，2007；Ebenstein 和 Sharygin，2009；Das Gupta 等，2010）。

（二）性别结构失衡或将引发和放大一系列社会风险

中国由出生性别比偏高和女孩死亡水平偏高带来的性别结构失衡，将对中国的可持续发展乃至全球的稳定与和谐发展造成什么样的冲击和影响，虽然引起了国内外学者的广泛关注，但由于性别失衡所引发的社会风险还未完全显现，再加上导致中国性别失衡的原因复杂多样，社会转型期的各种社会矛盾又进一步加剧了性别失衡及其社会风险的复杂性，因此政府与社会对性别失衡所引发的各种潜在社会风险普遍缺乏清晰的认识。但首先可以肯定的是，人口性别结构的失衡在宏观上必将对中国的人口规模、人口老龄化、劳动适龄人口、婚姻市场等人口问题产生长期的影响。在微观上也必将导致受到婚姻挤压而无法成婚的大龄未婚男性无法享受到婚姻家庭所带来的各种社会和心理福利。在中国家国同构的文化传统下，家庭是组成和维持社会正常运转的基础，而婚姻是组建家庭的必然环节。而且，受儒家香火延续和传宗接代思想的影响，家庭承担着宗族延续和制度文化传承的责任，此外婚姻家庭作为最重要的社会支持和社会联系纽带，也是获取社会认同和发展社会关系网络的基础。因此，陷入成婚困境的男性不仅自身的生理需求难以得到满足，生活质量下降，而且将不可避免地遭受香火延续的压力和被社会孤立、污名化的压力。在中国社会保障体系尚不健全、农村以家庭养老为主的情况下，未来大量单身家庭的出现将引发养老危机。

中国性别结构失衡之所以引发了广泛的关注，是因为专家学者们基于历史经验判断，其后果绝不局限于人口领域或局限于被婚姻挤压的这些男性。在世界范围内，未婚成年男性产生暴力行为的比例高于已婚男性（Hudson 和 Den Boer，2004），未婚成年男性数量越大，反社会行为就越多（韦艳等，2005）。因此，有专家指出，在男性大大多于女性的格局中，男性之间为了争夺资源和利益，随时可能爆发社会冲突与暴力事件，破坏正常的伦理秩序，损害社会和谐、稳定和可持续发展（Hudson 和 Den Boer，2004）。而且，高性别比的社会通常性产业发达，性失衡产生的大量未婚成年男性会自发形成性需求市场，使性交易和性服务社会化（孙江辉，2006）。这可能会带来一系列社会问题，如卖淫嫖娼现象增加、多重性关系出现、性行为错乱甚至发生拐卖人口等事件，形成对社会伦理道德体系的冲击，威胁传统婚姻家庭的观念与形式，影响社会稳定，也影响经济发展。国外甚至有学者将男性"过剩"问题与国际安全相联系，认为"光棍"阶层的出现将令犯罪率上升，使艾滋病和性病大规模爆发，给国际安全带来威胁（Hudson 和 Den Boer，2004）。因此，弱势群体利益的持续受损不但损害了可持续发展中人的全面发展这一核心理念，而且其最终积累的不安全、不稳定因素也会对整体社会的可持续发展造成负面影响（朱力，2002）。

在中国社会转型背景下，性别失衡及与之相关的人口和社会问题与各种社会矛盾冲突共生并相互作用，变得更加严重和复杂。由于中国的社会保障制度、户籍制度、就业制度等社会制度不完善，相关领域公共政策缺失与滞后以及城乡与区域差距不断拉大，因此各种社会矛盾、冲突不断涌现，催生了新的弱势群体并加剧了原有弱势群体的脆弱性。作为基础风险，以性别失衡为核心的人口安全问题可能将激化并放大其他社会问题，而庞大的人口规模将加大公共治理的难度、削弱财政支持的力度。性别失衡也可能加剧社会保障制度缺失条件下大龄未婚男性群体的养老困难，可能会激化并放大买婚、拐卖妇女、非婚生育、卖淫、性侵犯、暴力犯罪等社会问题，进而影响公共安全。在中国经济发展城乡与区域极度不平衡的情况下，这些社会问题往往发生在偏远落后的农村地区，治理这些社会问题所需的财政支持也往往杯水车薪，一旦这些社会问题积聚并形成规模，就可能对公共安全和社会稳定产生不可估量的负面影响。因此，在中国各种社会制度不完善及各种社会矛盾冲突不断涌现的条件下，性别失衡及与之相关的人口和社会问题不仅损害女性的生存与发展权，而且将对不同群体产生负面影响，进而损害到社会所有人群的整体福利，并可能对人口、经济、社会、文化、公共健康等公共安全产生影响，阻碍和谐社会的构建和社会稳定。

国内外对中国性别失衡的研究最初较多地集中于原因和态势方面，近年来逐步转到对性别失衡后果的研究上。已有的关于性别失衡后果的研究虽然较为全面，但都是简单的宏观方面的推导或个别的微观调

查，认为性别失衡会给社会带来很多负面影响。已有的研究并未明确
识别出性别失衡下到底存在什么样的行为失范和社会风险，以及性别
结构失衡与社会转型期的各种社会风险的互动影响关系。更鲜有研究
揭示出性别结构失衡的基础风险如何传导放大成影响社会安全与稳定
的全局性风险。

二　基本概念界定

（一）性别结构失衡

性别结构失衡即性别比失衡，指性别结构偏离正常水平，包括总体性
别结构失衡和婴幼儿阶段性别结构失衡。性别结构失衡是性别失衡在
"量"上的规定性。人口出生性别比是一个重要的衡量男女两性人口是否
均衡的标志。国际上一般以每出生 100 个女性人口相对应出生的男性人口
的数值来表示。人口统计学中用一个公式进行表述：出生性别比 = 男婴/
女婴 ×100。从国际经验来看，正常范围为 103 ~ 107，即每 100 个出生婴
儿里，男婴数量比女婴多 3 ~ 7 人。一旦男女性别比超出这个范围，就可被
认定为出现了性别结构失衡现象。20 世纪 80 年代以来，我国人口的出生
性别比持续攀升，大大超出了正常范围。第四次和第五次人口普查的数据
显示，中国的出生性别比从 1982 年的 108.5 上升到 1990 年的 111.30，
2000 年又继续上升到 116.90。2000 ~ 2007 年，我国的人口出生性别比全
都保持在 115 以上，近几年甚至在 120 左右波动，已经远远高于正常值，
引起了中国社会各界对出生性别比的关注。

（二）社会风险与失范

"风险"这个概念在 17 世纪的英文中已经出现，意思是遇上危险
或触礁。随着现代社会的演进，社会风险有了更多的含义。现代一般
意义上的社会风险指在一定条件下某种自然现象、生理现象或社会现
象是否发生，及对人类社会财富和生命安全是否造成损失和损失程度
的客观不确定性。换言之，社会风险是一种导致社会冲突、危及社会
稳定和社会秩序的可能性，更直接地说，社会风险意味着爆发社会危

机的可能性。一旦这种可能性变成现实性，社会风险就转变成社会危机，对社会稳定和社会秩序都会造成灾难性的影响。一般来说，风险包含主观和客观两个层面，主观层面的风险指人们对环境危险性的主观辨识或感知；客观层面的风险指遭遇危险、损失和伤害的可能性。风险是危机的前端，风险的社会层面是社会风险，社会风险是公共危机的前端。在性别失衡背景下，社会风险指由性别失衡刺激、加剧或放大的社会矛盾与冲突，从而威胁社会稳定的不确定性，包括风险何时、何地、如何发生以及损失程度的不确定性。

在对国内众多失范的观点进行了总结后，朱力认为可以从宏观和中微观两个层面理解失范（朱力，2006）。宏观层面的失范是社会规范、制度与社会秩序问题，即指社会规范系统瓦解的状态；中微观层面的失范主要是指社会团体或社会成员的失范行为。前者是规范本身的失范，后者是规范对象与执行者的失范。具体而言，失范包括价值、规范、行为三个维度，宏观层面的失范包括价值失范和规范失范；中微观层面的失范主要指由宏观层面的失范而导致的个体道德失范和行为失范。宏观层面的价值失范和规范失范不仅会导致社会规范混乱与瓦解，社会秩序得不到有效控制，而且也会导致个体失去行动的指导和约束。具体在中微观层面就会表现为各种道德失范和行为失范，其中道德失范主要指个体稳定的观念体系偏离了社会主流的观念体系，具体可以表现为一种与社会和他人隔离的状态及疏离感和无意义感；行为失范突出地表现为犯罪、越轨等偏离主流社会价值的行为。

（三）风险性行为

风险性行为一般被界定为容易引起性疾病传播的性活动，例如与多个性伴侣保持性关系、商业性行为以及性行为中不使用安全套等保护措施的无保护性行为。多个性伴侣的测量基于到目前为止所有的性伴侣数量和前3个月是否拥有一个以上的性伴侣，或者将一生中的性伴侣数量和过去5年里的性伴侣数量作为测量指标，也有部分学者将性伴侣数量在近期内超过4个定位为多个性伴侣。在已婚人群研究中，对多个性伴侣的界定基于婚外伴侣的数量，例如过去6个月至少有一个非婚性伴侣，即在固定性伴侣之外有其他性伴侣被视作多个性伴侣行为。商业性行为被证明是性疾病传播的途径之一，也被看作一种风险性行为。它的测量主要基于是否曾经参与过商业性行为或者过去一段时间内是否参与过。无保护性行为界定为在性行为中不使用安全套或者使用的频率和次数达不到要求等。在已婚群体的婚内性行为中，安全套使用并不是风险性行为的衡量标准，但是未婚流动群体的性行为更具随意性和偶然性，无保护性行为比例在流动人群中很高，安全套就成为未婚流动人群预防性疾病传播的有效手段。

（四）公共安全

"安全"是一种状态，是所面临的危险的程度。公共安全是指多数人的生命、健康和公私财产的安全。破坏公共安全的行为是指故意或过失危害不特定多数人生命健康和重大公私财产安全的行为。公共安全包含信息安全、食品安全、公共卫生安全、公众出行规律安全、避难者行为安全、人员疏散的场地安全、建筑安全、城市生命线安全、恶意和非恶意的人身安全和人员疏散等。在《中华人民共和国突发事件应对法》中将社会安全、自然灾害、事故灾害、公共卫生事件这四类公共安全事件并列为公共安全事件。

三　研究设计

（一）研究目的和意义

性别失衡问题本质上是人权问题，同时又是发展问题，已给人类社会的可持续发展带来巨大挑战。需要指出的是，中国是人口大国，由性别失衡引起的社会风险的治理很难完全仿效其他国家的经验，也不能转移到其他国家，只能依靠自己的力量独立自主地解决。性别失衡是性别歧视的人口与社会后果，将诱发利益受损群体的社会失范行为，刺激与放大社会风险，进而影响公共安全、社会稳定和社会可持续发展。推进性别平等早已成为国际社会共同奋斗的目标，性别平等成为评价一个国家发展水平的重要指标之一。性别失衡与社会稳定的治理不仅是公共管理问题，也是公共政策创新问题，更是一个需要政府、企业和公民社会联合的公共治理问题，是中国目前与人口相关的社会可持续发展领域最亟须解决的重大战略和民生问题,并具有重要的国际安全影响。虽然性别结构失衡的后果尚未完全显现,但中国政府必须未雨绸缪,积极主动地应对性别失衡所产生的人口和社会后果。

因此,本研究的主要目的在于识别性别结构失衡与人口健康、公共安全的因果关系,在此基础上系统梳理人口性别结构失衡在宏观和中微观层面可能引发的社会风险和行为失范,结合中国社会转型的背景和已有的风险社会放大理论、风险传导理论和突变理论,分析和阐释性别结构失衡引发的各种社会风险与社会转型风险如何在互动、传导中实现风险放大的机制,并在此基础上总结出缓解与治理性别结构失衡下的各种社会风险及阻断与治理性别失衡下各种社会风险传导放大途径的系统对策。这将为政府清晰地认定性别结构失衡引发的各种潜在社会风险,并寻求积极的风险预防和治理提供很好的指导和借鉴。

为此,本研究试图解答以下四方面的问题。

第一,人口性别结构的失衡是否必然引发健康风险和公共安全问题?如果是,是否存在风险的选择性?即是分布于所有的大龄未婚男性还是集中于某些特定的群体?

第二,人口性别结构的失衡到底在宏观和中微观层面产生哪些风险和失范?这些风险和失范之间存在什么样的关系?

第三,人口性别结构失衡作为基础的人口风险如何上升为事关全局的公共安全问题?其风险是如何从个体风险上升突变为群体性事件,从人口领域传导放大到其他领域的?

第四,对性别结构失衡下的各种社会风险及其传导放大过程如何进行阻断和治理?

对这些问题的成功解答,将具有重大的理论意义和实践价值。在理论上,首先基于国际和历史视野,系统梳理和分析了性别结构失衡下的各种社会风险和行为失范,并在中国现实环境下检验了大龄未婚男性的行为风险性,这将突破对性别结构失衡风险的认识,实现从猜想到论证的跨越;其次,将国外成熟的理论,诸如风险的社会放大理论、风险传导理论、突变理论运用于对性别结构失衡风险的分析,将丰富和扩展这些理论的应用;最后,结合中国性别结构失衡和社会转型的社会现实环境,对国外的理论进行扩展性应用,构建出更综合的风险放大和传导机制模型，有利于充实国外风险研究的理论体系，打破现有理论碎片化的局限。在实践上，首先，对性别失衡社会风险和失范的验证和系统识别，有助于澄清一些错误的认识，真正把握问题的严重性；其次，对性别失衡社会风险的识别及对其传导放大机制的分析，可以为中国政府积极地应对性别失衡下的社会风险和行为失范提供理论依据，关于风险治理和如何阻断放大途径的具体建议可以为政府干预提供直接的参考和借鉴。

（二）研究框架与思路

20 世纪 80 年代以来，中国出生人口性别比的持续大范围偏高和女婴死亡率的偏高，导致人口性别结构出现大规模的失衡。性别结构失衡的后果才初露端倪，还没有人能真正把握其影响的深度和广度。在此现实社会背景下，本研究将基于国际和历史的视野对性别结构失衡可能引发的人口健康和公共安全风险进行总结归纳，识别性别结构失衡与社会风险的相关性，并借鉴国外风险研究的相关理论，剖析性别结构失衡下社会风险的放大机制和传导突变机制，以寻求社会风险治理和阻断的有效途径。图 1 展示了本研究的分析框架和研究思路。

第一，从国际和历史的角度，应用中国六次人口普查数据，分析和总结当代中国人口性别结构的主要特征、驱动因素及其演变过程，并运用人口学因素分解的方法，将驱动人口性别结构变动的三个因素——出生性别比、死亡率性别差异和年龄结构对人口性别结构的影响量化分离。

第二，揭示性别结构失衡是否会引发人口健康与公共安全风险。首先，基于国际和历史的视野，通过对已有研究成果和历史资料的总结和归纳，分析在其他国家和中国以往历史时期性别结构失衡的社会环境下是否必然存在人口健康和公共安全风险以及存在哪些风险；其次，在中国目前性别结构失衡的后果尚未完全显露的社会环境下，探索失婚男性是否会遭受更大的心理压力，而最可能受到婚姻挤压的农村大龄未婚男性是否会选择风险性行为，这些农村大龄未婚男性是否因为流动进一步加大了在性行为和对抗社会行为方面的风险性。

第三，系统梳理和总结性别结构失衡社会可能存在的社会风险和失范风险。首先，基于已有的研究文献、历史资料、新闻资料等二手数据，总结归纳在宏观层面上存在的各种社会风险，并基于案例分析和第一手访谈资料，从中微观层面总结行为失范的风险；其次，在系统梳理宏观和中微观层面上各种风险内在关系的基础上，总结出性别结构失衡下社会风险的系统结构。

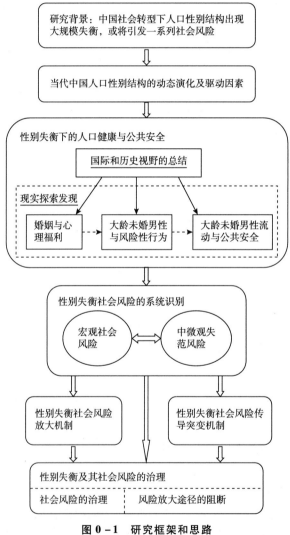

图 0 - 1　研究框架和思路

第四，分别揭示性别失衡社会风险的放大机制和传导突变机制。首先在剖析中国性别结构和社会转型的现实情景和分析国外风险研究的相关理论的基础上，构建中国性别失衡社会风险放大和传导突变的模型，然后借助模型并结合具体案例分析中国性别失衡社会风险放大的机制和传导突变的机制。

第五，探索性别失衡及其社会风险的治理对策。包括三部分内容：首先，从理论上对社会变迁环境下性别结构的失衡及社会风险的治理进行阐释；其次，运用网络分析方法分析中国性别结构失衡的政策议题网络，揭示该议题背后的利益格局及政策博弈过程，并在此基础上通过理论建模和现实经验总结进一步解答性别失衡的出路到底是发展还是治理的争论；最后，系统地提出性别失衡及其社会风险的治理对策，一是从根源性消除和缓解性治理两方面探讨性别失衡社会风险本身的治理措施，二是从性别失衡社会风险放大途径阻断的角度，探索避免性别失衡引发的社会负面影响进一步扩大的对策。

四　数据与方法

（一）数据和资料来源

为实现本研究的目的，笔者根据不同研究阶段的需要，充分利用了不同渠道、不同类型的数据和资料。既包括已有的研究成果、历史文献、网络资料，也包括问卷调查数据和访谈资料。而且对于调查数据，既利用了公开的全国性调查数据，也组织了专项性的调查。表1从整体上展示了本研究所采用的数据和资料的来源及其对应的章节。具体的数据收集过程和方法见相应的章节部分。

表 0 - 1　数据和资料来源一览表

数据类型	数据来源	研究目的	对应章节
研究文献及新闻案例	谷歌搜索引擎	①总结其他国家和中国历史上性别失衡的环境下是否存在人口健康和公共安全风险；②存在哪些人口健康和公共安全风险	2.1
	谷歌搜索引擎、中国期刊网、JSTOR 等网站、百度搜索引擎	①从宏观层面梳理性别失衡下的社会风险；②从中微观层面梳理性别失衡下的失范风险	3.1 和 3.2

续表

数据类型	数据来源	研究目的	对应章节
研究文献及新闻案例	谷歌学术搜索引擎、中国期刊网和斯坦福大学数据库	①揭示性别失衡下艾滋病传播的风险选择性;②揭示性别失衡下艾滋病的传播风险经由人口流动被放大的机制	4.2
调查数据	全国历次人口普查数据	①总结当代中国人口性别结构的演化特征;②揭示中国人口性别结构变动的驱动因素	1.2 和 1.3
	中国综合社会调查(CGSS)2006 年度数据	①检验婚姻对心理福利的保护作用及代际支持的替代性;②分析失婚对未婚男性是否存在更大影响	2.2
	2008 年农村大龄男性生殖健康和家庭生活调查	①分析农村大龄未婚男性的性态度和行为;②检验失婚对农村大龄未婚男性性生活的影响	2.3
	2009 年城市流动人口生殖健康和家庭生活调查	①描述大龄未婚男性流动人口性行为的风险性;②探索其风险性行为的影响因素	2.3
	2010 年西安市建筑工地流动人口调查	①比较分析农民工中已婚和未婚群体在社会资本、剥夺感和对抗社会倾向方面的差异性;②探索大龄未婚男性农民工对抗社会倾向的影响机制	2.4
访谈资料(个访和组访)	2007 年 10 月在河南省	从中微观个体的层面识别性别失衡下可能的失范风险	3.2
	2008 年 8 月在安徽省		
	2009 年 7 月在广东省		
	2009 年 8 月在浙江省		
	2009 年 11 月在福建省		
	2009 年 12 月在陕西省		

(二)研究方法

本研究综合采用了定性研究与实证研究相结合、理论演绎与归纳总结相结合的方法,而且在研究的不同阶段,根据具体的研究目标的不同,分别采用了不同的研究方法。

第一,在分析当代中国性别的动态演化及其驱动因素阶段,首先运用描述统计分析方法,对中国性别结构的主要特征及其演变过程进行分析和总结，然后运用人口学因素分解的方法，将驱动人口性别结构变动的三个因素——出生性别比、死亡率性别差异和年龄结构对人口性别结构的影响量化分离。

第二，在探索性别结构失衡与人口健康、公共安全风险的因果关系阶段，首先采取了文献综述的方法总结归纳了在其他国家和中国历史上曾出现性别结构失衡的时期，分析其是否存在人口健康和公共安全方面的风险，及存在哪些人口健康和公共安全风险；其次采用实证研究方法，运用全国性代表数据验证了婚姻对于心理福利的保护作用及其性别差异；最后采用专项调查数据，依次检验了农村大龄未婚男性性行为方面的风险性、流入城市的大龄未婚男性在性行为方面的风险性、对抗社会行为倾向及其影响因素。

第三，在性别结构失衡的社会风险及其失范风险的识别阶段，首先采用文献研究、案例分析和质性研究相结合的方法，对宏观和中微观层面的风险进行系统的识别，然后采用归纳分析法，总结出性别结构失衡下的各种社会风险及其内在关系。

第四，在性别结构失衡的社会风险放大、传导机制分析阶段，首先采用理论演绎方法进行模型的构建，然后采用文献研究、案例分析或多元分析方法，检验模型的适用性并揭示性别失衡社会风险的放大、传导机制。

各章节用到的统计方法具体包括描述性统计分析、方差分析、信度和效度分析、回归分析、结构方程分析和元分析方法，这些统计方法通过SPSS11.0、AMOS6.0、Comprehensive Meta – analysis Software Version 2 等统计软件实现。各种方法的应用过程和细节详见各章节。

第一篇

基础研究：性别失衡及其社会风险

第一章　当代中国人口性别结构的演变

一　引言

当前，在低生育水平长期稳定的背景下，中国的人口数量已经得到了有效控制，但人口的结构性问题日益显现。人口性别结构作为人口结构问题的重要内容之一，反映了一个国家或地区男女人口的比例关系，给社会经济发展、人民生活和婚姻家庭带来重大影响（查瑞传，1996）。同时，人口性别结构受不同国家和地区的社会、经济、文化和科学技术发展水平的影响，在一定条件下也会表现出失衡态势。2010 年第六次人口普查数据显示，中国总人口性别比为 105.2，不仅高于公认的正常水平（100 以下），也远远高于较发达国家（94.6）和欠发达国家（102）的水平，属于人口性别结构严重失衡的国家之一（World Population Prospects，2010）。中国的性别结构失衡问题引起了研究者、公众、决策者、国际组织和政府部门的广泛关注（李树茁等，2009），已经有很多研究深入分析了中国性别结构失衡的现状、原因、后果及其对社会经济发展的影响。但到目前为止，对中国人口性别结构的研究主要集中在出生性别比，而对人口性别结构总体发展态势和演变规律的宏观研究还非常少。总人口性别比及其驱动因素一直是国际上关于人口性别结构研究的重点（Coale，1991；Kundu，1991；Guillot，2002），只是从 20 世纪末以来，由于部分亚洲国家的出生性别比偏高问题十分突出，相对弱化了对人口性别结构的系统研究。实际上，人口性别结构涵盖了出生性别比，出生性别比是人口性别结构的主要驱动因素之一。对人口性别结构进行系统研究，能够更全面地揭示出生性别比偏高及其导致的人口性别结构失衡问题，对人口与经济社会可持续发展也更有意义。

从人口学的视角分析，在一个封闭的人口环境中，人口性别结构主要受出生性别比、死亡率的性别差异和年龄结构变动这三个驱动因素的共同影响。从历史和生物学的角度看，现代国家的总人口性别比的正常值应略低于 100，这是因为在生命历程的起始阶段，出生性别比的正常区间一般为 103 ~ 107，而正常情况下女性在各个年龄段的死亡率均低于男性，随着年龄的增长，男性人口总量较女性进一步减少，总人口性别比因此下降至 100 以下（Coale，1991）。但在部分国家和地区，由性别不平等所引起的男孩偏好，对人口性别结构产生了重要而持续的影响，使得总人口性别比偏高（Hesketh 和 Zhu，2006）。在有男孩偏好的地区，出生性别比一般会高于正常值，可能的原因是产前的性别选择性引产和产后的溺弃女婴（曾毅，1993；李树茁、朱楚珠，1996；George，1997；原新、胡耀领，2010），这使得人口性别结构在生命历程的起点就出现异常。在经济发展水平相对落后的地区，受性别不平等和医疗条件的影响，女性死亡率特别是女婴死亡率和孕产妇死亡率往往较高（Coale，1991；赵锦辉，1994；Klasen 和 Wink，2002；Das Gupta 等，2009），使得性别结构失衡在生命历程中持续加重。相反，在生育水平较低、人口年龄结构老化的地区，总人口性别比则较低（查瑞传，1996；张为民、崔红艳，2003）。这说明三个主要驱动因素对总人口性别比影响的程度和方向都不同。中国历次人口普查结果均显示总人口性别比始终处于 105 ~ 107 的偏高水平，数值的变化虽然不大，但驱动人口性别结构变动的因素及其作用可能已经发生了显著变化。那么，上述三因素在不同时期是如何影响中国总人口性别比的变动的？影响的程度如何？驱动因素转变后对中国人口性别结构的发展将产生什么后果？这些正是本章关注的主要问题。

本章的研究目标主要有以下三个：第一是在国际背景下，对当代中国人口性别结构的主要特征及其演变过程进行分析和总结；第二是利用最近的第六次全国人口普查数据，对影响人口性别结构的三个驱动因素及其态势进行梳理和分析；第三是量化分离影响人口性别结构的各个驱动因素及其在不同时期的交互作用，探索中国人口性别结构转变的规律和特点，为制定人口和社会经济发展政策和战略、改善人口性别结构的失衡状况提供科学依据。

二　人口性别结构的动态演变

为了从国际视野描述和分析中国人口性别结构的演变趋势，本研究选择了一些代表性国家进行比较，这些国家的总人口性别比的变动趋势如图 1 - 1 所示，它们大体上可以归纳为三类：第一类是总人口性别比较为正常的国家，这些国家的总人口性别比基本为 90～100，包括日本、韩国、美国、瑞典和南非；第二类是总人口性别比偏高的国家，主要是中国和印度，两个国家的总人口性别比都始终维持在 105 以上；第三类是总人口性别比偏低的国家，最具有代表性的国家是俄罗斯。其中，印度人口性别结构失衡的主要原因是性别歧视所引起的女性生存问题，包括女性地位低、女性获得食物和医疗的支持差、对女性的犯罪较为严重等（Das Gupta，1987；Guillot，2002）。韩国的总人口性别比虽然基本正常，但在 21 世纪以前仍存在严重的男孩偏好，出生性别比一度严重偏高。随着社会经济的发展和女性地位的提高，其出生性别比从 2007 年开始已经逐步下降至正常水平（Chung 和 Das Gupta，2007）。俄罗斯的情况比较特殊，由于战争和环境等原因，俄罗斯的男性死亡率一直较高（石人炳，2001；赵晓歌，2006），女性的数量多于男性。同其他各国相比，中国是人口性别结构失衡最严重的国家之一，其在 20 世纪 80 年代人口性别失衡的程度和形式与印度当前的情况有相似之处。但目前中国性别结构失衡的态势也表现出新的特征，下面进行具体分析。

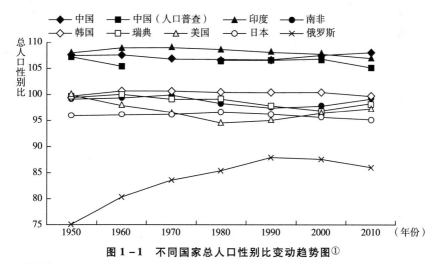

图 1 - 1　不同国家总人口性别比变动趋势图[①]

资料来源：World Population Prospects（2010）；中国 2010 年人口普查资料（2012）。

---

①　中国（人口普查）数值对应的是 1953、1964、1982、1990、2000 和 2010 年全国人口普查数据。选取的国家主要来自东亚、南亚、非洲、欧洲和美洲等。

中国的人口性别比一直处于偏高且波动的态势。1953年第一次人口普查结果显示，全国总人口性别比为107.6，比此后历次普查结果都高，表明旧中国的人口性别比本来就很高，新中国的人口性别比是在这个基础上变化过来的（查瑞传，1996）。1964年，总人口性别比大幅下降，主要和1959~1962年特殊时期的人口数量波动有关（张海峰、白永平，2008）。从1982~2000年的历次普查结果来看，总人口性别比持续稳定在106以上的水平，直到2010年普查，总人口性别比略有回落。观察不同时期的人口性别比，可以更深入地分析中国人口性别结构的发展历程。

图1-2是历次全国人口普查分年龄的人口性别比及其变化，它反映了性别比变动的时期和队列之间的动态关系。如1953年5~15岁年龄区间的波峰依次出现在1964年的15~30岁、1982年的35~45岁以及该队列人口在后续普查年份中相应的年龄组里。从生命历程的各个时期分析，图1-2主要表现出以下特征。第一，婴幼儿时期的性别比从20世纪80年代开始上升并持续偏高，在不同时期的曲线中，0~4岁的性别比不断升高。从历史的累计效应看，在2010年的曲线中，0~19岁的性别比明显偏高，这表明出生性别比长期持续偏高对人口性别结构失衡的影响已经延伸到人口的少年时期。第二，青年和中年时期人口性别比下降明显，说明该年龄段两性死亡率下降显著且女性死亡率下降幅度大于男性。第三，性别比下降至低于100时的年龄不断提高，已经推迟至老年时期，这主要是由于男女期望寿命的持续上升使得这一时间点不断推迟。总的来看，人口性别结构虽然在总人口性别比这一指标上变动不大，一直处于偏高的态势，但从性别结构的模式上看已经发生了显著的变化，部分年龄段的性别比均出现了一定程度的转变。其一，当前低龄组性别比严重偏高，构成我国性别失衡的主要特征，可以预见在未来的人口普查中，我们都将观测到该波峰出现在后续的相应年龄段。其二，女性死亡率的显著下降使得原本性别比偏高的青中年段在近三次普查中都出现了波谷，这对降低人口性别比起到了显著的作用。

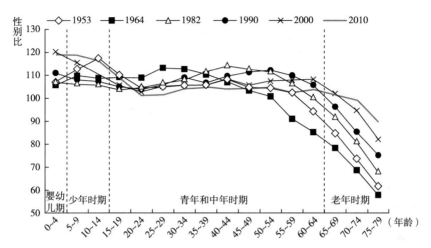

图 1 - 2　历次全国人口普查分年龄段人口性别比

资料来源：历次全国人口普查资料。

三　人口性别结构变动的驱动因素

（一）死亡率的性别差异

人口的死亡是影响两性人口数量和比例的重要因素，中国人口的期望寿命和婴幼儿死亡率能够反映两性死亡差异的基本情况（见表 1 - 1）。新中国成立后，中国人口的期望寿命持续上升，两性的期望寿命差值不断增加，表明随着社会经济的发展和医疗保障水平的提高，人口死亡率持续下降，特别是女性死亡水平较男性有了更大幅度的下降，女性的生存状况得到很大改善。婴儿死亡率在 20 世纪 50～70 年代快速下降（Banister，1992），到 2011 年已经下降到 12.1‰（国家卫生部，2012）。但从 20 世纪 50 年代开始，中国的婴幼儿死亡率性别模式明显偏离了国际正常水平。偏高的女婴死亡率自 20 世纪 80 年代后期开始出现，而偏高的女童死亡率自 20 世纪 60 年代开始出现（李树茁、费尔德曼，1996；李树茁、朱楚珠，1996）。当前，中国的女婴死亡率仍表现出略高于男性的非正常状态，女婴死亡率仍有进一步下降的空间。

表 1 - 1   中国人口期望寿命、婴儿和儿童（1～4 岁）死亡率变动情况

单位：‰

年 份	平均期望寿命			婴儿死亡率			儿童死亡率		
	男	女	男女之差	男	女	比值	男	女	比值
1973～1975	63.62	66.31	-2.69	48.93	42.79	1.14	35.43	36.26	0.98
1981	66.28	69.27	-2.99	38.73	36.66	1.06	16.00	17.77	0.90
1990	66.84	70.47	-3.63	32.36	33.48	0.97	12.02	15.13	0.79
2000	69.63	73.33	-3.70	23.92	33.75	0.71	6.06	6.19	0.98
2010	72.38	77.37	-4.99	13.62	14.30	0.95	2.75	2.34	1.18

资料来源：戎寿德等（1981）；李树茁、费尔德曼（1996）；国家统计局（2012）。

从 1982 年"三普"以来的男女死亡率性别比看（见图 1 - 3），尽管在婴幼儿阶段仍然存在女性死亡率高于男性的现象，但从 20 世纪 80 年代开始，由于婴幼儿死亡率已经下降到较低水平，其对总人口性别比的影响已经很小。15～49 岁组，由于青壮年男性死亡率和孕产妇死亡率的下降，且女性死亡水平相对男性有了更大幅度的下降，死亡率性别比显著上升，2000 年超过 2.0。老龄段性别比也基本维持在 1.3 以上的正常水平。男女在各个年龄段上的死亡率比值呈现出不断增大的趋势，在总人口死亡率快速下降的同时，女性较男性的死亡水平有了更大幅度的降低。中国人口年龄别死亡率的性别比模式已经接近发达国家的死亡性别比模式（任强等，2005）。

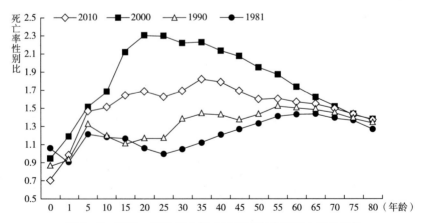

图 1 - 3   1981～2010 年全国人口普查年龄别死亡率性别比

资料来源：历次全国人口普查资料。

（二）出生性别比

中国的出生性别比在过去 30 年中呈持续升高、偏高的态势，如图1-4 所示。20 世纪 70 年代以前，出生性别比基本处于正常值范围（103~ 107），20 世纪 80 年代以后中国的出生性别比持续偏高，目前已经远远高 于正常值，2005 年更是达到了 120.22，此后略有下降，到 2010 年出生性 别比仍为 117.94。根据第六次人口普查数据，分城乡和孩次的出生性别比 表现出了与以往不同的发展态势。

从出生性别比的城乡差异来看，总体上，县级的出生性别比最高，其 次是镇级，市级的最低。1987 年的数据显示，分城乡出生性别比开始分 离，并且差距随时间推移逐渐加大，到 2005 年时，市级和县级的差异最 大。2010 年由于城镇出生性别比的加速上升，三者间的差距相对缩小，市 级和镇级的出生性别比偏高的态势有所加剧。当前分城乡出生性别比的变 动表现出和以往不同的新特征，即城乡差异缩小，城市出生性别比迅速上 升，城镇和农村的出生性别比都严重偏高。

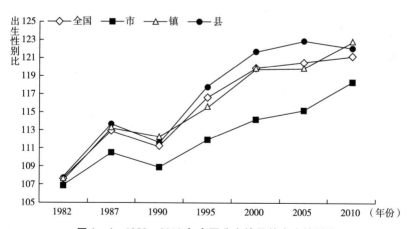

图 1-4　1982~2010 年全国分市镇县的出生性别比

资料来源：历次全国人口普查资料。

从分孩次的出生性别比看（见图 1-5），1982 年一孩和二孩的出生性 别比正常，三孩及以上孩次的出生性别比略有偏高。1990 年一孩的出生性 别比接近正常值，二孩及以上出生性别比显著上升。2000 年二孩出生性别 比达到 151.9，三孩及以上出生性别比接近 160。2010 年的人口普查数据显示，全国一孩出生性别比为113.7，首次显著地高于正常水平，二孩和三孩及以上出生性别比仍处于高位，但较2000年略有下降。其中，一孩性别比的上升和二孩性别比的下降表明胎儿的性别选择已经由以往一般在二孩及以上才发生，转变为从一孩就开始，这是当前出生性别比偏高问题的新动态。

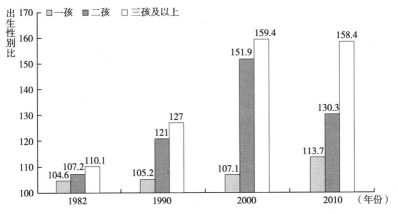

图1-5　1982~2010年全国人口普查分孩次出生人口性别比

资料来源：历次全国人口普查资料。

（三）人口年龄结构

中国在20世纪90年代超前完成了人口转型，生育率的快速下降和人均预期寿命的不断上升使得低龄人口比重迅速下降、老龄人口比重快速上升（王丰，2010）。在此背景下，人口的年龄结构对总人口性别比的影响日益显著。

图1-6是历次全国人口普查各年龄段人口的比例变动图，形象地反映了中国人口年龄结构加速老化的发展态势。结合各年龄段的性别比，本研究计算了2010年各年龄组人口对总人口性别比的贡献率，特定年龄组人口比重越大，性别比越高，其对总人口性别比的贡献率越大。结果表明，0~19岁的低年龄组对当前总人口性别比偏高有着显著的影响，贡献率达到70%，说明了近20年来高出生人口性别比对总人口性别比的巨大影响。20~69岁的各年龄组的贡献率为45%，历史上人口性别比偏高对当前总人口性别比的影响也不容忽视。70岁及以上年龄组的贡献率之和为-15%，

表明其对总人口性别比起着降低的作用。

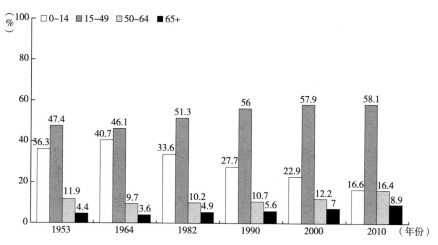

图 1 - 6　历次全国普查人口年龄结构的比例变动

资料来源：历次全国人口普查资料。

　　综上，人口性别结构同时受上述三个人口驱动因素的交互影响，但就每个因素而言，在不同的时期内，其对总人口性别比影响的方向和程度均有所差异。下面本研究运用数理人口学因素分解的方法，将各因素对总人口性别比的影响分离出来，探索中国人口性别结构的形成和演化机制。

四　人口性别结构的驱动因素分解

　　从人口的队列和时期的视角来看，出生性别比直接决定队列人口性别结构的初始状态；出生后分性别的死亡率差异直接决定队列留存人口的性别比；不同队列间的人口规模及其年龄结构对各时期人口性别比指标的影响也较大。

　　本研究在 Guillot（2002）对总人口性别比构建的数理模型基础上进行了完善和拓展，在不考虑迁移的封闭人口情况下，t 时间的总人口性别比可以用以下公式表示：

$$SR(\cdot,t) = \sum_x \left[SR(x,t) \times C^F(x,t) \right]$$

$$= \sum_x \left[SRB_{t-x} \times C^F(x,t) \times \frac{P_c^M(x,t-x)}{P_c^F(x,t-x)} \times BM_{t-x} \right]$$

$$(1)$$

其中 SR（·，t）是 t 时间总人口性别比；C^F（x，t）是 t 时间 x 岁女性人口占全部女性人口的比重；SR（x，t）是 x 岁人口的性别比；SRB_{t-x} 是 $t-x$ 时间的出生人口队列人口的性别比；P_c^M（x，$t-x$）和 P_c^F（x，$t-x$）是男性和女性从出生到 x 岁不同出生队列（$t-x$ 时间的出生人口队列）的存活概率，即出生队列为 $t-x$ 至 x 岁时 t 时间的存活概率；BM_{t-x} 是 $t-x$ 时间的性别选择性出生人口漏报系数，$0 < BM_{t-x} < 1$ 表示存在女婴漏报现象。

这样，总人口性别比就可以用队列出生人口性别比、年龄别女性人口占全部女性的比重、男女存活概率之比和性别选择性出生人口漏报系数来表示。在公式（1）中加入了性别选择性出生人口漏报系数，主要原因是在历次人口普查中均存在不同程度的人口漏报，特别是对出生人口和低龄人口的性别选择性漏报（曾毅，1993；张为民、崔红艳，2003；王金营，2003；李树苗等，2006；张为民，2008；翟正武、杨凡，2009；Goodkind 等，2011），而这将直接影响到人口性别比的准确性，进而影响到其他因素对总人口性别比的影响程度。因此，本研究在公式中加入了漏报调整系数，并在后续的分析中分别考察了不加入漏报系数和加入漏报系数的结果。

为了计算上述各因素在不同时期对总人口性别比的影响规律，本研究采用因素分解法对总人口性别比在不同时期的变动进行分解，分别考察公式（1）中的各因素在不同时期内对总人口性别比变化的影响程度。为了简化公式，我们将其分别用字母表示：

$$A = SRB_{t-x}$$

$$B = C^F（x，t）$$

$$C = \frac{P_c^M（x，t-x）}{P_c^F（x，t-x）}$$

$$D = BM_{t-x}$$

这样，在 t_1 和 t_2 时期内，总人口性别比的变动就可以分解为四个因素的变动之和，下面公式（2）右边的四部分分别是出生性别比（A）、人口年龄结构（B）、男女死亡率的性别差异（C）和女婴漏报（D）四个因素的变动对总人口性别比的影响。

$$\Delta SR(\cdot, t) = SR(\cdot, t_1) - SR(\cdot, t_2)$$

$$= \sum_x \left[\Delta A \times (\bar{B} \times \overline{CD} + \bar{C} \times \overline{BD} + \bar{D} \times \overline{BC}) \right]$$

$$+ \sum_x \left[\Delta B \times (\bar{A} \times \overline{CD} + \bar{C} \times \overline{AD} + \bar{D} \times \overline{AC}) \right] \qquad (2)$$

$$+ \sum_x \left[\Delta C \times (\bar{A} \times \overline{BD} + \bar{B} \times \overline{AD} + \bar{D} \times \overline{AB}) \right]$$

$$+ \sum_x \left[\Delta D \times (\bar{A} \times \overline{BC} + \bar{B} \times \overline{AC} + \bar{C} \times \overline{AB}) \right]$$

　　本研究的计算数据均来自国家统计局公布的历次人口普查、历年1‰人口变动抽样调查以及相关专项调查的汇总数据。第一，历年出生性别比数据引自《中国的关爱女孩行动》（国家人口计生委关爱女孩行动领导小组办公室专家组，2008）。第二，人口普查年份的年龄别女性人口占全部女性人口的比重由历次人口普查汇总资料计算。第三，男性和女性从出生到 x 岁不同出生队列（$t-x$ 时间的出生队列）的存活概率来自由当年数据生成的生命表中的年龄别存活概率。其中1982年和1990年的生命表来自《中国人口死亡数据集》（黄荣清、刘琰，1995），2000年和2010年的生命表为笔者计算生成。需要指出的是，死亡率性别差异因素的衡量指标使用的是生命表中的男女存活概率之比，但由于我们制作的生命表往往依靠人口普查的截面数据，是时期生命表，而非数据严格要求的队列生命表，因此会使总人口性别比的计算结果产生偏差。第四，性别选择性出生人口漏报系数主要通过人口留存分析、对比相邻两次人口普查的留存人口来计算，生成的漏报系数反映男婴与女婴漏报量的相对差异，变动范围为0.96～0.99。

　　表1-2是不考虑出生人口性别选择性漏报（女婴漏报）情况下的总人口性别比变动的因素分解结果。首先，受前期队列出生性别比偏高的影响，各时期总人口性别比的数值不断攀升，从1982年的104.83上升到2010年的106.82，计算结果较实际值偏高。其次，尽管两次相邻普查间总人口性别比的变动值为0.10～1.99，但其内部各因素的影响却存在巨大的差异。如在2000～2010年这段时期内，总人口性别比升高了0.10，但年龄结构变动因素实际上使总人口性别比降低了1.31，死亡率的性别差异转变使总人口性别比降低了0.65，而持续偏高的出生人口性别比则使总人口性别比升高了2.06，这样各因素累加后，2010年总人口性别比较2000年升高0.10。

最后，从各因素自身的变化情况看，出生性别比持续偏高和人口年龄结构转变对总人口性别比升高的影响随着时间推移不断加强，只是影响的方向不同，年龄结构老化不断降低总人口性别比，而出生性别比持续偏高的累积效应则使得总人口性别比快速上升。随着婴幼儿段女性存活率的不断提高和男女期望寿命之差的不断拉大，死亡率性别差异对总人口性别比变动的影响由2000年以前的升高总人口性别比转变为2000年以后的降低总人口性别比。总的来看，1982～2010年，在不考虑女婴漏报的情况下，近30年来的出生性别比持续偏高对总人口性别比的偏高影响最大，而死亡率性别差异的改善和人口年龄结构的老化则对总人口性别比的降低起着重要作用。

表1-2   不同时期总人口性别比变动的因素分解（不考虑女婴漏报）

时　期	总人口性别比（1/100）			各因素变动（1/100）			
	起始值	结束值	变动值	年龄结构	死亡率性别差异	出生性别比	女婴漏报
1982～1990年	104.83	105.36	0.53	-0.25	0.08	0.70	0
1990～2000年	105.36	106.72	1.36	-0.92	0.34	1.94	0
2000～2010年	106.72	106.82	0.10	-1.31	-0.65	2.06	0
1982～2010年	104.83	106.82	1.99	-2.50	-0.33	4.81	0

表1-3是将出生人口性别选择性漏报因素（女婴漏报）加入总人口性别比的公式后得到的结果。各时期总人口性别比均低于未考虑女婴漏报时的计算结果。从四个因素变动分别对总人口性别比变动的影响规律看，年龄结构、死亡率性别差异和出生性别比对总人口性别比变动的作用规律与表1-2得到的结论基本一致。出生人口的性别选择性漏报因素对总人口性别比变动起着明显的降低作用，1982～2010年，共降低总人口性别比1.66。可见，女婴漏报对总人口性别比变动有着重要的影响。

表1-3   不同时期总人口性别比变动的因素分解（考虑女婴漏报）

时　期	总人口性别比（1/100）			各因素变动（1/100）			
	起始值	结束值	变动值	年龄结构	死亡率性别差异	出生性别比	女婴漏报
1982～1990年	104.83	104.79	-0.04	-0.22	0.07	0.69	-0.58
1990～2000年	104.79	105.62	0.83	-0.66	0.34	1.89	-0.75
2000～2010年	105.62	105.48	-0.14	-1.04	-0.64	2.01	-0.47
1982～2010年	104.83	105.48	0.65	-2.11	-0.33	4.75	-1.66

我们采用"反事实"的方法，即假设某一因素保持不变（或去掉某一因素）来考察总人口性别比是多少。图1-7直观地考察了去掉某个因素对总人口性别比变动情况的影响情况。如果不考虑人口的年龄结构和性别选择性漏报因素，则总人口性别比都应高于实际值。如果不考虑死亡率的性别差异变化因素，则在1990年和2000年，总人口性别比应低于实际值，而在2010年则应高于实际值。而如果30年来出生性别比保持在1982年的水平不变，即不考虑出生性别比的变动因素，则2010年的总人口性别比将下降到101以下，略低于世界平均水平。因此，长期的出生性别比偏高所产生的累积效应对中国人口性别结构失衡的影响已经十分严重。

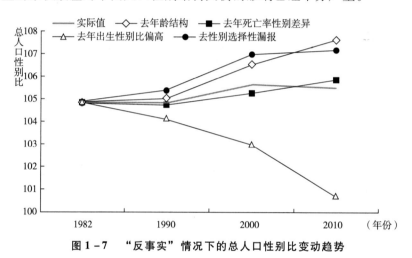

图1-7　　"反事实"情况下的总人口性别比变动趋势

五　小结

中国的人口性别结构是伴随着中国人口的转型而变动的。首先，在人口由高出生率、高死亡率和高增长率向低出生率、低死亡率和低增长率的转型过程中，女性的死亡率较男性有更大幅度的下降，死亡率的性别差异对总人口性别比的影响从20世纪70～80年代起开始逐渐减弱，当前反而起着降低总人口性别比的作用。其次，20世纪90年代初，当生育率下降至低生育水平后，出生性别比偏高现象显现，出生人口性别结构失衡成为影响当前总人口性别结构失衡的主要原因。最后，受中国人口快速转型的影响，低龄人口比重迅速下降，老龄人口比重快速增长，人口的年龄结构对降低当前总人口性别比的影响越发显著。此外，人口普查中的性别选择性漏报、瞒报现象，特别是低龄段人口的漏报、瞒报现象在近三次人口普查中越来越明显，这也对人口性别结构的统计指标产生了一定影响。

从国际和历史的角度来看，中国的人口性别结构失衡问题已经十分严重，无论是总人口性别比还是出生性别比，在其数值持续偏高的背后，各种驱动因素不断发生变化。第六次全国人口普查数据表明，出生性别比对人口性别结构的全程性影响已经开始显现，其影响将贯穿相应人口队列的整个生命周期。因此，相应的社会保障和政策需要对这30年来的出生队列人口予以全方位的支持和保障。主要包括以下五方面：一是继续改善女性特别是婴幼儿阶段女性的生存和健康条件；二是面对大规模的失婚男性，需对其在教育、就业等方面提供政策支持和帮扶，增加其应对风险的能力；三是对于老年失婚男性，由于没有家庭和子女的支持，其健康状况较差、收入较低，需要对其出台相应的社会保障政策；四是对性别结构失衡带来的社会风险和人口安全问题要有充分的认识和准备，要积极应对；五是进一步提高妇女地位，促进性别平等，从根本上转变重男轻女的思想观念，这也是解决中国人口性别失衡问题的根本途径。

第二章　性别失衡下的人口健康与公共安全

一　引言

中国的出生性别比自1980年起出现大范围的持续偏高，女婴死亡水平在20世纪也一直偏高，这势必导致中国性别结构失衡。在未来较长一段时期内，中国的婚姻市场将面临越来越严重的女性短缺和男性过剩（Dudley和Glover，2005；Tuljapurkar等，1995）。由于较低的生育率水平所带来的出生人口性别比持续偏高和传统的婚配梯度模式的影响（Evans，1997），中国男性人口将面临严峻的婚姻形势。1970年后出生的男性人口开始步入结婚年龄，婚姻市场正在或即将出现大量年轻的剩余男性（Attané，2010；Banister，2004）。据估计，从2010年开始，由于女性短缺，将有数以百万计的男性难以结婚（李树茁等，2006）。尽管一些调节措施，例如提高女性的再婚率，扩大夫妻之间的年龄差，增加与外国女性结婚的数量等，能在一定程度上缓解婚姻市场上的这种不平衡（Le等，2007），但仍有相当一部分男性将被永远排除在婚姻之外。

性别结构失衡带来的潜在问题在加速积聚，人们已经预感到不远的将来会发生什么，但没有人能真正判断它的后果会严重到何种程度（乔晓春，2008）。为此，学术界对性别失衡所引发的社会风险存在很大的争议。有学者担忧，男女比例失调有可能促使剩余男性选择嫖娼等高风险性行为，导致性乱、艾滋病蔓延等一系列严重问题（马洁芸，2005）。特别是伴随着改革开放以来性服务产业在中国的快速发展，剩余男性可能会成为一个新的艾滋病高风险群体，而且将架起艾滋病从高风险群体向低风险群体扩散的桥梁（Tucker等，2005）。艾滋病将会在中国迅速传播，中国人的艾滋病感染比例将很可能达到撒哈拉以南地区的程度（阿蚌，2010）。基于历史的经验，有的学者甚至大胆预测，中国大规模的男性过剩人口，将成为威胁国内和国际社会安全与稳定的"定时炸弹"，如果这个问题得不到解决，不仅会增加暴力犯罪问题，将来还很可能发生"光棍起义"，引发国际战争（Hudson 和 Den Boer，2004）。但也有学者认为，受到婚姻挤压的男性往往集中在社会底层，这个群体大多老实本分，缺乏外出挣钱的能力，更多地采取吸烟、喝酒等逃避方式发泄，可能损害自身健康，但不会对公共健康和安全造成影响（刘中一，2005）。

目前中国性别失衡与婚姻挤压问题引起了国内外研究者的广泛兴趣，但针对男性过剩与健康风险关系的研究还很少见，由此导致对性别失衡下的健康风险的危害程度及风险层次（个体健康还是公共健康）缺乏明确的结论。识别中国性别失衡背景下剩余男性的健康风险类型及其程度，不仅有助于确定中国性别失衡治理和健康促进的方向，提高政府干预的绩效，还可以避免因为对剩余男性健康风险的错误猜测而启动社会风险放大机制，即妄加猜测的舆论信息广泛流行→强化公众风险感知→剩余男性被污名化→引发社会对抗情绪→社会危机事件爆发。那么，中国性别结构的失衡是否会引发人口健康和公共安全风险？如果会引发社会风险，到底是哪些群体会成为社会的风险因素？会在哪些方面引发社会的风险？这些正是本章所关注的主要问题。

本章的研究目标主要有以下四个：第一是在国际和历史背景下，对性别失衡所可能引发的人口健康与公共安全风险进行系统综述；第二是利用中国社会调查数据（CGSS），基于性别差异的视角，探索婚姻及其质量对心理福利的保护作用及社会支持所可能发挥的缓冲器作用；第三是利用分别在农村和城市地区组织的专项性生活调查数据，探索性别失衡下到底是最可能受到婚姻挤压的农村大龄未婚男性更可能从事风险性行为，还是那些流入城市地区的大龄未婚男性更可能存在风险性行为；第四是进一步利用针对流入城市地区的农民工组织的专项调查数据，分析失婚是否会进一步强化农民工的相对剥夺感而增加其危害社会安全的行为倾向。

二　国际视野与历史经验

本节拟在国际和历史的视野下，对性别失衡背景下有关健康风险的研究进行系统的论述，以识别性别比例失调特别是男性过剩将引发什么样的健康风险，是损害该群体的自身健康还是通过加速性病、艾滋病的传播威胁公共健康与安全？为此，以"性别失衡"、"健康风险"、"性别比"与"健康风险"为关键词，以谷歌为搜索引擎，对国内外相关的文献进行搜集和整理，共搜集文献98篇，剔除与研究主题无关的文献，最终保留58篇，以识别性别失衡背景下，在人口健康、公共健康与安全两个层面是否存在风险及存在哪种风险，并分析不同文化环境下的研究结论对中国目前男性过剩的人口环境下健康风险研究与政府干预的启示与借鉴。

（一）性别失衡与个体人口健康

由于以男性过剩为特征的性别结构失衡主要出现在近几十年来以中国、韩国、印度为主的东亚国家，因此对男性婚姻挤压的人口环境与人口健康的研究才刚刚起步。但从婚姻的角度关注未婚男性健康状况的研究却已经持续很久且比较成熟。而且，也有学者对特定年龄段的、局部的或女性过剩的性别结构与人口健康的关系进行了研究。

1. 婚姻与人口健康

早在20世纪30年代已经有学者关注婚姻状况对人口健康的影响（Malzberg，1936），并且在精神疾病、心理健康、身体健康、自杀等方面进行广泛检验，还从社会支持角度探讨这种影响的成因。

在精神疾病方面，研究发现未婚男性精神疾病的发生率和住院率都显著高于已婚男性（Gove，1972），Horwitz等人的研究进一步证实婚姻状况与精神疾病显著相关，而且婚姻状况对精神疾病的影响呈现出性别差异：结婚更能显著降低男性的沮丧情绪，更能减少女性酗酒问题（Horwitz等，1996）。另外研究也发现，在面对婚姻状况的转变时，男女两性所反映出来的情绪问题存在显著差异（Simon，2002）。

在心理健康方面，婚姻状况被证实与孤独感、生活满意度、主观幸福感等显著相关，相比于已婚群体，未婚群体更容易感觉到孤独，生活满意度和幸福感也更差（Coombs，1991）。进一步研究表明，相比于女性，婚姻状况对男性心理健康的影响更大，而且心理健康并不会因为收入等个体特征的改变而得到改善（Keith，2003；Marks，1996）。跨文化研究也表明，尽管文化差异会对婚姻状况与心理健康的关系进行调整，但婚姻对心理健康的影响大小及其性别差异呈现出跨文化相似性（Diener等，2000）。

在身体健康方面，研究发现相对于已婚群体，未婚群体的死亡率显著提高，而且相对于女性，婚姻对男性死亡率的影响更大。这是因为已婚男性能更多地得到行为控制和健康支持，而且随着已婚转变为未婚，负面的健康行为显著增加，而从未婚转变为已婚则对健康行为的影响很小（Umberson，1992）。另外研究也发现，未婚男性的血压显著高于已婚男性，其更可能患高血压，这与未婚男性长期有精神压力和缺少社会支持有关（Lipowicz 和 Lopuszanska，2005）。在对婚姻状况与自杀问题的研究中也发现，已婚群体自杀率最低，年轻独居男性的比例最高（Smith 等，1988）。

上述研究尽管在研究对象、领域和时期方面存在差异，但研究结论一致表明：婚姻对保障人口健康有着重要作用，特别是对保障男性的心理、身体健康甚至生命至关重要。这些研究大多集中在性别结构平衡的人口环境下，将婚姻状况作为控制变量，分析不同婚姻状况的群体在健康方面所表现出来的风险差异，还无法识别主动失婚与被动失婚的男性在健康状况及影响机制方面是否存在差异，也无法识别未婚群体的健康脆弱性与失婚的因果关系，但这些研究结论对理解性别失衡背景下的大龄未婚男性的健康问题仍然具有很好的借鉴价值。

2. 性别比失调与人口健康

受到数据获取的制约，目前在性别结构失调与人口健康的关系方面，研究还比较有限。个别研究关注到了性别结构失调对人口健康的影响。该类研究主要检验了性别比与美国单亲妈妈、青少年未婚先孕、婚姻稳定性与家庭暴力的关系，结果发现美国单亲妈妈与性别比无关但与就业男性的比例显著相关（Catanzarite 和 Ortiz，2002；Barber，2004），青少年的未婚先育则与相应阶段的性别比显著负相关（Barber，2001）。跨文化研究也证实女性的非婚生育率与性别比显著负相关（South 和 Trent，1988）。而且，无论是在偏高还是偏低的性别比例下，离婚风险都显著提高（South 等，2001）。美国跨地区和不同国家的跨文化研究都显示，低性别比与针对女性的高频率家庭暴力显著相关（Avakame，1999；South 和 Messner 等，1987）。但这些研究主要以女性占优势的人口环境为背景，更多关注女性的健康风险。

也有研究关注到了男性过剩的人口环境下的健康风险问题。哈佛大学医学院的尼古拉斯－克里斯塔基斯教授等人，利用威斯康星纵向研究（WLS）的长期跟踪调查数据和美国老年医疗保险的相关信息进行分析，研究发现：在男多女少的社会环境下，男性寻找终身伴侣的竞争更加激烈，其代价是，男性寿命平均缩短 3 个月，而且男女比例失调越严重，男性减寿的风险就越大（陈宗伦，2010）。但在性别比同样偏高的印度进行的一项研究，对文化观念的内在认同与心理健康的关系进行了分析，发现在男性过剩的人口环境中，调查对象的心理健康状况很好，并不存在很高程度的焦虑（Yim 和 Mahalingam，2006）。但由于缺乏进一步的比较分析，尚无法识别已婚与未婚、男性与女性等不同人口特征的群体是否存在健康风险差异。特别是在偏高的性别比与不同类型的健康风险之间的关系这个问题上缺乏直接的证据。

3. 大龄未婚男性与人口健康

由于中国的出生性别比和女婴死亡率偏高问题无论在地域分布还是持续时间上都远甚于其他国家，因此男性的婚姻挤压及其引发的健康风险问题也就尤为突出。因此，中国大龄未婚男性的婚姻与健康问题日益受到关注。Gupta 等人基于 2002 年的中国家庭收入调查数据，试图对 30 岁及以上农村男性的婚姻与健康状况进行分析，以识别大龄未婚男性的健康风险，分析发现，未婚群体的身体健康状况明显差于已婚群体（Das Gupta 等，2010）。但由于缺乏进一步的数据分析，尚无法确定失婚是不是导致大龄男性身体健康状况差的原因。基于安徽农村的抽样调查数据，李艳等人比较了大龄未婚男性与已婚男性的社会经济地位、社会支持和心理福利状况，发现婚姻状况对农村男性的心理福利有显著影响，大龄未婚男性的心理福利远远弱于已婚男性（李艳等，2009）。但该研究局限在落后地区的留守男性，对于外出打工的未婚男性的风险识别还有待进一步拓展，环境的变化可能导致留守与外出未婚男性面临的健康风险存在差异。

男性过剩对其他群体的健康风险的影响也受到关注，但目前这些研究还局限在质性研究阶段。对中国中部农村的质性访谈发现，农村大龄未婚男性的失婚对其家庭经济、家庭关系和成员的心理压力都造成负面影响（韦艳等，2008）。对中国东北地区贫困农村的质性访谈资料发现，大龄未婚男性中的大多数老实本分，对社会还没有造成太大的负面影响，但这些人成天无事可做，往往聚众赌博、酗酒，给这些家庭带来了心理上的负担（许军、梁学敏，2007）。另外，在陕西秦岭等一些贫困地区的研究发现，由于女性缺失，当地近亲结婚现象盛行，直接导致新生儿出生缺陷率升高，成为远近闻名的残疾村（彭远春，2004）。但目前还没有研究涉及大龄未婚男性对社区其他家庭和群体健康风险的影响。

（二）性别失衡下的公共健康与安全

性别失衡环境下大龄未婚男性的存在之所以引起政府和学者的高度关注，在很大程度上是出于对出生性别比失调可能导致性乱、艾滋病蔓延等一系列严重问题的担忧（罗桦琳，2008）。尽管尚无直接的证据证明大龄未婚男性性行为的风险性，也没有研究证实男性过剩的性别结构对性病、艾滋病传播的加剧作用，但无论是历史资料的佐证、中国艾滋病传播模式的转变，还是中国目前人口流动下农民工群体的出现和性服务产业的快速发展，都预示着大龄未婚男性作为农民工的主体，不仅会成为一个新的艾滋病高风险群体，而且还会成为艾滋病从高风险群体向低风险群体扩散的桥梁（Tucker 等，2005），直接威胁到整个中国的公共健康与社会安全。

1. 性别结构与公共健康

自 20 世纪 90 年代以来，越来越多的研究者关注到性别失衡与艾滋病传播风险的关系，并形成了多种理论来解释风险性行为的产生。根据人口机会理论，当异性数量出现富余时，该性别在性行为中初次性交早、性交频率高、多性伴侣的风险就会增加，并由此导致性传播疾病风险增加（South 和 Trent，2010）。但 Pedersen（1991）则认为性别比与性风险行为的关系存在文化差异：在一个女性多于男性的文化环境下，由于男性的稀缺及男性能够满足多个对他感兴趣的女性的需求以实现其乱交的期望，在这种匹配市场的作用力下，整个文化环境就会变得对社会性行为缺乏制约；相反，当性别比偏高，男性数量多于女性的时候，男性必须加入对有限的潜在性伴侣的竞争中去，由于女性倾向于保持长期的单性伴侣关系，男性如果要在婚配市场上保持竞争力，就必须对女性的这一关键期望做出积极回应，因此性行为风险就会降低。Pouget（2010）等人则认为文化因受到社会结构的调节而具有双面性，在一个男性主导的社会，受到婚姻匹配的心理因素和文化规范等社会因素的调整，偏高的性别比可能一方面对男性保持单性伴侣形成约束，但另一方面可能导致女性性工作者的增加。

性别失衡与艾滋病风险性行为的关系在不同的文化环境下得到检验，但主要集中在美洲国家，个别研究扩展到了非洲和亚洲国家，甚至进行了跨文化检验。

（1）在美洲文化环境下的研究更关注性伴侣的数量，仅个别研究关注婚前性风险。对不同社会地位的非洲裔美国人的质性访谈结果显示，女多男少的社会环境，导致非洲裔美国人同时拥有多个性伴侣（Adimora 等，2001），而且女性还必须遵从男性对安全套使用的偏好（Owensfergusion 等，2006）。对美国女大学生的研究证实，校园女多男少的性别结构导致女性的性活跃（Uecker 等，2010）。对前来性传播疾病监测中心就诊的非洲裔美国人的定量研究证实了性别比与近来性伴侣数量间的相关性，但同时发现存在性别差异：对男性来说，性别比与他们性伴侣的数量无关，但对女性来说，随着性别比的增加，其性伴侣数量也增加，主要是卖淫行为增加（Senn 等，2008）。但由于研究是将前来就诊的特定非洲裔美国人的行为调查数据与美国普查局的性别比数据匹配，因此对该结论尚存在质疑。但 Pouget（2010）等人利用美国 1999～2004 年全国健康和营养检查的调查数据与分种族的普查数据进行的分析，进一步证实了性别比与多异性伴侣的关系，在各个种族中都呈现相关性，而且在性别比偏低、男性被拘禁率较高的地区，拥有 2 个以上性伴侣的概率显著增加（Pouget 等，2010）。在澳大利亚的调查也显示，性别比与异性伴侣数量呈负相关关系（Smith 和 Subramanian，2006）。利用社区层面的性别比数据，对美国年轻女性婚前性行为和性频率的研究发现，性别比与女性的性风险呈显著正相关关系（Billy 等，1994）。但基于临近地区性别比数据的研究并没有发现性别比与女性初次性交风险的相关性（Brewster，1994）。该类研究集中于女性过剩的人口环境，更多关注女性的健康风险。

（2）在亚非国家的研究检验了男性过剩的性别结构与男性风险性行为的关系，但更关注婚前、婚外等性行为。Benefo（2008）利用 2003 年赞比亚性行为调查数据和多层次回归分析技术，发现在一个男性人口过剩的社区，男性从事婚外性行为的概率降低（Benefo，2008）。South 和 Trent（2010）利用 1999～2000 年的中国人口健康和家庭生活调查数据以及 1982、1990 和 2000 年普查中的社区数据，检验了当地性别比和男性性行为的关系，发现当处于一个女性富余的社区环境中时，男性寻求商业性服务的可能性降低，而非商业性的婚前性风险加大，而且更可能感染性传播疾病。由于缺乏婚外性行为特别是多性伴侣等风险行为的研究，还无法解释在商业性风险降低的情况下，为何感染性传播疾病的可能性增加。目前还少有研究检验性别比与异性伴侣数量特别是更换频率的相关性，而后者对包括艾滋病在内的性传播疾病的影响更大。另外，由于缺乏性别差异的视角，目前研究也无法解答性别比对风险性行为的影响是否存在性别差异，因此还无法判断上述理论的解释力。

（3）跨文化检验。Schmitt利用48个国家的数据，分析了婚配年龄段性别比与综合性的社会性行为的关系。该社会性行为的测量由多性伴侣、性交频率和性态度等七个题项合成。结果显示性别比与社会性行为呈负相关关系，即在男性比例高于女性的人口环境下，人们更倾向于一夫一妻制（Schmitt，2005）。

2. 大龄未婚男性与公共健康

尽管许多专家断言受到婚姻挤压的大龄未婚男性为满足性需求，可能会选择商业性行为或同性恋等风险行为，加大性病、艾滋病的传播风险。但目前该领域的研究更多地局限在理论猜测和历史经验的佐证层次，仅个别研究通过测量大龄未婚男性的性行为倾向直接评估了该群体传播性病、艾滋病的社会风险。

（1）商业性服务

基于历史资料，研究者一致认为商业性服务是在女性短缺的社会条件下，大龄未婚男性发泄性欲望的合理合法手段（刘中一，2005；潘绥铭，1999）。近代以来，尤其是清代中叶以后，底层娼妓的繁荣同男女性比例失调以及底层大量未婚男性的存在密不可分（孟庆超，2005）。从明朝天津城北门外落马湖一带低等妓女露天卖淫（《关于天津市妓女改造问题的初步意见及调查材料》，1950）到清朝的"老妈堂""窑子""土娼"（谭朝霞，2004），下层社会光棍普遍存在，刺激了底层娼妓的发展壮大。那些娶不起老婆的体力劳动者成为底层妓院的主顾（郭松义，2006）。清末民初的动荡局势和禁娼运动，不仅没有缩减娼妓的数量，反而使娼妓业得到长足发展（杨剑利，2003）。这是由于民国时期，大量农村青壮年单身男性流入城市，他们不能通过正常渠道解决性欲问题，因此造成了性交易需求的增长（张超，2005）。如民国时期的上海等大城市，大量男性的婚姻没有着落，刺激了性交易需求的增长，至1935年上海妓女数量达到10万人，高于棉纺女工数量（〔美〕贺萧，2003）。

（2）同性恋

目前还没有理论支撑或现实证据表明，性别结构失衡是否会激发同性恋倾向，但无论是医学还是社会学领域的研究者都认为女性短缺可能会导致同性性行为的增加。历史经验对此提供了有力的证据，发现在高性别比的社会里，除性服务产业发达外，同性恋和一妻多夫的现象也非常盛行（Anderson，1961；Courtwright，2001）。特别是在社会底层，明清时期由于男多女少，男性结婚困难，未婚男性就会通过同性渠道满足性欲（郭松义，2000）。资料显示，明代弘治时期，福建全省男性人口占福建人口总数的74.63%，大量男子无法娶妻，刺激了当地"契兄弟""契父子"的盛行（吴存存，2001）。而且，同性恋还广泛存在于帮派和军队中，清代的四川地区，在主要由单身汉组成的被称为"啯噜"的组织中，盛行认干亲，在干亲父子间实际上存在不正当的性关系（常建华，2006）。另外，在男性过剩的环境下，即使不会产生同性恋，但由于人们会对同性恋持更宽容的态度，因此会使大量的人公开他们的同性倾向（Park和Cho，1995）。根据历史记载，在男性过剩的环境下，诸如"契兄弟"的同性恋关系不仅得到家庭和社会的认同，而且往往会举行类似于婚礼的仪式，建立固定的关系，甚至公开炫耀（吴存存，2001；Tien和Jukang，1988）。公开同性关系一方面可能有利于社会控制和疾病预防，但另一方面宽容的环境也可能促使更多同性性行为甚至商业性的同性性行为的发生。对此，目前还缺乏有力的证据支撑。

历史经验的总结为理解目前男多女少的社会环境下大龄未婚男性的性行为提供了很好的思路，但时代变迁对行为选择的影响也不容忽视。因此，有必要基于对不同类型大龄未婚男性的实际调查，直接识别大龄未婚男性的性风险。目前该类研究还相当缺乏，对外出流动的大龄未婚男性的公共健康风险也缺乏研究。

（三）政策启示与未来方向

1. 主要研究结论

基于国际和历史的视野，分析有关性别失衡与健康风险的研究可以发现以下两点。第一，在个体健康层面，无论从婚姻角度进行的研究还是直接针对大龄未婚男性的研究，都一致认为婚姻是保障人口健康的重要屏障，特别是对保障男性的心理、身体健康甚至生命至关重要。无论是在性别平衡还是在男性过剩的人口环境下，未婚男性的身体健康与心理福利都明显差于已婚男性。尽管还无法识别主动失婚与被动失婚对男性身体健康与心理福利的影响是否存在差异，但可以推断受到婚姻挤压的男性，由于其经济弱势地位，将面临更大的个体健康风险。性别比与人口健康的相关检验也证实，女性富余的人口结构会加大女性的一系列风险，而男性富余的人口结构会增加男性减寿的风险。尽管印度的调查显示在男性过剩社区生活的民众的心理健康状况保持良好，但由于缺乏基于婚姻和地区的对比分析及直接相关检验，因此无法推断出性别失衡对当地民众特别是失婚男性的心理福利没有影响。因此，性别结构失衡不仅会导致失婚男性的个体健康风险，也可能会影响其他群体的健康风险。第二，在公共健康与社会安全层面，由于导致性病、艾滋病流行的风险性行为呈现多样性，研究结论的差异性较大。针对美洲局部地区女多男少的性别结构与风险性行为的研究表明，不仅男性的多异性伴侣风险显著增加，女性也更容易遵从男性的偏好倾向于性活跃和风险行为，而且随着性别比例的提高，青年女性有婚前性行为和商业性行为的风险加大；针对亚非男性过剩的性别结构与风险性行为的研究表明，偏高的性别比降低了男性婚外性行为和婚前性行为的风险，但增加了男性商业性行为的风险；跨国研究则表明高性别比有助于一夫一妻的性关系。这说明，性别结构失衡对不同的公共健康风险行为的作用方向存在差异。而且历史经验也显示，在男性富余时期，流入城区的男性的商业性风险增加，底层男性的同性恋现象更普及。可见，健康风险因群体分化而存在差异，性别失衡会在一定程度上因增加商业性、男男性等风险行为而加大性病、艾滋病在社会底层的流行风险，但也可能因降低婚外性风险而对艾滋病传播等公共健康风险起到一定的削减作用。

2. 政策启示

即使中国的出生性别比现在能回到正常水平，长达20年的大规模的偏高性别比和女婴死亡水平都必然导致大规模的大龄未婚男性面临成婚困难。为此中国政府只能面对现实，尽早着手应对挑战。尽管目前针对中国性别失衡与健康风险的研究有限，还无法提供很好的应对思路，但上述基于国际和历史视野的综述仍可以为政府应对性别失衡下的健康风险提供一定的启示。第一，把握失婚男性的特征，提供有效的健康保障。由于未婚男性无论在身体还是心理健康方面都明显差于已婚男性，而且受到婚姻挤压的男性往往在经济上处于弱势，因此应在现有基本医疗保险、城乡医疗救助制度的基础上，进一步扩大覆盖面，切实将城乡贫困人口纳入医疗保障的范围，为城乡失婚男性的身体健康提供有力保障，城乡保障一体化的尽早实现，也有助于保障农民工群体中失婚男性的健康。目前研究中的失婚男性很多是因身体状况差而失婚，而中国未来大规模的失婚男性可能身体比较健康，更可能面临高血压、性传播疾病等慢性病的困扰，特别是心理疾病突出。因此，目前保大病、重治疗的保障原则，很可能因人口环境的改变而降低中国医疗保障制度的效果。政府应提高精神卫生和心理疾病的防治能力，不仅将高血压、性传播疾病等常见多发病查治作为保障重点，而且逐步将心理疏导和精神疾病诊治纳入医疗保障范围。第二，充分利用制衡机制，降低公共健康风险。理论分析和实证研究结果都表明，性别结构与风险性行为的关系并非简单的线性关系，因为文化制度的作用力，性别结构对不同类型风险性行为的影响是存在方向性差异的。中国未来失婚男性的存在可能会刺激底层性服务产业的发展及同性性行为的广泛流行，但也可能对已婚男性忠实于一夫一妻制形成压力，降低该群体出现婚外性行为和商业性行为的风险。因此，在应对未来失婚男性可能引发的公共健康风险时，可以充分利用两种不同方向作用力的制约功能，在以安全套推广、性安全教育、性病定期检测等方式加强对底层性服务产业安全性监管的同时，可重点强化婚内忠诚的舆论导向，加大对已婚男性婚外性行为和商业性行为的打击力度。第三，把握群体分化和风险差异，有针对性地实施治理。尽管由于现有研究的局限，还无法识别主动失婚与被动失婚、留守与外出流动的大龄未婚男性是否存在风险差异，但从历史资料和个别实证研究所反映出来的结论不一致及研究对象的差异来看，流入城市的大龄未婚男性可能因为商业性服务的便利性、自身经济实力及更宽容的舆论环境，而更倾向于进行商业性行为或寻找多个临时的性伴侣，而农村留守男性更可能存在同性恋、自慰等行为。因此，要把握大龄未婚群体的分化，针对不同群体的风险类型和程度对症下药，更有针对性地实施治理。比如在农村地区提高自慰工具的可及性，加大同性行为的安全教育。

3. 未来研究方向

在目前中国男性过剩的人口环境下，个体与公共健康的风险性尚未显现。对健康风险的评估大多基于理论猜测，在整体上缺乏有力的实证研究作为支撑。而且有限的实证研究也往往侧重于落后的农村地区，仅针对留守的大龄未婚男性，这为未来针对性别失衡环境下健康风险的研究留下了很大的空间。第一，健康与公共安全风险的系统性评估。中国正经历人口环境的巨大转变，大量失婚男性的存在，不仅将对该群体的人口健康产生影响，还将在不同层面、不同群体中产生一系列连锁反应，导致健康风险的扩散效应。因此，有必要在识别未婚男性健康风险的基础上，拓展对性别失衡背景下未婚女性、婚姻迁移女性、儿童等各类群体的个体健康及社区层面疾病流行、出生缺陷、自杀率等健康和公共安全问题的风险性评估。第二，健康风险的差异性识别。由于经济社会特征的不同，不同群体的行为选择和风险应对可能存在差异，导致健康风险的选择性。研究结论的不一致也恰恰说明了这一点。因此，有必要加强人口特征与健康风险的比较分析，识别哪些群体存在更大的健康风险，存在哪种类型的健康风险，特别是基于主动失婚与被动失婚，留守与流动的差异，识别哪些大龄未婚男性会成为威胁公共健康的风险群体。第三，健康风险的产生和放大机制研究。目前仅个别研究从社会支持的角度分析大龄未婚男性个体的健康风险，从风险性行为的角度分析公共健康风险的产生机制。欠缺对性别失衡背景下不同类型健康风险的机制探索，更没有研究关注性别失衡下的健康风险如何从人口领域传导放大到其他领域的机制。有必要在加大探索性研究的基础上，分析各类风险群体的行为动机、实现机制和传导放大机制，以最终把握性别失衡与人口健康、公共健康的内在关系。

三　现实探索性发现：婚姻与心理福利

受到女婴死亡水平偏高和出生性别比大范围持续偏高的影响，中国的性别结构出现失衡，导致适婚男性在婚姻市场受到挤压。基于2000年普查数据的预测，不管出生性别比是否能尽快回到正常水平，受其影响的男性数量将达到3000万人以上（Klasen 和 Wink，2002），即使将再婚市场考虑在内，未来中国婚姻市场每年的男性过剩人口也将达到120万人（李树茁等，2006）。与此同时，受到向上婚配规则的影响，城市地区具有高收入、高教育程度、高智商的大龄未婚女性也同样受到婚姻挤压，面临成婚困难。而且，该群体的规模也呈现日益扩大的趋势，进一步加剧性别结构失

衡（魏彤儒、张刚，2010）。如何缓解性别结构失衡可能引发的各种社会
风险，保障失婚群体的健康与福利，成为中国政府即将面临的重大挑战。

已有研究证实，婚姻作为一种重要的社会关系资本，对健康发挥着重
要的保护功能（Gove 等，1983；Mberson，1992；Ross，1995）。但婚姻的
保护功能，往往取决于婚姻的质量（Gove，1983）。存在冲突的婚姻关系，
甚至比失婚更可能恶化身心健康（Gallo 等，2003；Grewen 等，2005；Holt
Lunstad 等，2008）。婚姻对心理健康的保护功能主要通过提供工具性和情
感性支持来实现。由于婚姻能够带来伴侣的收入并降低生活成本，因此在
一定程度上保障了经济生活水平（Ross，1995）。而且，婚姻代表着一种
社会契约，能够为其成员提供一种持久、归属的感觉和更明确的人生目标
和价值（Waite 等，2000；Stanley 等，2004），伴侣间的亲密感觉、陪同和
日常互动，也有助于减少沮丧和精神疾病，有效缓解心理压力（Berkman，
1988）。但婚姻所提供的情感和工具支持，也可以从外部其他社会关系中
获取（Wilson 等，2005）。

在性别结构失衡的社会中，大规模失婚伴随对婚姻质量的追求将成为
当代和未来中国社会的基本人口特征。尽管国际视野和历史经验表明，失
婚男性的身心健康将面临更大的风险，但在现代社会多元文化的冲击下，
婚姻的功能和作用是否有所不同？婚姻在中国转型社会到底扮演着什么样
的角色？缺乏正常婚姻家庭生活的失婚群体是否一定比已婚群体承受更大
的心理压力？增强个体资本和其他社会关系资本，是否可以对失婚群体的
心理福利提供有效的补偿？对此类问题的解答将为未来政策的选择提供重
要思路。目前，已有研究关注婚姻状况或婚姻质量与健康状况的关系，对
二者的综合考察及婚姻与其他社会资本的调节关系少有涉及，特别是缺乏
对性别差异的关注。为此，本研究试图利用 CGSS（2006）数据，基于性
别差异分析，检验婚姻状况、婚姻质量对心理福利的影响，并考察家庭代
际支持、个体资本对婚姻与心理福利关系的调节作用。

（一）数据与方法

1. 数据来源

本研究采用中国综合社会调查（CGSS）2006 年度的数据，该调查由
中国人民大学社会学系和香港科技大学社会科学部联合组织，是一项大型

的持续性社会调查①。调查对象为 18~69 岁的成年人。调查内容包括个体和家庭两个模块，个体模块的有效样本为 10151 个，家庭模块的有效样本为 2684 个。在本研究中，为了分析婚姻质量、家庭代际支持等家庭模块变量与心理福利的关系，并重点关注适婚人群的婚姻状况，以家庭模块为基础，剔除存在缺失值和年龄低于 25 岁的样本，最终保留 2538 个样本用于本研究的数据分析。其中女性样本为 1317 个，男性样本为 1221 个。具体样本特征如表 2-1 所示。

表 2-1　变量操作与样本基本特征

单位:%

变　量	女性（N=1317）	男性（N=1221）	编码与取值范围
	均值/百分比	均值/百分比	
心理福利（差）	52.8	54.3	二分类：0＝心理福利差；1＝心理福利好
婚姻质量			
婚姻满意度	3.88（0.68）	3.95（0.64）	1~5
续缘期望值	3.25（0.79）	3.33（0.77）	1~4
沟通程度	10.48（2.08）	10.68（2.16）	2~14
代际支持			
代际经济支持	5.01（2.37）	4.81（2.32）	1~10
代际生活照料	4.75（2.19）	4.29（2.24）	1~10
代际情感交流	4.44（2.08）	4.20（1.93）	1~10
个体资本			
地位状况	1.86（0.88）	1.90（0.90）	1~5
地位改变	10.49（2.09）	10.57（2.26）	5~15
地位期望	10.98（2.10）	11.01（2.11）	5~15
婚姻状况			
单身（含离婚丧偶）	6.9	8.3	虚拟变量
未婚同居	0.3	0.3	虚拟变量
已婚同居	92.4	91.3	虚拟变量
已婚分居	0.3	0.1	虚拟变量

---

① 具体信息可登录以下网站查询：http://www.cssod.org/，笔者感谢上述机构提供的数据协助，当然，书中所有数据分析的责任都由笔者自行负责。

续表

变　量	女性（N = 1317）	男性（N = 1221）	编码与取值范围
	均值/百分比	均值/百分比	
年龄	44.38（11.65）	45.87（12.23）	25 ~ 69
户口（农村）	53.3	51.3	二分类：0 = 农村；1 = 城镇
受教育程度			
非正规教育	18.7	5.1	1 = 非正规
小学	25	26.4	2 = 小学
初中	32.1	36.5	3 = 初中
高中（含中专技校）	17.9	22.6	4 = 高中（含中专技校）
大专及以上	6.3	9.5	5 = 大专及以上
收入（Ln + 1）	3.38（1.77）	3.85（1.09）	0 ~ 7

2. 变量测量

（1）因变量：心理福利

本研究关注的产出变量为主观感知的心理福利。心理福利作为一个宽泛的概念，一般从生活满意度、正向的和负向的情感三个方面来测量（Hansson 等，2008）。在本研究中，心理福利主要从生活满意度方面来测量。通过询问"总体而言，您对自己所过的生活感觉怎么样?"来度量。在数据分析中，将"非常不幸福"、"不幸福"和"一般"视为心理福利较差，并赋值为0；将"幸福"和"非常幸福"视为心理福利较好，并赋值为1。

（2）自变量：婚姻、代际支持与个体资本

婚姻关系作为重要的社会关系资本，由婚姻状况和婚姻质量来测量。考虑到性别结构失衡同时也会对婚姻稳定性和再婚市场产生影响，本研究将婚姻状况分为单身和婚居两类：单身包括未婚、离婚和丧偶；婚居包括未婚同居、已婚同居和已婚分居。婚姻质量则通过婚姻满意度、续缘期望值和沟通程度三个变量来测量。在数据分析中，三个题项的值被合并，分值越大表示婚姻质量越高。为进行比较分析，总分值以中位数为标准重新编码为二分类变量形式：0 = 低婚姻质量；1 = 高婚姻质量。

家庭代际支持作为对婚姻关系的可能替代资本，主要从经济支持、日常生活照料和情感支持三方面测量。在问卷中分别询问了来自父母和成年子女的支持。考虑到受到婚姻挤压而无法成婚的男性可能存在收养子女的情况，因此在数据分析中，将来自父母和子女的三类支持分别合并，分值越大表示获得的代际支持越多。

个体资本测量感知的社会地位，包括地位状况、地位改变和地位改变预期三个指标。对于地位状况通过询问"在您看来，您本人的社会经济地位属于上层、中上层、中层、中下层还是下层？"来度量。在数据分析中，负向赋值被正向转化。对于地位改变和地位改变预期，则分别询问了在收入状况、资产、职位、工作条件和社会经济地位五个方面，相比三年前和三年后的情况。将"下降"赋值为1，"差不多"和"不好说"赋值为2，"上升"赋值为3，然后将五个题项值合并。

（3）控制变量：人口经济特征

包括受教育程度、个人收入、性别、年龄和户口。受教育程度由个人所受的最高教育程度来测量，在问卷中被分为13类。考虑到有些选项样本数较少及便于比较，在研究中将类别进行合并，分为非正规教育、小学、初中、高中（含中专和技校）、大专及以上5级分类。个人收入通过询问"2005年所获得的包括奖金、补贴、分红等在内的个人总收入"来度量，分析中转化为 $Ln+1$ 形式。性别作为二分类变量，0为女性，1为男性。年龄作为连续变量纳入回归分析，在比较分析中被分为5类：25～29岁、30～39岁、40～49岁、50～59岁、60～69岁。户口作为二分类变量，0为农村户口，1为城镇户口。

3. 分析方法与策略

首先，以卡方检验比较单身和婚居、高婚姻质量和低婚姻质量两组群体的心理福利是否存在显著差异。其次，在整体样本中分析婚姻状况对心理福利的影响机制，识别代际支持和个体资本的调节作用。最后，仅保留婚居样本，在控制婚姻状况的前提下，关注婚姻质量的影响及代际支持和个体资本的调节效应。

影响机制分析采用 Logistic 回归模型。首先，在控制人口经济变量的前提下，检验婚姻对心理福利的影响（模型1）；其次，在模型1的基础上，分别纳入代际支持（模型2）、个体资本（模型4），再同时纳入模型6，考察婚姻、代际支持与个体资本的影响机制；最后，在第二步回归分析的基础上，增加相应的交互项，分别考察代际支持（模型3）、个体资本（模型5）及二者同时（模型7）对婚姻与心理福利的调节作用。

由于在传统的性别角色模式下，男女两性对婚姻的期望价值存在差异，以往研究也表明，代际支持和个体资本对健康的影响机制存在性别差异，为此，本研究区分男女样本进行分析。所有分析通过 SPSS 16.0 软件实现。

（二）分析结果

1. 心理福利的差异性

（1）婚姻状况与心理福利

在整体样本中，比较单身和婚居群体的心理福利。结果显示，无论男性样本（F = 134.579；P < 0.000）还是女性样本（F = 101.014；P < 0.000），两个群体的心理福利都存在显著差异。如图 2 - 1 所示，在处于婚居状态的人群中，心理福利好的比例远远高于在单身群体中的比例。

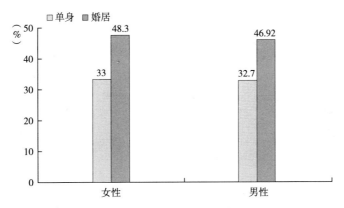

图 2 - 1　分性别的婚姻状况及其心理福利

进一步根据年龄阶段，比较单身和婚居两个群体心理福利的差异。可以发现，尽管对于男性和女性而言，婚居群体中心理福利好的比例普遍较高，但心理福利的差异程度在各年龄段明显不同。如图 2 - 2 所示，对于女性而言，单身女性的心理福利在 30 岁以后快速下降，两个群体的心理福利在 30 ~ 39 岁期间的差异程度最大，但随着年龄增长，单身群体的心理福利开始改善，而婚居群体的心理福利缓慢下降，导致差异程度逐渐缩小。

如图 2 - 3 所示，对于男性而言，大部分单身男性的心理福利在 60 岁之前都比较差，且比例保持相对稳定，仅 30% 左右的单身男性心理福利较好；但在 60 岁以后相当大比例的男性的心理福利得到改善，心理福利好的

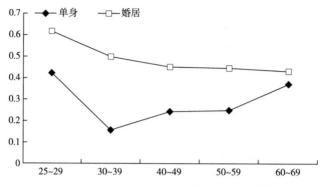

图 2 – 2   不同年龄段女性的婚姻状况与心理福利

单身男性达到 50% 以上。而婚居群体在 51 ~ 59 岁这个年龄段，却有相当大比例的男性的心理福利出现恶化，导致两个群体心理福利的差异性在 50 岁以后快速缩小。

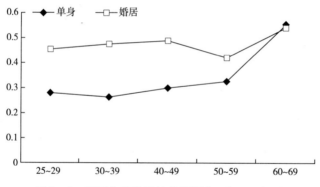

图 2 – 3   不同年龄段男性的婚姻状况与心理福利

（2）婚姻质量与心理福利

仅保留处于婚居状态的样本，比较婚姻质量好的群体与婚姻质量差的群体，观察其是否存在心理福利的差异，结果如图 2 - 4 所示。婚姻质量好的群体，其心理福利都显著好于婚姻质量差的群体。在男性和女性样本中，差异性都达到显著水平，而且在女性样本中，差异程度更大。进一步比较单身群体与婚姻质量差的群体，发现婚姻质量差的女性，其心理福利差的比例甚至高于单身群体，但单身男性的心理福利差于婚姻质量差的男性。

2. 婚姻状况对心理福利的影响机制

表 2 - 2 和表 2 - 3 分别显示了男性和女性婚姻状况与心理福利的

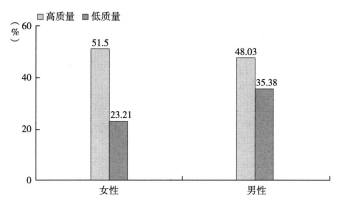

图 2 - 4 分性别的婚姻质量与心理福利

Logistic回归分析结果。可以发现，婚姻状况对男女两性都起着保护功能，但对男性的影响更大。代际支持、个体资本对婚姻状况与心理福利的调节作用也存在性别差异。

（1）婚姻状况对女性心理福利的影响

影响机制。对于女性而言，在控制个体经济特征的前提下，已婚或未婚同居群体保持较好心理福利的可能性显著高于单身女性。模型2和模型4分别增加代际支持和个体资本后，婚姻状况对心理福利的影响系数没有下降，说明不存在中介作用。而且，获取更多的经济支持，提高了女性保持较好心理福利的可能性，但代与代之间有更多情感交流的女性，心理福利好的可能性反而降低。另外，无论是较高的社会经济地位，还是地位的提高过程都显著改善了女性的心理福利。在模型6中，代际经济支持和情感交流对心理福利的影响系数因个体资本的中介作用而降低，但代际经济支持仍保持了对心理福利的直接影响。

调节效应。模型3、模型5和模型7分别在模型2、模型4和模型6的基础上，相应地增加了婚姻状况、代际支持和个体资本的交互项。在代际支持变量中，经济支持不仅对女性心理福利的主效应显著，调节效应也在 $P < 0.1$ 的水平上显著，婚姻状况对心理福利的主效应则消失，说明获取较高经济支持，反而进一步加大了失婚对女性心理福利的损害。在个体资本变量中，地位状况、地位改变及预期地位改变对心理福利的主效应都达到了显著水平，单身与预期地位改变的交互效应也在 $P < 0.1$ 的水平上显著，婚姻状况的主效应也消失，说明个体资本的增加，可以有效保障心理福利

的改善，但预期地位的提高，反而降低了单身女性的心理福利。在模型 7 中，经济支持、情感交流、社会经济地位、地位改变对心理福利的主效应保持显著，但经济支持的调节作用消失，预期地位的调节效应在 P < 0.05 的水平上显著。

表 2 – 2　女性婚姻状况、代际支持与社会地位的 Logistic 回归分析结果（N = 1317）

自变量	模型 1	模型 2	模型 3	模型 4	模型 5	模型 6	模型 7
婚姻状况							
单身（参照婚居）	0.507**	0.507**	0.500	0.489**	1.499	0.499**	0.837
代际支持							
经济支持		1.141**	1.162***			1.124*	1.140**
生活照料		0.984	0.971			1.005	0.988
情感交流		0.868**	0.862**			0.864	0.862*
个体资本							
地位状况				1.731***	1.748***	1.712***	1.730***
地位改变				1.186***	1.179***	1.183***	1.175***
地位预期				1.058	1.071*	1.057	1.070+
交互效应							
婚姻*经济支持			0.701+				0.708
婚姻*生活照料			1.208				1.368
婚姻*情感交流			1.207				1.089
婚姻*社会地位					0.949		0.930
婚姻*地位改变					1.239		1.321
婚姻*地位预期					0.732+		0.717*
控制变量							
年龄	0.991	0.993	0.993	0.997	0.997	0.999	0.998
户口性质（农村）	0.955	0.964	0.969	1.039	1.045	1.042	1.059
教育	1.262***	1.254***	1.253***	1.199**	1.202**	1.200**	1.203**
收入	1.092**	1.089**	1.091**	1.043	1.045	1.042	1.047
常数项	0.559+	0.557	0.554	0.018***	0.016***	0.018***	0.017***
R^2	0.049	0.061	0.065	0.172	0.176	0.179	0.185
2LL	1754.903	1742.077	1738.867	1614.477	1610.422	1591.372	1584.251

注：+ P < 0.1，* P < 0.05，** P < 0.01，*** P < 0.001。

（2）婚姻状况对男性心理福利的影响

影响机制。对于男性而言，在控制个体经济特征的前提下，失婚男性保持较好心理福利的可能性显著降低。分别增加代际支持（模型2）和个体资本（模型4）变量后，婚姻状况对男性心理福利的影响保持显著且系数增加，说明不存在中介作用。情感交流对心理福利的影响在 $P < 0.1$ 的水平上达到显著，较高的社会经济地位及其改善，显著提高了男性保持较好心理福利的可能性。

调节效应。增加婚姻状况、代际支持和个体资本的交互项后，发现个体资本中仅地位状况、地位改变对男性心理福利的主效应影响显著，而且所有的交互效应都不显著。

表 2-3 男性婚姻状况、代际支持与社会地位的 Logistic 回归分析结果（N = 1152）

自变量	模型1	模型2	模型3	模型4	模型5	模型6	模型7
婚姻状况							
单身（参照婚居）	0.592 *	0.577 *	0.323 +	0.554 *	0.446	0.548 *	0.186
代际支持							
经济支持		0.972	0.982			0.963	0.972
生活照料		1.088	1.074			1.090	1.072
情感交流		0.911	0.906 +			0.926	0.923
个体资本							
地位状况				1.494 ***	1.512 ***	1.535 ***	1.553 ***
地位改变				1.093 **	1.097 **	1.095 **	1.099 **
地位预期				1.056	1.048	1.060 +	1.051
交互效应							
婚姻*经济支持			0.885				0.908
婚姻*生活照料			1.144				1.173
婚姻*情感交流			1.179				1.164
婚姻*社会地位					0.853		0.949
婚姻*地位改变					0.936		0.939
婚姻*地位预期					1.114		1.103
控制变量							
年龄	1.013 *	1.013 *	1.012 *	1.017 **	1.017 **	1.016 **	1.016 **
户口性质（农村）	1.096	1.075	1.077	1.187	1.187	1.198	1.198

自变量	模型 1	模型 2	模型 3	模型 4	模型 5	模型 6	模型 7
教育	1.268 ***	1.262 ***	1.264 ***	1.166 *	1.166 *	1.149 +	1.151 *
收入	1.106 +	1.114 +	1.119 *	1.004	1.006	0.989	0.995
常数项	0.151 ***	0.181	0.185	0.023 ***	0.023 ***	0.026 ***	0.028 ***
R^2	0.036	0.040	0.043	0.104	0.105	0.112	0.116
2LL	1627.838	1624.141	1621.223	1571.378b	1570.365	1542.906	1538.783

注: $^+ P < 0.1$, $^* P < 0.05$, $^{**} P < 0.01$, $^{***} P < 0.001$。

3. 婚姻质量对心理福利的影响机制

仅保留婚姻状况为"婚居"的样本，并区分为已婚同居、未婚同居和已婚分居三类，在控制婚姻状况的情况下，分析婚姻质量与心理福利的关系。表 2-4 和表 2-5 分别显示了男女样本婚姻质量与心理福利的 Logistic 回归分析结果。发现高质量的婚姻而非婚姻状况本身是保护心理福利的重要机制，但婚姻质量对女性的影响效应显著大于对男性的影响，代际支持和个体资本的调节效应也存在显著性别差异。

（1）婚姻质量对女性心理福利的影响

影响机制。在控制经济人口特征和婚姻状况下，发现高质量的婚姻显著提高了女性保持较好心理福利的可能性。模型 2 和模型 4 分别增加代际支持和个体资本因素后，婚姻质量对女性心理福利的影响无显著变化，说明代际支持和个体资本的中介作用不显著，经济支持显著提高了女性保持较好心理福利的可能性，社会经济地位和地位的改变过程也与女性的心理福利显著正相关。同时纳入代际支持和个体资本，可以发现经济支持对女性心理福利的影响，因个体资本的中介作用，其显著性消失。

调节效应。模型 3 显示，婚姻质量对女性心理福利的主效应保持显著，代际支持中仅经济支持的主效应显著，而且婚姻质量与经济支持的交互效应也达到显著水平，说明经济支持对婚姻质量存在替代功能，拥有较多的经济支持，可以部分抵消婚姻质量低对女性心理福利的损害。模型 5 显示，婚姻质量对心理福利的影响效应仍然显著，个体资本中仅社会经济地位对心理福利的主效应显著，婚姻质量与社会地位的交互效应项也与女性的心理福利显著负相关，说明社会经济地位对女性的婚姻质量也存在替代效应。在模型 7 中，婚姻质量、经济支持、社会地位对心理福利的主效应及交互效应都保持了原有模式。

表 2 - 4　女性婚姻质量、代际支持与社会地位的 Logistic 回归分析结果（N = 1279）

自变量	模型 1	模型 2	模型 3	模型 4	模型 5	模型 6	模型 7
婚姻状况（分居）							
未婚同居	0.435	0.388	0.420	0.273	0.275	0.254	0.276
已婚同居	0.736	0.711	0.762	0.938	0.993	0.921	1.033
婚姻质量	1.233 ***	1.224 ***	1.250 ***	1.246 ***	1.469 *	1.237 ***	1.509 *
代际支持							
经济支持		1.115 *	2.899 **			1.092 +	2.917 **
生活照料		0.933	0.564			0.945	0.527
情感交流		0.940	0.594			0.943	0.673
个体资本							
地位状况				1.710 ***	6.240 **	1.696 ***	5.963 **
地位改变				1.205 ***	1.248	1.200 ***	1.234
地位预期				1.056	1.074	1.052	1.077
交互效应							
质量*经济支持			0.948 **				0.946 *
质量*生活照料			1.030				1.034
质量*情感交流			1.025				1.018
质量*社会地位					0.930 *		0.932 *
质量*地位改变					0.998		0.998
质量*地位预期					0.999		0.999
控制变量							
年龄	0.987 *	0.989 +	0.989 +	0.993	0.993	0.994	0.994
户口（农村）	1.021	1.032	1.044	1.126	1.118	1.135	1.137
教育	1.200 **	1.201 **	1.202 **	1.139 +	1.136 +	1.152 *	1.152 *
收入	1.126 ***	1.124 ***	1.128 ***	1.072 +	1.073 +	1.072 +	1.076 +
常数项	0.022 **	0.025 **	0.016 **	0.000 ***	0.000 **	0.001 ***	0.000 **
R^2	0.130	0.136	0.143	0.245	0.249	0.246	0.257
2LL	1557.418	1551.294	1544.119	1427.172	1421.828	1412.980	1401.016

注：+ P < 0.1，* P < 0.05，** P < 0.01，*** P < 0.001。

表 2 – 5　　男性婚姻质量、代际支持与社会地位的 Logistic 回归分析结果（N = 1152）

自变量	模型 1	模型 2	模型 3	模型 4	模型 5	模型 6	模型 7
婚姻状况（分居）							
未婚同居	4.214	3.892	3.126	6.136	6.820	5.761	4.664
已婚同居	4.335	4.311	3.770	5.432	5.485	5.369	4.307
婚姻质量	1.108 ***	1.105 ***	1.008	1.136 ***	1.143	1.131 ***	1.009
代际支持							
经济支持		0.964	1.527			0.947	1.417
生活照料		1.073	1.182			1.069	1.066
情感交流		0.943	0.333 **			0.978	0.386 *
个体资本							
地位状况				1.568 ***	4.087 **	1.618 ***	3.870 *
地位改变				1.099 **	1.059	1.102 **	1.051
地位预期				1.042	0.925	1.045	0.928
交互效应							
质量 * 经济支持			0.975				0.978
质量 * 生活照料			0.996				1.001
质量 * 情感交流			1.059 **				1.053 *
质量 * 社会地位					0.948 +		0.952 +
质量 * 地位改变					1.002		1.003
质量 * 地位预期					1.007		1.007
控制变量							
年龄	1.011 +	1.010 +	1.012 *	1.014 *	1.015 *	1.013 *	1.015 *
户口（农村）	1.022	1.009	0.985	1.096	1.094	1.120	1.102
教育	1.220 **	1.219 **	1.241 **	1.125	1.135 +	1.113	1.142 +
收入	1.114 +	1.119 +	1.119 +	1.006	1.013	0.986	0.991
常数项	0.007 *	0.008 *	0.045	0.001 ***	0.000 *	0.001 ***	0.005
R^2	0.048	0.050	0.062	0.126	0.130	0.132	0.145
2LL	1486.410	1484.365	1474.533	1425.060	1421.304	1400.155	1388.131

注：$^+ P < 0.1$，$^* P < 0.05$，$^{**} P < 0.01$，$^{***} P < 0.001$。

（2）婚姻质量对男性心理福利的影响

影响机制。在控制经济人口特征和婚姻状况下，发现高婚姻质量也显著提高了男性保持较好心理福利的可能性。分别增加代际支持（模型2）和个体资本（模型4）后，婚姻质量的影响系数基本没变，说明中介效应不显著。代际支持对男性心理福利不存在显著影响，个体资本中地位状况、地位改变与男性心理福利的正相关关系都达到了显著水平。模型6同时纳入代际支持和个体资本后，影响模式未发生改变。

调节效应。在模型3中，婚姻质量与心理福利的主效应都不再显著，仅情感交流与男性的心理福利显著负相关，婚姻质量与情感交流的交互效应也达到显著水平，说明情感交流与婚姻质量存在强化作用，代际情感交流只有在男性拥有较高的婚姻质量时，才更可能改善其心理福利。模型5中仅地位状况与男性心理福利显著正相关，婚姻质量与地位状况的交互效应也在 $P < 0.1$ 的水平上达到显著，说明社会经济地位对男性婚姻质量也存在一定程度的替代功能，较高的社会经济地位可以部分抵消婚姻质量差对男性心理福利的损害。模型7显示，在同时纳入代际支持和个体资本因素后，代际支持、个体资本对婚姻质量与心理福利的调节模式没有改变。

（三）主要结论与政策含义

随着性别结构失衡问题的日趋严重，失婚作为一种社会生活的常态，将对中国的社会结构及制度变革产生深远影响。识别婚姻的角色与功能，及时以制度的构建保障失婚群体的特殊利益诉求，对于政府有效应对该群体可能引发的社会风险，实现社会的稳定与可持续发展至关重要。本研究为此提供了很好的借鉴。

本研究比较了不同婚姻状况、婚姻质量的群体所存在的心理福利的差异，重点识别了中国文化环境下婚姻的角色与功能。研究发现，无论男性还是女性，单身群体的心理福利显著差于婚居群体的心理福利，婚姻质量高的群体的心理福利好于婚姻质量差的群体。但比较单身与婚姻质量差的群体，发现单身女性的心理福利好于婚姻质量差的女性，单身男性的心理福利差于婚姻质量差的男性。回归分析结果也支持了此结论。这意味着对于男性和女性而言，婚姻特别是高质量的婚姻，是缓解外部冲击、降低风险、保护心理福利的重要屏障，而且婚姻质量对女性心理福利有更强的保护功能，但婚姻状况对男性的保护功能比婚姻质量更显著。该结论与 Gove

等人（1983）的研究结论一致。分年龄段的分析也表明，尽管单身群体的心理福利整体上差于婚居群体，但主要在60岁之前，特别是在30~49岁这个年龄段，单身群体的心理福利远远差于婚居群体。因此，随着性别结构失衡社会的到来，中国政府在健全养老保障、彻底解除所有老年人口后顾之忧的同时，必须重点关注青壮年失婚群体的心理健康问题，鼓励民众特别是男性接受心理咨询，提高心理咨询业务水平。而且，应加大对新婚姻法的宣传力度，为女性离婚提供法律援助，并倡导积极的婚姻观念和家庭伦理，拓宽婚姻咨询渠道，引导民众对婚姻质量的追求。

本研究探讨了家庭代际支持、个体资本对婚姻功能的调节作用。研究发现，代际支持和个体资本对婚姻（包括婚姻状况与婚姻质量）与心理福利的调节机制都存在性别差异：对于女性而言，代际经济支持和预期地位改变的调节效应显著，但这种调节作用体现为对婚姻的强化功能，增加代际经济支持和对未来地位改善的预期不仅没有抵消单身对女性心理福利的负面影响，反而使其进一步恶化，但经济支持和地位状况对女性婚姻质量的调节主要体现为替代功能，即女性拥有更多的经济支持和更高的经济社会地位，可以有效缓解低婚姻质量对心理福利的负面影响；对于男性而言，代际支持和个体资本对婚姻状况的调节作用都不显著，但情感交流和地位状况对男性婚姻质量的调节显著，前者体现为强化功能，后者体现为替代功能，即代与代之间更多的情感交流只有在婚姻质量高的男性中才更可能改善其心理福利，男性经济地位的提高可以有效缓解低婚姻质量对心理福利的负面影响。这进一步说明，由于传统的性别角色规范，婚姻对于男性和女性有着不同的含义：在中国，婚姻是女性获取经济资源和得到社会认同的重要途径，大龄未婚女性尽管有着较高的社会地位，但因缺乏社会的认同，心理福利也较差。对于男性，获取更高的经济地位是赢得社会认同甚至婚姻的关键，婚姻作为成功的标志，可能更意味着一种社会契约，为其提供一种持久、归属的感觉和更明确的人生目标和价值（Waite和Gallagher，2000；Stanley等，2004）。因此，政府可以针对婚姻角色的性别差异，考虑在健全社会福利和救助制度的基础上，逐渐改变传统的性别规范，消除社会对大龄未婚女性的歧视，为失婚男性提供更多发展机会，鼓励其进行社会交往和心理沟通。

本研究也考察了代际支持、个体资本因素对心理福利的影响机制。研究发现，代与代之间更多的经济支持、较高的社会经济地位和地位提高的过程都可以在一般意义上提高女性保持较好心理福利的可能性，男性的心理福利也与社会经济地位及地位改变过程显著相关。而且，女性代际经济支持对心理福利的影响，部分地通过个体资本的中介作用发挥，说明女性所获取的经济支持有助于提高其社会经济地位。另外，教育和收入也主要通过感知的社会经济地位及其改变过程影响心理福利。这说明个体资本是影响心理福利的关键因素，特别是感知到的社会地位状况及其改变方向对心理福利存在重要影响。因此，在中国社会转型过程中，政府应进一步加大对教育的投入，重点扶持落后地区的教育发展，并改善收入分配制度，使民众更多地感受到社会转变所带来的收益，努力消除社会流动及阶层分化所产生的负面影响。

四　现实探索性发现：大龄未婚男性与风险性行为

在中国向上流动的婚姻匹配规则下，尽管处于社会上层的白领女性也受到婚姻挤压而被排除在婚姻市场之外，但相比之下，失婚对她们心理福利的损害不及不幸福的婚姻对心理福利的损害，而对男性而言，失婚的损害却要远远高于不幸福婚姻的损害，而且，增加社会支持也无法显著降低失婚对男性心理福利的损害。这可能是因为在中国，婚姻作为一种社会契约形式，不仅承载着经济和情感支持的功能，还被赋予了更多的社会内涵。失婚男性面临的不仅仅是心理福利的损害。

在当代中国的文化观念中，特别是在农村地区，婚姻是组建家庭的关键环节，是男女两性合法结合的条件。在传统儒家文化规范下，婚前性行为被认为是非法的（Attané，2005；Van，1971；Yan，2003；Honig，2003）。尽管改革开放以来，受到西方文化的影响，性观念日益开放，然而婚姻的主要功能仍然是繁衍后代，绝大多数人对婚前性行为仍持反对态度（Li 等，2004）。因此，婚姻是实现合法、安全的性行为以及保障性福利的重要社会机制。在中国性别结构失衡的社会环境下，男性的大量过剩将使相当一部分失婚男性面临困境，并对原有的性关系秩序和性文化提出挑战。因为不能按照社会规范的要求组建家庭，而婚姻之外的性行为又是受到社会歧视的，因此他们会因为缺乏合法的性伴侣而丧失享受正常、稳定的性行为的权利。而违背社会规范、满足个人性需求的婚外性行为又很可能引发社会风险和冲突。因此，在满足性需求和遵循社会规范的两难选择中，由于经济社会特征的不同，不同群体的行为选择和风险应对可能存在差异，导致健康风险的选择性。基于国际视野和历史经验的综述也表明，有必要在中国的文化环境下加强人口特征与健康风险的比较分析，基于留守与流动、主动单身与被动失婚的差异，识别哪些大龄未婚男性会成为威胁公共健康的风险群体。

随着经济和社会发展，大龄未婚男性可能会流入城市成为流动人口，并且因为缺少婚姻关系而具有更高的流动性（Yan 等，2006）。由于缺乏经济与社会资源，流动到城市的大龄未婚男性无法完全融入城市生活，逐渐扮演着城市边缘人群的角色（Qu 等，2008）。他们被排除在当前的户籍制度与城市福利保障体系之外，而且传统乡村的社会规范也失去了对其的制约力，流动人群高危行为的发生逐渐增多，风险性行为作为高危行为之一，随着流动人口的流动经历出现了上升趋势，特别是城乡间的流动更容易发生风险性行为（Yan 等，2006），多个性伴侣、商业性行为和无保护性行为在流动群体中的发生率很高（Kobori 等，2007）。大龄未婚男性存在风险行为增加的可能性，并且还带有独特的叠加风险：首先，随着外在环境变化，除了一般流动人口面临的社会规范真空下的高危行为倾向之外，还可能面临未婚状况下家庭约束缺失导致的非婚性活动增加（Bulbeck，2005）；其次，中国的社会传统将性行为与家庭婚姻相联系（张群林等，2009），因而农村大龄未婚男性缺乏稳定的性行为参与方式，性生活较为缺乏，长期的性压抑也可能使得流动经历中的性行为发生率增高。风险性行为带来的个人健康威胁和疾病传播风险（Li 等，2004），可能使大龄未婚男性流动人口成为社会公共卫生与安全领域的突出群体。

从 20 世纪 90 年代以来，中国的研究者就开展了多次针对当代中国人性行为状况的调查，如刘达临（1992）、潘绥铭（1993，1997）和李银河（1992，2004，2008）。但是，到目前为止，还没有专门针对未婚男性及未婚男性流动人口性行为的调查研究，性别失衡背景下专门针对中国农村地区的大龄未婚男性的调查研究更加缺乏，因此，学术界对性别失衡背景下农村大龄未婚男性的性观念和性行为还缺乏基本的认识。本研究将通过对不同群体的性行为和性观念的比较分析，明确大龄未婚男性特别是加入流动人口的大龄未婚男性是否存在更大的风险性，并探索其风险选择的影响因素。

（一）数据与方法

1. 农村大龄未婚男性调查

2008年8~9月，西安交通大学人口与发展研究所在安徽省JC区针对年龄在28岁及以上的已婚和未婚农村男性开展了"农村大龄男性生殖健康和家庭生活调查"。调查问卷主要包括三方面内容：首先是这些人的性行为，基本的假设是他们的性生活可能会受到失婚生活的影响；其次是关于生殖健康方面的态度和行为（使用安全套，性传播疾病的知识等）；最后是关于现在和将来的未婚生活对他们的情感和社会生活的影响。本次调查采用多级抽样，按照地理位置和经济水平将JC区分成三个片区，每个片区分别抽取了2个乡镇，每个乡镇抽取4个行政村，每个行政村随机抽样15名28岁及以上大龄未婚男性，由调查员登门邀请其到村委会集中进行调查。由于当地有相当一部分男性外出打工，首选的6个乡镇调查得到的未婚样本量不足，于是将被访者的年龄降低到27岁，并在备选乡镇进行了补充调查，完成了数据搜集。由于性相关问题非常敏感，为了保护隐私和确保调查的信度和效度，本次调查采用了计算机辅助调查技术（Computer Assisted Personal Interviewing，CAPI）。在正式调查前，我们在西安市对流动人口进行了CAPI试调查。试调查结果显示本调查内容非常适合使用CAPI技术，既能满足保护隐私的要求，又能获得较真实的调查结果。最终有665人参加正式调查，其中44人（6.6%）因为各种原因中途退出，实际获得的有效样本为621个。样本的年龄和婚姻分布状况参见表2-6。

表2-6 不同婚姻状况下的年龄结构（样本百分比）

年　龄 ＼ 婚姻状况	未婚（N＝363）	已婚（N＝258）
27~39岁	55.9	48.1
40~59岁	33.3	49.2
≥60岁	10.7	2.7

年　龄 ＼ 婚姻状况	未婚（N = 363）	已婚（N = 258）
χ^2（Pr）	26. 117（0. 000 *** ）[1]	
平均年龄	40. 5	40. 3
年龄中位数	37. 3	39. 2

注：+ P < 0. 1，* P < 0. 05，** P < 0. 01，*** P < 0. 001。

①是指已婚和未婚之间的差异检验。

2. 大龄未婚男性流动人口调查

本次调查地区为陕西省西安市，该市流动人口正在以每年10%的速度递增（陕西省人民政府，2011），这也对流动人口管理提出了新的挑战。本研究的数据来源为针对西安市流动人口进行的"城市流动人口生殖健康和家庭生活调查"。由于调查内容涉及个人隐私，为了保证数据真实性，本次调查也以笔记本电脑为平台，采用"面板专家"软件，实现被访人员独立自主答题，工作人员进行答疑协助。调查采取两种方式同时进行：一是在流动人口集中的劳务市场，进行28岁及以上大龄男性流动人口的随机抽样调查；二是工作人员深入建筑工地工人聚居区，寻找28岁及以上样本群体进行问卷调查。由于50岁及以上男性的性生理期逐渐消退，因而本次调查将样本年龄限定为28～50岁。流动人口界定为在所处地区以外居住过6个月及以上的人口（Bilsborrow等，1984），因此本次调查将调查对象确定为来西安至少一年的外地户籍居民。农村的大龄未婚男性主要源于经济和社会弱势地位而无法成婚，因此本研究以是否领取过结婚证作为已婚与未婚的区别。最终，本次调查共完成有效样本937人，其中未婚群体中有205人，即大龄未婚男性流动人口。未婚群体中148人有过性行为，他们即为本研究中风险性行为的分析主体。

（二）大龄未婚男性的性行为

在中国农村，尽管婚前性行为日益增多，但它仍然被看作一种耻辱或者不光彩的事情（潘绥铭，1993），因此，无法婚配的状况使得大龄未婚男性难以通过婚姻渠道解决性欲问题。我们的调查显示有2/5的未婚男性从未有过性行为。这样，就可以推测出两种不同的假设：

大多数大龄未婚男性或者存在游离于婚姻之外的性行为，或者他们满足于无性的生活。

1. 性行为的开始

中国农村大龄男性的首次性行为年龄不存在婚姻差异，但存在非常显著的代际差异。40 岁以下年龄组的男性发生首次性行为的年龄显著小于 40 岁及以上年龄组的男性，平均年龄分别为 23.4 和 25.9，中位数分别为 23.0 和 24.1。

2. 性行为的匮乏

婚姻与农村男性性行为显著相关，大龄未婚男性的性生活缺乏。在接受调查的 363 名未婚男性（年龄中位数是 37.3）中有 41% 的人报告从未有过性行为（见表 2-7），这其中还有 62% 的人报告在接受调查前 12 个月里没有发生过性行为。需要指出的是，自报在其一生中至少有过一次性行为的人中，只有 157 人回答了全部与性相关的问题，这样我们只能推测剩下的 1/4（56 个）的未婚男性的情况。可想而知，这些人选择不回答的可能原因是他们认为没有结婚而发生性行为是不合法，或者是他们的性行为是偶然性行为。反之，我们也可以推测，报告在其一生中至少有过一次性行为的人中，有些人可能实际上从未有过性行为。

表 2-7　不同婚姻状态和年龄组的性行为情况（样本百分比）

问题及分类	未　婚		已　婚	
	27～39 岁（n = 203）	≥40 岁（n = 160）	27～39 岁（n = 124）	≥40 岁（n = 134）
到现在为止是否有过性生活				
● 有过	67.5	47.5	99.2	99.2
● 没有	32.5	52.5	0.8	0.8
χ^2(Pr)	14.778（0.000***）[1]		0.003（0.956 n.s）[2]	
χ^2(Pr)	175.529（0.000***）[3]			
最近 12 个月内是否有过性生活				
● 有过	48.3	25.0	97.6	88.1
● 没有	51.7	75.0	2.4	11.9
χ^2(Pr)	21.046（0.000***）[1]		9.415（0.002**）[2]	
χ^2(Pr)	214.324（0.000***）[3]			

续表

问题及分类	未　婚		已　婚	
	27～39 岁 (n = 203)	≥40 岁 (n = 160)	27～39 岁 (n = 124)	≥40 岁 (n = 134)
最近 12 个月里过性生活的次数				
● 根本没有	51.7	75.0	2.4	11.9
● 一两次	14.3	6.3	8.1	6.7
● 大约每个月一次	12.8	10.6	10.5	12.7
● 每月两三次	7.4	4.4	22.6	26.1
● 大约每周一次及以上	13.8	3.7	56.5	42.5
χ^2 (Pr)	25.878 (0.000 ***)①		12.078 (0.017 *)②	
χ^2 (Pr)	274.122 (0.000 ***)③			
最近 12 个月里平均性生活次数（均值）	1.5 (n = 203)	0.5 (n = 160)	4.9 (n = 124)	3.4 (n = 134)
最近 12 个月里平均性生活次数（均值）	1.0		4.1	
t - 检验	3.510 (0.0005 ***)①		2.987 (0.003 **)②	
t - 检验	11.635 (0.0000 ***)③			

注：+ P < 0.1，* P < 0.05，** P < 0.01，*** P < 0.001，n. sP > 0.1。

①是指未婚内部年龄之间的差异检验；②是指已婚内部年龄之间的差异检验；③是指已婚和未婚之间的差异检验。

　　未婚男性的性行为还存在显著的代际差异。较小年龄组（27～39 岁）的未婚男性更可能有过性行为，其有过性行为的比例为 2/3；较大年龄组（40 岁及以上）的未婚男性中报告曾经有过性行为的比例为 1/2。这表明婚姻状况对年轻未婚男性的性行为的影响较小。

　　调查显示性交频率存在显著的婚姻差异。未婚男性平均每个月的性行为次数（1.0）远低于已婚男性的次数（4.1）。同时，性交频率还存在显著的代际差异。在相同婚姻状况下，40 岁以下的男性的性生活次数均比 40 岁以上的人次数多。40 岁以下的已婚男性的性行为最频繁，平均每个月为 4.9 次，而同年龄组的未婚男性平均每个月仅有 1.5 次。同时，未婚男性获得的性满足也较低。40 岁以下的未婚男性中只有 40.9% 的人、40 岁及以上的未婚男性中只有 29% 的人回答他们对性生活比较满意或很满意，这两个比例都显著低于同年龄组的已婚男性。

3. 平均性伴侣数量少，但类型多样

未婚男性和已婚男性的性伴侣数量显著不同。在回答有过性生活并回答了所有性相关问题的人中，未婚男性一生中的平均性伴侣人数显著低于已婚男性，分别为 0.9 个和 1.5 个，在调查前 12 个月里平均性伴侣数分别下降到 0.6 个和 0.9 个，并且有超过 1/3 的未婚男性在过去 12 个月里没有性伴侣，只有 1/4 的人报告有过 2 个及 2 个以上性伴侣（见表 2 - 8）。

表 2 - 8　性伴侣数量和类型（样本百分比）

问题及分类	未　婚		已　婚	
	27 ~ 39 岁	≥40 岁	27 ~ 39 岁	≥40 岁
过去 12 个月里性伴侣的数量	（n = 105）	（n = 52）	（n = 118）	（n = 126）
• 0 个	32.4	48.1	11.9	33.3
• 1 个	41.9	28.9	73.7	57.9
• 2 ~ 3 个	16.2	17.3	11.9	8.7
• 4 ~ 7 个	7.6	1.9	1.7	0.0
• 8 个及以上	1.9	3.8	0.9	0.0
χ^2（Pr）	6.722（0.151 n. s.）[1]		20.135（0.000 *** ）[2]	
χ^2（Pr）	36.207（0.000 *** ）[3]			
过去 12 个月里平均性伴侣人数（均值）	0.7 （n = 203）	0.4 （n = 160）	1.1 （n = 124）	0.8 （n = 134）
t - 检验	2.190（0.0292 * ）[1]		3.433（0.0007 *** ）[2]	
t - 检验	3.473（0.0006 *** ）[3]			
到目前为止性伴侣个数（均值）	1.3 （n = 203）	0.5 （n = 160）	2.0 （n = 124）	1.1 （n = 134）
t - 检验	3.908（0.0001 *** ）[1]		3.414（0.0007 *** ）[2]	
t - 检验	3.764（0.0002 *** ）[3]			
发生过性关系的人是：	（n = 203）	（n = 160）	（n = 124）	（n = 134）
• 只有女性	44.3	21.9	90.3	81.3
• 既有女性也有男性	3.9	2.5	3.2	6.0
• 只有男性	2.5	5.6	0.8	5.2
• 没有性生活	33.5	55	0.8	1.5
［缺失值］	15.8 ［n = 32］	15.0 ［n = 24］	4.8 ［n = 6］	6.0 ［n = 8］

续表

问题及分类	未　婚		已　婚	
	27～39 岁	≥40 岁	27～39 岁	≥40 岁
χ^2（Pr）	26.139（0.000***）①		6.539（0.088＋）②	
χ^2（Pr）	212.083（0.000***）③			
第一次发生性关系的对象：	（n＝105）	（n＝52）	（n＝118）	（n＝126）
● 妻子	—	—	28.8	60.3
● 女朋友	62.9	36.5	28.8	7.9
● 临时性伴侣	16.2	50.0	38.1	31.0
● 性工作者（小姐）	11.4	3.9	2.5	0.0
● 其他	9.5	9.6	1.8	0.8
χ^2（Pr）	20.781（0.000***）①		34.948（0.000***）②	
χ^2（Pr）	176.658（0.000***）③			
最近一次性关系对象	（n＝105）	（n＝52）	（n＝118）	（n＝126）
● 妻子	—	—	77.1	79.4
● 女朋友	51.4	25.0	5.9	7.1
● 临时性伴侣	24.8	48.1	14.4	8.7
● 性工作者（小姐）	10.5	9.6	2.5	0.8
● 其他	13.3	17.3	0.0	4.0
χ^2（Pr）	12.125（0.007**）①		9.686（0.046*）②	
χ^2（Pr）	306.486（0.000***）③			
是否为发生性行为而付过钱或得到过钱	（n＝203）	（n＝160）	（n＝124）	（n＝134）
● 是	20.2	15.0	16.9	11.2
χ^2（Pr）	1.664（0.197 n.s）①		1.7711（0.183 n.s）②	
χ^2（Pr）	1.7535（0.185 n.s）③			

注：＋P＜0.1，*P＜0.05，**P＜0.01，***P＜0.001，n.sP＞0.1。

①是指未婚内部年龄之间的差异检验；②是指已婚内部年龄之间的差异检验；③是指已婚和未婚之间的差异检验。

对于"与您有过性关系的人是谁？"这一问题，未婚男性（N＝307）中，40 岁以下的男性中有 40% 的人、40 岁及以上的男性中有 65% 的人报告他们一生中从未有过性生活，这也证实了本文前面所说的未婚男性性生活匮乏。另外，总体而言，未婚男性的性伴侣类型比已婚男性的更加多样化。总体样本中有 1/3（34%）的未婚男性回答他们只与女性发生过性行为，这一比例在报告有过性行为的未婚男性中为82.8%，而在报告有过性行为的已婚男性中为92%。在总体样本中，3.9%（14人）的未婚男性和3.1%（8人）的已婚男性报告他们只与男性发生过性行为，这一比例和其他国家的调查结果比较一致。

总体样本中，接近1/5的未婚男性（18%）回答，他们曾经为了发生性行为而付过钱，或得到过对方的钱。此外，如果从报告有过性行为的人群来看这个问题时，这一比例显著增加，分别上升至30%（40岁以下的未婚男性）和32%（40岁及以上的未婚男性）。本次调查数据显示大约有10%的未婚男性最近一次性行为的对象是"女性性工作者"（见表2-8）。同时，无论是第一次还是最近一次性行为中，未婚男性的性行为对象是"女性性工作者"的比例比已婚男性的高6~7倍。

4. 自慰：弥补性福利损害的一种重要方式

自慰属于多种性行为中的一种。对于自慰的研究，通常存在两种视角，第一种视角是将自慰看作一种"补偿性行为"，即补偿由于缺乏性伴侣或与性伴侣缺乏满意的性生活而减少的性福利；另外一种视角是将自慰看作一种"补充性行为"，即在性伴侣之外，由个人独自进行的性生活，也能让个人与性伴侣的性关系更满意。

中国人普遍认为自慰不道德，有害身心健康，甚至可能导致男性性无能。本次调查证实这些观念，略超过一半的男性认为自慰会伤害身体（见表2-9），1/4的人认为自慰会让自己有不道德的感觉。这与其他在中国开展的为数不多的自慰调查结果一致。

表2-9　自慰行为及其观点（样本百分比）

问题及分类	未　婚		已　婚	
	27~39岁	≥40岁	27~39岁	≥40岁
是否有过自慰	（n=203）	（n=160）	（n=124）	（n=134）
● 有过	54.2	30.0	40.3	35.3
χ^2（Pr）	21.653（0.000***）[①]		0.756（0.385 n.s）[②]	
χ^2（Pr）	2.198（0.138 n.s）[③]			
过去12个月里在自慰中是否达到了性高潮	（n=110）	（n=48）	（n=50）	（n=97）
● 每次都能达到/经常能达到	53.6	41.7	56.0	42.6

续表

问题及分类	未　婚		已　婚	
	27～39 岁	≥40 岁	27～39 岁	≥40 岁
● 有时达到	30.0	33.3	32.0	29.8
● 很少达到/从未达到	16.4	25.0	12.0	27.7
χ^2(Pr)	2.358 （0.308 n. s）[1]		5.021 （0.134 n. s）[2]	
χ^2(Pr)	0.015 （0.993 n. s）[3]			
自慰过频会伤害身体	（n＝203）	（n＝160）	（n＝124）	（n＝134）
● 同意或比较同意	55.7	37.5	57.3	50.0
χ^2(Pr)	11.922 （0.001 *** ）[1]		1.365 （0.243 n. s）[2]	
χ^2(Pr)	2.052 （0.152 n. s. ）[3]			
自慰会让自己有不道德的感觉	（n＝203）	（n＝160）	（n＝124）	（n＝134）
● 同意或比较同意	28.6	26.9	29.8	23.1
χ^2(Pr)	0.128 （0.720 n. s）[1]		1.491 （0.222 n. s）[2]	
χ^2(Pr)	0.164 （0.685 n. s）[3]			
我会通过其他方式满足自己的性需求而不会自慰				
● 同意或比较同意	27.1	28.1	27.6	28.7
χ^2(Pr)	0.0476 （0.827 n. s）[1]		0.1863 （0.666 n. s）[2]	
χ^2(Pr)	0.0960 （0.757 n. s）[3]			
没有性伴侣时，男人自慰是可以接受的				
● 同意	64.5	50.0	71.8	66.4
χ^2(Pr)	7.7655 （0.005 ** ）[1]		0.8656 （0.352 n. s）[2]	
χ^2(Pr)	7.6817 （0.006 ** ）[3]			
过去一个月里的自慰次数	2.0 （n＝99）	1.5 （n＝37）	1.1 （n＝41）	1.3 （n＝36）
t - 检验	0.955 （0.342 n. s）[1]		0.613 （0.542 n. s）[2]	
t - 检验	2.135 （0.034 * ）[3]			

注：+ P < 0.1，* P < 0.05，** P < 0.01，*** P < 0.001，n. sP > 0.1。

①是指未婚内部年龄之间的差异检验；②是指已婚内部年龄之间的差异检验；③是指已婚和未婚之间的差异检验。

　　数据显示，对大龄未婚男性而言，自慰具有一定的"补偿性"特点，因为只有略多于 1/4 （27.5%）的人报告说，他们能够找到其他方式而不是自慰来满足自己的性需求。自慰也有替代性伴侣的作用，约 2/3 的人在没有性伴侣时会选择自慰。然而，仅有不到 1/2 的人报告曾有过自慰行为

（41.1%，与 N = 621）；其中，又大约只有一半（48.5%）的人报告在自慰中自己可以经常达到高潮。此外，自慰不存在婚姻差异（见表 2 - 9）。但是，在未婚男性人群中，自慰存在非常显著的代际差异，40 岁以下年龄组的未婚男性中有过自慰的比例显著高于 40 岁及以上年龄组的男性。有过自慰的未婚男性中，平均强度不存在显著的代际差异（在调查前一个月的平均自慰次数分别为 2.0 和 1.5）。相反，在所有报告一生中至少有一次自慰的人中，自慰频次存在显著的婚姻差异，未婚男性的自慰更加频繁，特别是 40 岁以下的未婚男性，他们的自慰频率是同年龄组已婚男性的两倍。

（三）大龄未婚男性流动人口的风险性行为及其人口特征

1. 大龄未婚男性流动人口的风险性行为

调查发现，流动到城市中的大龄未婚男性，以初中文化水平为主，占55.5%，高中和小学教育水平分别占 24.3% 和 20.2%，并且随着城市流动经历的增加，这一群体的收入水平相比农村地区有所上升，样本中 60.5%的人群的月均收入在 1000 元及以上。风险性行为及其个人特征如表2 - 10所示。总体而言，大龄未婚男性流动人口在风险性行为中已经表现出较强的参与倾向，风险性行为集中表现为多个性伴侣和商业性行为，与此同时，安全套使用率已经很高，无保护性行为已经不是普遍现象。从个人特征来看，39 岁及以下群体的多个性伴侣和商业性行为比例很高，都在80%以上，39 岁以上群体的上述两类风险性行为比例相对较低，但是他们的无保护性行为比例也比年轻群体要高，高年龄群体的安全套使用率不高。大龄未婚男性在流动中伴随着收入的增加，多个性伴侣现象在月收入 1000 元及以上群体中占到了 60%，他们的商业性行为比例也超过一半。值得注意的是，虽然在安全套使用群体中高收入群体较多，但是在有过无保护性行为的人群中，高收入群体的比例也很高，因此安全套使用在收入差异上具有双向性。三种风险性行为中，初中文化水平人群占据了 50% 左右的比例，这与初中文化群体是流动人口的主要构成部分有关。但是在无保护性行为中，教育层次越低，无保护性行为发生的比例越高，高中及以上教育人群不使用安全套的人数很少。流动时间的差异也在风险性行为中表现明显。随着流动时间的增加，多个性伴侣和商业性行为的现象也会增加，与此同时，安全套的使用比例也会上升，即无保护性行为的发生比例会降低。

表 2 - 10　大龄未婚男性流动人口风险性行为的个体特征（百分比）

个人特征	多个性伴侣		商业性行为		无保护性行为	
	有 N = 110	没有 N = 110	有 N = 60	没有 N = 84	没有 N = 125	有 N = 23
年龄						
• 28 ~ 39 岁	81.8	76.3	80.0	80.9	82.4	69.6
• 39 岁以上	18.2	23.7	20.0	19.1	17.6	30.4
Chi2（Pr）	0.5427（0.461）		0.0203（0.887）		2.0311（0.154）	
收入						
• < 1000 元	40.0	44.7	41.7	40.5	41.6	39.1
• ≥ 1000 元	60.0	55.3	58.3	59.5	58.4	60.9
Chi2（Pr）	0.2616（0.609）		0.0205（0.886）		0.0489（0.825）	
教育						
• 小学及以下	21.8	23.7	23.3	22.6	20.8	30.4
• 初中	55.5	57.9	50.0	58.3	54.4	65.2
• 高中及以上	22.7	18.4	26.7	19.1	24.8	4.4
Chi2（Pr）	0.3163（0.854）		1.3651（0.505）		4.9722（0.083）	
平均流动时间（年）	4.2	3.4	5.0	3.0	4.0	2.1
t - 检验（Pr）	- 0.4291（0.6685）		2.2973（0.0231 *）		1.6508（0.10 +）	

注：+ P < 0.1，* P < 0.05，** P < 0.01，*** P < 0.001。

2. 风险性行为的影响因素分析

表 2 - 11 中给出了三种风险性行为的影响因素模型分析。模型 1 是多个性伴侣影响因素分析结果，本书引入的多个性伴侣影响因素并没有对大龄未婚男性流动人口产生显著影响，性行为观念只有微弱作用，持有相对消极性行为观念的人群，与多个伴侣发生性行为的可能性会降低。相比前一个模型，模型 2 很好地解释了商业性行为的影响因素情况。性行为观念会影响商业性行为的参与，性行为观念程度一般的群体，发生商业性行为的可能性明显低于性观念积极的人群，而周围人如果较多地参与也会影响大龄未婚男性的参与倾向。这一人群如果过早发生性行为，发生商业性行为的概率会上升。分析发现，没有看过色情材料的大龄未婚男性，参与商

业性行为的概率很低，而接触色情材料的次数差异并没有显著影响。安全套影响因素分析使用了模型 3。可以看到周围人使用安全套也具有相当大的带动作用，如果周围很少有人甚至没有人使用安全套，大龄未婚男性流动人口的安全套使用倾向就会很低，无保护性行为发生的可能性就会上升。性病知识和艾滋病知识水平能够显著地影响安全套的使用，知识程度越高，安全套使用倾向也越高。个人特征对安全套使用产生了影响，年龄较大的群体在性行为中使用安全套的倾向比年轻群体要低。

表 2－11　大龄未婚男性流动人口风险性行为影响因素的 logistic 回归分析

变量名称	模型 1	模型 2	模型 3
	多个性伴侣 （参考项：没有）	商业性行为 （参考项：没有）	无保护性行为 （参考项：有过）
	Exp（B）	Exp（B）	Exp（B）
性行为观念（参考项：积极）			
• 一般	0.438	0.153 *	
• 消极	0.204 *	0.297	
主观规范（参考项：强）			
• 一般	0.978	0.144 ***	0.180 *
• 弱	0.327	0.050 ***	0.229 +
艾滋病知识得分			1.440
性病知识得分			1.818 *
初次性行为年龄	0.952	0.893 +	1.054
色情材料（参考项：经常看）			
• 偶尔看	3.176	0.262	
• 没看过	0.540	0.038 **	
年龄（参考项：28～39 岁）			
• 39～50 岁	0.909	1.036	0.211 *
收入（参考项：＜1000 元）			
• 1000 元及以上	1.609	0.919	0.525
教育（参考项：小学及以下）			
• 初中	0.537	1.090	1.044
• 高中及以上	0.714	1.373	2.009
流动时间	1.031	1.044	1.140

变量名称	模型 1 多个性伴侣 （参考项：没有）	模型 2 商业性行为 （参考项：没有）	模型 3 无保护性行为 （参考项：有过）
	Exp（B）	Exp（B）	Exp（B）
－2loglikelihood	102.139 +	106.673 ***	66.419 **
Cox & Snell R Square	0.158	0.371	0.181
Nagelkerke R Square	0.247	0.495	0.343

注：+ P < 0.1，* P < 0.05，** P < 0.01，*** P < 0.001。

（四）讨论与结论

1. 性别失衡背景下大龄未婚男性的性风险

在中国，婚姻是组建家庭的关键环节，是男女两性之间合法结合的条件。本次调查提供了一条很好的途径，让我们能够清楚地了解非自愿失婚的农村大龄未婚男性的实际情况。首先，它证实了在农村地区贫穷和失婚之间的关系。在我们的调查中，相对已婚男性而言，未婚男性确实处于劣势（包括收入、教育、健康等），贫穷是大部分男性不能成婚的主要原因。

其次，因为婚姻的缺失，农村大龄未婚男性的性福利受到损害。中国人的性活动通常被限制在婚内，婚姻之外的性行为通常被认为是不道德、为人所不齿的。由于性行为一般都需要性伴侣，因此未婚男性的性生活普遍没有已婚男性活跃，他们的性福利显然受到未婚和缺乏正式性伴侣的损害。在这种社会规范下，一部分大龄未婚男性敢做不敢言，更有相当一部分大龄未婚男性不敢做，他们的性需求受到压制，性福利受到损害。从我们的调查中还可以发现，性行为存在明显的代际效应。年轻的未婚男性较年长的未婚男性更有可能追求性福利。

再次，我们发现农村大龄未婚男性存在潜在性风险。整体而言，农村大龄未婚男性的性伴侣数和已婚男性的性伴侣数相当，但平均性行为次数更少。因为缺乏社会和法律认可的固定性伴侣，大龄未婚男性的性伴侣类型呈现多样性，他们比已婚男性更可能与性工作者发生性关系，这就为艾滋病、性病的传播提供了某种可能，从而可能成为艾滋病、性病传播的桥梁人群（Tucker 等，2005；Hertog 和 Merli，2005），或在一定程度上成为某个特定地区的色情行业"生存"和"壮大"合理化的理由与借口（莫丽霞，2005）。

最后，我们发现自慰是弥补大龄未婚男性性福利损害的一种重要方式。尽管他们普遍认为自慰不道德，有害身心健康，但是自慰在某种程度上能缓解性压力，起到替代性伴侣的作用（Kontula 和 Haavio，2002；Pinkerton 等，2002），也能在一定程度上促进性高潮，实现性满意（Silverberg，2009）。

2. 人口流动进一步加大大龄未婚男性的性风险

留守农村地区的大龄未婚男性在性生活方面受到压抑，更多损害的是该群体的性福利。但少部分性活跃的大龄未婚男性的多性伴侣和商业性交易则存在相当大的风险。而且，从西安市的调查数据来看，流动人口中的大龄未婚男性已经产生明显的风险性行为趋势。由于大龄未婚地位的相似背景，流动中的该人群在风险性行为中的个人特征差异不大。实质上，大龄未婚男性流动人口受到了双重作用影响：一方面，大龄未婚男性缺乏婚姻约束，社会控制和社区控制较弱，性行为更加自主；另一方面，随着收入提高和性伴侣接触增多，他们的性压抑找到了释放途径。由于多个性伴侣、商业性行为以及无保护性行为等主要存在于非婚性行为和未婚群体（Serovich 和 Greene，1997），因此大龄未婚男性流动人口已经成为风险性行为的主流人群之一。而风险性行为正在成为艾滋病和性病传播的主要方式，如果过多参与其中，无疑会使该人群成为艾滋病传播的核心人群，不但加剧了自身生存条件的恶化，而且还会威胁公共卫生和社会整体安全。另外，无论是对留守农村的大龄未婚男性的调查还是对流入城市的大龄未婚男性的调查都显示，年轻群体相比年龄大的群体更可能性活跃，存在多性伴侣和商业性交易。这意味着随着性别失衡后果的日渐暴露，大龄未婚男性寻求商业性服务的可能性大大增加，而且在群体的示范效应下，风险进一步扩散。

随着经济水平提高与社会多元化发展，人们对于"性"的认识不断改观，性观念的开放已经大大改变了传统社会对"性"的家庭属性认知。大龄未婚男性在农村社区中的性行为很缺乏（Lydia 等，2001），加之城市经历改变了他们对性的态度和看法，缺少婚姻家庭的道德束缚，性观念积极的人更容易参与风险性行为。客观条件的改善如收入增加和与异性接触机会的增多，使得流动中的大龄未婚男性从长期的孤独中解脱出来，因此，虽然该人群接触网络媒体的概率不高，但是即使偶尔接触色情材料也会对他们的性行为倾向产生显著作用。而多个性伴侣和商业性行为的增加，也产生了很高的疾病感染风险（South 和 Trent，2010）。与其他流动人口一样，城市社区对他们的疏离（张雪筠，2007），构成了大龄未婚男性风险性行为发生的外在环境。因此，就外在环境而言，大龄未婚男性流动人口的风险性行为趋势是社会控制减弱和社会隔离现实下的必然后果。对于一般流动人群而言，教育水平的提高有助于自我防范和自我约束意识的加强，从而减少风险性行为（Anderson 等，2003）。但是大龄未婚男性流动人口的受教育水平越高，性需求反而越强烈，并且高教育水平有助于改善他们的外在条件，从而更多地参与风险性行为。

　　同性聚居以及城市生活条件构成风险性行为的主要原因。由于流动人口在城市中以群居生活为主，其行为方式会受到同类人群影响，特别是来自同伴的影响是未婚男性发生性行为的重要因素。大龄未婚男性在群居生活中往往会面对与性行为相关的话题讨论，在性压抑的条件下，更容易受到启发和带动而参与风险性行为。此外，在同性集中居住的环境下，异性缺乏而造成的性压抑使得偶然性行为发生的概率大大提高，他们寻求参与风险性行为的概率也会随之上升。由于大龄未婚男性流动人口经济和社会资源缺乏，大部分人都是偶尔接触色情材料，尽管如此，接触过的人发生商业性行为的可能性仍然比没有接触过的人高得多。

　　流动经历有利于提升安全套使用率，但后者也可能是风险性行为的心理支持。大龄未婚男性流动人口使用安全套的比例已经达到了84.5%，宣传教育带来的自我保护意识提高也促进了未婚群体在性行为中的安全套使用（Crosby 和 Holtgrave，2003）。健康知识的知晓度尤其是性疾病知识对安全套使用有明显影响。群体内部交流也有利于安全观念的普及，周围人的安全套使用对于大龄未婚男性有着很强的带动作用。但是整体偏低的知识水平也折射出这一群体正在成为被生殖健康与疾病预防教育忽视的人群。缺乏婚姻家庭的大龄未婚男性流动人口的生殖健康知识本来就很缺乏（宗占红等，2008），知识得分的差异还反映出艾滋病知识的宣传尚待加强。值得注意的是，从大龄未婚男性流动人口的安全套使用与风险性行为的现实来看，多数人已经懂得在风险性行为中使用安全套，有可能将其作为安全措施，从而更加倾向于风险性行为，而这会是安全套的一个误区，并且诱导大龄未婚男性更多地参与到风险性行为中去。因此，提倡使用安全套的目的在于提高公众的防病和安全意识，促进人们建立健康和安全的性爱观念与行为习惯，而不应该成为他们参与风险性行为的心理支持。

五　现实探索性发现：大龄未婚男性流动人口与公共安全

上述研究表明，在性别结构失衡的社会，这些在婚姻市场失利的大龄未婚男性将面临心理福利和性福利的损害，特别是当大龄未婚男性流入城市地区时，其性风险行为的增加，将在增加自身感染性疾病风险的同时，增加社会性病、艾滋病的传播风险。但对于这些群体是否可能成为威胁社会公共安全的重要因素，尚缺乏有力的证据支持。刘中一（2005）的调查显示，这些受婚姻挤压的农村大龄未婚男性大多数老实本分，缺乏外出挣钱的能力，更多地以吸烟、喝酒等逃避方式损害自身健康，而不是威胁公共健康和安全。但对于那些流入城市地区的大龄未婚男性，是否会给公共安全带来影响还没有明确的结论。

随着我国经济的发展及工业化、城镇化进程的加快，大量的农村劳动力开始向城市转移，农村大龄未婚男性也随之涌入城市。尽管农民工对城市的经济发展做出了贡献是不争的事实，但是，由于我国的户籍制度限制、城乡文化的差异以及城乡二元体制等因素的存在，农民工这一城市流动人群成为极其特殊的群体，他们在为城市的发展添砖加瓦的同时，却得不到应有的回报和制度保障。而且农民工的流动性很大，使得社会对其的控制力度大大减弱。所以，农民工在为城市带来廉价劳动力使得城市快速发展的同时，也为城市带来了一系列社会安全问题。各地公安机关的统计显示，在城市的刑事犯罪中，外来人口占60%以上，这当中的大部分人是农村剩余劳动力。自2000年以来，抢夺、抢劫犯罪案件大幅上升，占刑事犯罪的近40%，广东达到了60%以上，而"两抢"的犯罪嫌疑人也多为农村剩余劳动力（周沃欢，2002）。并且，目前农民工群体由于利益矛盾、政策制度矛盾等因素成为上访、集会、请愿、游行、示威、罢工等群体性事件中的主力军。

农民工中的大龄未婚男性较其他人有着更为强烈的经济压力和心理压力，家庭的控制力量对于他们显得十分微不足道，在城市之间的流离也使得他们很难对某一地区产生归属感和依赖感，因此也更容易加入一些非法的团伙，如深圳的"砍手党"等。加之我国对弱势群体尤其是农民工群体的保障政策还不健全，一部分大龄未婚男性长期受到经济上和心理上的压力，面对某些突如其来的打击便会产生对社会的仇视和报复心理，从而引起一些反社会的行动。频繁发生的恶性事件已经引起了众多学者和政府的广泛关注。他们认为，由于我国处于社会转型期，社会经济在快速发展的同时也带来了城乡经济二元结构、贫富差距拉大等问题，使得社会产生的各种深层次矛盾交织并逐渐凸显，我国目前的大量人口流动，也对社会安全的治理提出了挑战。如不及时出台相应的政策予以制止，当社会矛盾的积累达到社会所能够承受的临界值时，便很容易受到某些"导火索"的引导而激发更加严重的社会危害，扰乱正常的社会秩序。这不仅仅会在客观上造成人员伤亡和财产的损失，而且还会引起社会公众的心理恐慌，严重影响人们的日常生活和国家社会的长治久安，更加会影响到和谐社会的建设。

如何应对城市流动人口中大龄未婚男性可能引发的社会安全事件，为城市的发展营造一个平稳有序的环境，成为我们十分关注的公共安全问题。大龄未婚男性可能对社会安全造成危害是大多数学者都认同的，我国目前性别失衡的问题也引起了各个领域学者和政府的广泛关注。针对农民工大龄未婚男性对社会安全的影响的研究虽然很少，但从对农民工群体的研究中我们可以得到很多启发。从客观方面来看，由于中国的城乡二元结构，农民工群体的身份地位尴尬，加上城市对农民工的相关保障政策和制度性规范缺失，因此其很难融入城市生活；从主观方面来看，由于农民工的文化知识水平较低，其来到城市所能从事的职业均是报酬较少且劳动强度较大的工作，生活条件的窘迫会使人产生一种落差感和剥夺感，这使得农民工群体更难以融入社会的主流生活。由于这两方面对农民工的双重压迫，加上一部分黑心老板的不公正待遇及他人的歧视，他们便走上了妨碍社会安全甚至犯罪的道路。本研究针对目前性别失衡的现状，在前人关于农民工对社会安全影响研究的基础上，研究了农民工大龄未婚男性对社会安全的影响。本研究旨在通过实地调研找出其中的作用机理，以便提出针对性的政策建议，找出解决问题的渠道以避免矛盾积累而引起更多的社会冲突。

（一）理论模型

1. 变量与模型假设

（1）潜变量构成

将模型中的潜变量确定为：①社会资本，在本研究中，社会资本包含参与行为、主动获取社会关系行为、互惠行为、信任和城市归属感五个方面；②政策相对剥夺感；③生活相对剥夺感；④危害社会安全行为倾向，具体构成和测量如表 2 – 12 所示。

（2）观测变量构成

如何对以上四个潜变量进行测度，本研究借鉴其他学者使用过的效果较好的测量方法，结合我国农民工群体的现实情况，确定了每个潜变量的观测变量。为了使问卷表述更加清楚，问题更具代表性，本研究在西安市进行了一次预调研，通过此次调研将问卷中部分表意不清的问题进行了修改。

表 2 – 12　潜变量与观测变量构成

潜变量		观测变量	题　数
社会资本	参与行为	A1：我愿意参加社会的一些团体如足球队、羽毛球协会等； A2：我喜欢参加城市里举行的活动，如节日歌舞活动、放风筝等； A3：我愿意参加我们的老（同）乡会； A4：我常同城市的朋友们一起出去吃饭、喝酒等；	4
	主动获取行为	A5：我会主动同社会地位较高、比较"有能耐"的人交往； A6：我会主动和消息比较灵通的人保持联系； A7：我请人吃饭的目的一般是求人办事； A8：我会因为某人以后可能对自己会有帮助，而提前主动与其交往；	4
	互惠行为	A9：我与城市里的朋友之间如果碰见经济困难会互相帮忙； A10：在我找工作时，我的城里朋友会给我很大的帮助；	2
	信任	A11：我相信城里人不会歧视（看不起）我； A12：我相信政府会公正地对待我；	2

潜变量		观测变量	题　数
社会资本	城市归属感	A13：我为我能在这个城市生活感到自豪； A14：我喜欢这个城市； A15：我是这个城市重要的一分子；	3
政策相对 剥夺感		B1：同城市人相比，我觉得农民工社会保障政策很差； B2：同城市人相比，我觉得农民工就业政策很差； B3：同城市人相比，我觉得农民工工资拖欠处理政策很差； B4：同城市人相比，我觉得农民工子女教育政策很差；	4
生活相对 剥夺感		B5：同城市人相比，我觉得我的居住条件很差； B6：同城市人相比，我觉得我的吃穿条件很差； B7：同城市人相比，我觉得我的收入情况很差； B8：同城市人相比，我觉得我的工作条件很差； B9：同城市人相比，我觉得我找工作渠道很差； B10：同城市人相比，我觉得自己的业余生活很差；	6
行为倾向		C1：我很理解那些集体上访的人； C2：现在的社会是个和谐的社会； C3：有时候通过法律的途径根本不能解决问题； C4：现在很多人都为富不仁； C5：当官的都是正派人； C6：遇到拖欠工资的事情，大家一起结伴去讨要比较容易解决； C7：如果别人不公正地对待我，我真想打他； C8：心情不好的时候，我有想摔坏或破坏东西的冲动； C9：如果通过冒险行为可能达成目标，我愿意试一试； C10：如果我的朋友被人欺负，我会去帮忙。	10

（3）模型假设

社会资本是农民工群体本身固有的，政策也是客观存在的，因此社会资本和政策相对剥夺感是一种外生潜在变量；生活相对剥夺感受政策和社会资本的影响，因此属于内生潜在变量；同样，危害社会安全行为倾向来源于社会资本的缺失和相对剥夺感，因此危害社会安全行为倾向属于内生潜变量。基于此，如图 2 - 5 所示，本研究提出以下五个基本假设。

H1：农民工大龄未婚男性"社会资本"对"危害社会安全倾向"具有负向影响。通过前文对社会资本同社会安全文献的整理，我们可以提出这样的假设，社会资本越高，危害社会安全的行为倾向越低。

H2：农民工大龄未婚男性"政策相对剥夺感"对"危害社会安全行

为倾向"具有正向影响。根据相对剥夺感理论，我们可以提出相对剥夺感越强，危害社会安全行为倾向越高。

H3：农民工大龄未婚男性"政策相对剥夺感"对"生活相对剥夺感"具有正向影响。对农民工的相关保障政策直接影响到生活的质量，所以我们可以提出该假设，政策剥夺感越强，其生活剥夺感越强。

H4：农民工大龄未婚男性"生活相对剥夺感"对"危害社会安全行为倾向"具有正向影响。同样基于相对剥夺感理论，我们可以提出相对剥夺感越强，危害社会安全行为倾向越高。

H5：农民工大龄未婚男性"社会资本"对"生活相对剥夺感"具有负向影响。社会资本直接关系到个人的发展和个人的生活质量，所以我们可以提出社会资本越高，生活相对剥夺感越低的假设。

H6：农民工大龄未婚男性"社会资本"对"政策相对剥夺感"具有负向影响。社会资本直接关系到个人的发展和个人的生活质量，同样也可以影响到个人对政策的认知，所以我们可以提出社会资本越高，政策相对剥夺感越低的假设。

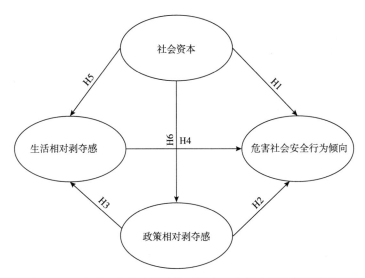

图 2-5 农民工大龄未婚男性对社会安全影响机理模型假设

2. 模型构建

根据上述模型假设，本研究采用结构方程模型来建立危害社会安全行为倾向与社会资本、政策相对剥夺感和生活相对剥夺感之间的关系，如图

2 - 6 所示。

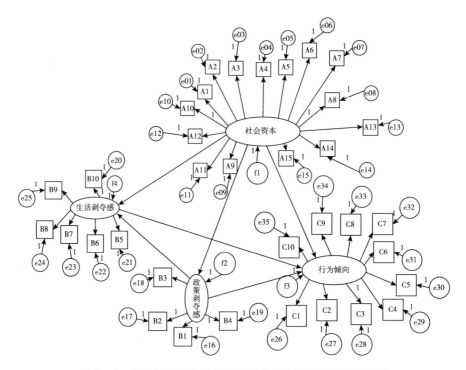

图 2 - 6　农民工大龄未婚男性对社会安全影响机理结构模型

在模型中，A1～A15 是度量社会资本的观测变量，与问卷中有关社会资本的题项相对应；B1～B4 是度量政策相对剥夺感的观测变量，与问卷中政策相对剥夺感的相关题项相对应；B5～B10 是度量生活相对剥夺感的观测变量，与问卷中生活相对剥夺感的相关题项相对应；C1～C10 是度量危害社会安全行为倾向的观测变量，与问卷中行为倾向的相关题项相对应；e1～e35 分别为观测变量的残差项；f1～f4 分别为隐变量的残差项；箭头表示相关变量的因果关系。

（二）数据与测量

1. 调研样本的确定

本研究选取的调研地点为西安市。第五次人口普查资料显示，从陕西全省流动人口的情况来看，西安市是迁移人口数最多的城市，截至 2000 年 11 月 1 日零时，共有 85.56 万人，占全省迁入量的 36.3%（陕西省人口普查办公室编，2005）。对流动人口进城原因的调查显示，有56.7%的外来人口是因务工、经商等经济原因来到西安（韩彦婷、王淑清，2009）。在流动人口中，男性的比例高于女性，大约为63%，他们大多从事建筑、运输等职业，而女性主要从事商业、服务业等；流动人口主要来自陕西省内各个市、县，占一半以上，其余主要来自省外，以四川、甘肃、河南、浙江居多（刘智才、任璐，2007）。

本研究于2010年3月21日进行预调研，随机抽取西安市各区的若干建筑工地，共发放问卷200份，通过此次调研将问卷中部分表意不清的问题进行了修改。之后，再次挑选若干工地进行调研，共发放500份问卷，收回485份，其中有效问卷485份。调查对象为建筑工地的农民工群体，所以群体中以青壮年为主。经过对问卷数据的整理分析，本研究的研究对象的年龄多为25～45岁，占整体的85.98%；未婚人数为74人，占总人数的15.26%；所涉及的对象中初中学历所占的比重最大，为281人，占样本总数的57.94%；初中以下学历占了样本的大多数，共398人，占样本总数的82.06%。进城打工年数多集中于10年及以下，也有部分中年人集中在15～20年，少数达到了将近30年。

2. 问卷信度和效度检验

（1）信度检验

信度又称可靠性，是问卷量表中检测指标的可信程度。信度检验主要是检验测试结果的一致性和一贯性，并且还能够反映问卷的再现性和稳定性，如果问卷设计合理，重复测量的结果间应该高度相关。信度分析一般较多地应用于心理学和社会问卷调查等，主要是用于测度该调查的有效性。信度只受随机误差的影响，随机误差越大，测验的信度越低。因此，信度也可以看作测量结果受堆积误差影响的程度，系统误差产生恒定效应，不影响信度。

信度分析一般有三种方法，一是重测信度法，二是拆半信度法，三是克朗巴哈α信度系数法，本研究采用克朗巴哈α系数法来分析信度。其公式为：

$$\alpha = \frac{k}{k-1}\left[1 - \frac{\sum_{i=1}^{k} \mathrm{var}(i)}{\mathrm{var}}\right]$$

式中：k 表示量表中评估项目的总数，var (i) 为第 i 个项目得分的表内方差，var (i) 为全部项目总和的方差。一般来说，克朗巴哈 α 系数为 0.6~0.7 即可接受，0.7~0.8 以上为较高信度，大于 0.8 说明信度非常好。本研究使用统计软件 SPSS17.0 对问卷进行信度检验，如表 2 - 13 所示，总问卷的内部一致性信度系数为 0.744，我们认为作为一种社会、人格测验问卷，上述信度指标达到了可接受的信度标准。

表 2 - 13　信度检验

Cronbach's Alpha	基于标准化项的 Cronbachs Alpha	项　数
0.744	0.758	35

（2）效度检验

从内容的角度来看，本问卷的设定是基于文献综述、开放式调查、专家评判和个案访谈等多种研究的结果，经过专家评定以及多人对问卷题目通俗性、明确性的检验，因而具有较好的内容效度。

本研究的检验效度指标是因子分析中所进行的 Kaiser - Meyer - Olkin（KMO）检验、Bartlett 球形检验和因子提取的方差累计贡献率这三个指标。在 KMO 检验中如果 KMO 的值大于 0.5，则说明因子的效度可以接受；在 Bartlett 球形检验中如果 P < 0.001，说明因子的相关系数矩阵非单位矩阵，能够提取最少的因子同时又能解释大部分的方差，即效度可以接受；而因子提取的方差累计贡献率，如果因子提取很少且方差累计率不低的话（一般如果 2 个因子达到 40% 以上的贡献率就算可以了），就可以认为因子分析的效度还可以。如表 2 - 14 所示，进行 KMO 检验和 Bartlett 球形检验的结果显示，问卷的 KMO 值为 0.595，Bartlett 球形检验的显著性水平为 0.000，极其显著，说明数据效度是可以通过的。

表 2 - 14　KMO 和 Bartlett 检验

Kaiser - Meyer - Olkin 度量		
Bartlett 的球形度检验	近似卡方	8860.512
	Df	595
	Sig.	0

对问卷先进行主成分分析（Principal Components Analysis），提取公共因子（Common Factor），得到因子提取的方差累计贡献率，本研究的方差累计贡献率为 67.322%，已经达到了较高的水平，因此数据的效度是可以接受的。

（三）分析结果

1. 社会资本现状

从表 2-15 我们可以看到，在大龄未婚男性中，参与行为的平均得分为 6.85 分，比已婚男性的平均得分 7.32 分少 0.47 分，同样，在主动交往行为、互惠行为、信任和城市归属感维度中大龄未婚男性比已婚男性的平均得分分别少了 0.19、0.14、0.24 和 0.36 分，而社会资本总分共少 1.40 分。从对大龄未婚男性和已婚男性的对比中，我们可以明显看出大龄未婚男性与已婚男性社会资本之间的差异。

基于婚姻状况进行社会资本的 t - 检验，如表 2-15 所示。可以看到大龄未婚男性和已婚男性的社会资本存在显著的差异，其中参与行为、互惠行为和城市归属感在两类群体间的差异性都在 5% 或 1% 的水平上达到显著，大龄未婚男性和已婚男性在信任维度的差异在 10% 的水平上也达到统计显著。只有在主动交往行为维度，大龄未婚男性和已婚男性的差异没有达到统计显著。

表 2-15　t - 检验的统计量表

	婚姻情况	均　　值	标准差	F 值
参与行为	未　婚	6.8514	1.61060	5.858 *
	已　婚	7.3187	2.10762	
主动交往行为	未　婚	6.8919	1.21145	0.995
	已　婚	7.0754	1.39219	
互惠行为	未　婚	2.2838	0.58568	8.309 *
	已　婚	2.4234	0.70941	
信任	未　婚	3.7297	1.17389	2.639 +
	已　婚	3.9732	1.38697	
城市归属感	未　婚	5.3649	0.95909	7.598 **
	已　婚	5.7251	1.13903	

续表

婚姻情况		均值	标准差	F 值
社会资本总分	未　婚	25.1216	4.61372	5.739*
	已　婚	26.5158	5.76208	

注: $^+P < 0.1$, $^*P < 0.05$, $^{**}P < 0.01$, $^{***}P < 0.001$, 无标注表示不显著。

在农民工群体中社会资本是普遍偏低的。在此前提下,大龄未婚男性同已婚男性相比,其社会资本更为匮乏,这样的状态是否受到其他个体特征的影响,本研究在受教育程度、政治面貌和打工年数这三个不同的个体特征下进行对比讨论,如表 2 - 16 所示。

表 2 - 16　不同个体特征的社会资本情况

特　征	参与行为		主动交往行为		互惠行为		信任		城市归属感	
	未婚	已婚	未婚	已婚	未婚	已婚	未婚	已婚	未婚	已婚
受教育程度										
文盲	6.44	7.56	6.33	7.34	2.11	2.62	3.44	4.00	5.22	5.94
小学	7.11	7.52	7.22	7.03	2.44	2.54	3.67	4.12	5.67	5.76
初中	6.86	7.26	6.77	7.06	2.30	2.39	3.84	3.94	5.35	5.70
高中及以上	6.83	7.06	7.38	6.86	2.19	2.29	3.69	3.86	5.29	5.66
政治面貌										
党员	7.00	7.13	7.67	6.50	2.50	2.38	3.50	4.13	5.50	5.63
非党员	6.84	7.32	6.82	7.09	2.26	2.42	3.75	3.97	5.35	5.73
打工年数										
5 年及以下	6.92	7.27	7.02	6.98	2.32	2.39	3.80	3.82	5.29	5.70
6 ~ 10 年	6.87	7.20	6.62	7.21	2.21	2.41	3.64	3.98	5.58	5.60
11 ~ 15 年		7.72		7.38		2.56		4.17		5.88
15 年以上		7.74		7.15		2.58		4.33		5.79

从表 2 - 16 中可以看出,在参与行为方面,不同受教育程度群体的参与度是不相同的,在已婚人群中,随着受教育程度的升高,其参与社会活动的行为得分是逐渐下降的,这可能是受到农民工整体文化水平较低的影响,受教育程度较高的群体对城市社会活动的参与度较低,同时对该群体中的社会活动的参与度也较低,因此,随着教育水平的提高,其参与活动的行为开始减少。但是在大龄未婚人群中,初高中文化程度的人群与小学

以下学历的人群相比，社会参与度是较高的，这说明具有较高文化水平的群体比文化水平较低的群体受婚姻挤压而产生的心理障碍程度要低。打工年数对参与行为的影响比较明显，从整体来看，已婚流动人口随打工年数的增多，其参与行为也是增加的，这说明城市生活时间的加长提高了流动人口参与社会活动的行为，但在大龄未婚流动人口中，参与行为并未随打工年数的增加而增加。

主动交往行为主要体现了个体获取社会资本的主动性，也体现出个体主动融入城市生活和主动寻求个体发展的行为。从受教育程度来看，已婚个体的交往主动性比大龄未婚个体的交往主动性略高，但是并未看出有明显的按受教育程度变化的趋势；而在大龄未婚人群中可以明显看出，随着受教育程度的提高，其主动交往行为会呈上升趋势，即受教育程度越高，其获取社会资本的主动性越强。从打工年数来看，大龄未婚人群随着打工年数的增加，其主动交往行为会减少；而在已婚人群中，按总体趋势来看，其主动交往行为是随着打工时间的增多而逐渐增加的，这也充分说明大龄未婚个体同已婚个体的差异。

互惠行为也体现了农民工群体融入城市生活的程度，互惠行为越多，其能够在城市中获得的社会资本也越多。从受教育程度来看，受教育程度的高低对互惠行为的影响并不明显。而从打工年数来看，很明显的是在大龄未婚群体当中，随着打工年数的增多，其互惠行为得分是逐渐下降的；而在已婚人群中，随着打工年数的增多，其互惠行为得分是逐渐上升的。这也可以充分说明，婚姻使得个人更容易融入社会，也更容易结识更多的人员，获得更为丰富的社会资本。

信任维度中包含了对政府的信任和对城市人群的信任，对城市人群的信任体现了他们能够与城市人交往的可能性，也体现了其融入社会和获取社会资本的可能性。在已婚人群中，受教育程度对其影响并无规律；在未婚人群中，随着受教育程度的提高，其信任程度竟然是下降的，这可能是因为随着教育程度的提高，他们对于政策不公平和贫富差距等问题的感知是较为强烈的，这有待继续讨论。从打工年数来看，无论是大龄未婚人群还是已婚人群，随着打工年数的增多，其信任程度都有所提高。

城市归属感维度中，从受教育程度来看，并无显著的差异；从打工年数来看，已婚人群随着打工年数的增多，其城市归属感总体是增强的，而大龄未婚人群随着打工年数的增多，其城市归属感是逐渐减弱的。

从以上的分析中我们可以看出，大龄未婚男性同已婚男性在社会资本的获取上是有显著差异的，他们更不愿意主动融入城市社会，相对也更难在城市中获得社会资本。

2. 相对剥夺感现状

表 2 – 17 显示了已婚和未婚流动男性的剥夺感。可以发现，大龄未婚男性流动人口的总体剥夺感比已婚流动男性的剥夺感高 1.3，政策剥夺感和生活剥夺感在大龄未婚群体中都普遍偏高。基于婚姻状况进行相对剥夺感的 t – 检验，可以看到相对剥夺感在已婚流动男性和大龄未婚流动男性中存在显著差异，其中生活剥夺感在两类群体中的差异性达到 1% 的显著水平，而政策剥夺感在两类群体中的差异也在 10% 的边际水平上达到显著。

表 2 – 17　t – 检验的统计量表

	婚姻情况	均　值	标准差	F 值
政策剥夺感	未　婚	16.0405	1.65884	2.892 +
	已　婚	14.9221	1.97145	
生活剥夺感	未　婚	23.8108	1.67721	8.104 **
	已　婚	23.4355	2.50903	
剥夺感总分	未　婚	39.8514	2.37384	7.152 **
	已　婚	38.3577	3.97812	

注：+ P < 0.1，* P < 0.05，** P < 0.01，*** P < 0.001，无标注表示不显著。

大龄未婚男性同已婚男性相比，其相对剥夺感更强烈，这样的状态是否受到其他个体特征的影响？为此，下面在受教育程度、政治面貌和打工年数这三个不同的个体特征下，对相对剥夺感进一步基于婚姻状况进行对比分析，如表 2 – 18 所示。

表 2 – 18　不同个体特征的相对剥夺感情况

特　征	政策相对剥夺感		生活相对剥夺感	
	未婚	已婚	未婚	已婚
受教育程度				
文盲	15.11	15.19	23.56	23.75

续表

特 征	政策相对剥夺感		生活相对剥夺感	
	未婚	已婚	未婚	已婚
小学	15.78	15.12	24.22	23.72
初中	16.37	14.84	23.49	23.31
高中及以上	15.67	15.00	25.63	23.86
政治面貌				
党员	15.50	16.00	25.00	24.13
非党员	16.09	14.90	23.71	23.42
打工年数				
5年及以下	16.11	15.03	23.83	23.41
6~10年	15.90	14.51	23.53	22.95
11~15年		15.16		23.39
15年以上		15.06		23.37

从表2-18中可以看出,对于具有不同受教育程度的流动人口来说,除具有文盲水平的大龄未婚男性的政策相对剥夺感和生活相对剥夺感低于已婚男性外,其他受教育程度的大龄未婚男性的政策相对剥夺感和生活相对剥夺感都高于已婚男性。在政治面貌的模式方面则存在两种相对剥夺感的差异:具有党员身份的大龄未婚男性流动人口的政策相对剥夺感弱于已婚男性,但非党员的大龄未婚男性流动人口的政策相对剥夺感强于已婚男性;对于生活剥夺感而言,无论是否党员,大龄未婚男性的生活相对剥夺感都强于已婚男性。而在打工年数方面,大龄未婚男性的政策相对剥夺感和生活相对剥夺感都呈现出随打工年数增加而减弱的模式,但在已婚男性流动人口中,则没有明显的趋势。

(1)初始设定模型拟合度检验

根据全体样本中农民工大龄未婚男性的数据,利用 AMOS6.0 软件对上文设定的农民工大龄未婚男性对社会安全的影响机理结构方程模型进行估计,得到标准化路径估计的标准化路径系数、临界比及检验值,如表2-19所示。

表 2－19　初始模型系数估计结果

			未标准化 路径系数	S. E.	C. R.	P	标准化路 径系数
政策剥夺感	←	社会资本	－ 0.019	0.042	－ 0.463	0.643	－ 0.015
生活剥夺感	←	政策剥夺感	0.878	0.091	9.654	***	0.711
生活剥夺感	←	社会资本	－ 0.096	0.042	－ 2.273	0.023	－ 0.060
行为倾向	←	生活剥夺感	0.046	0.026	1.773	0.076	0.104
行为倾向	←	政策剥夺感	0.066	0.031	2.164	0.077	0.121
行为倾向	←	社会资本	－ 0.046	0.026	－ 1.770	0.030	－ 0.065
C2	←	行为倾向	1.436	0.192	7.483	***	0.403
C3	←	行为倾向	1.000				0.310
C4	←	行为倾向	1.277	0.188	6.807	***	0.314
C5	←	行为倾向	0.675	0.394	1.713	0.087	0.060
C6	←	行为倾向	1.223	0.197	6.203	***	0.314
C8	←	行为倾向	1.718	0.237	7.248	***	0.377
C10	←	行为倾向	－ 0.970	0.206	－ 4.709	***	－ 0.250
C9	←	行为倾向	2.969	0.324	9.165	***	0.742
C1	←	行为倾向	2.550	0.307	8.316	***	0.511
A2	←	社会资本	2.214	0.132	16.734	***	0.609
A3	←	社会资本	3.453	0.149	23.214	***	0.852
A4	←	社会资本	1.474	0.060	24.616	***	0.923
A5	←	社会资本	0.411	0.065	6.358	***	0.207
A6	←	社会资本	1.123	114	9.857	***	0.335
A7	←	社会资本	1.539	0.078	19.706	***	0.745
A8	←	社会资本	1.000				0.383
A13	←	社会资本	0.779	0.078	10.042	***	0.345
A14	←	社会资本	0.939	0.082	11.489	***	0.378
A1	←	社会资本	1.585	0.109	14.526	***	0.536
A10	←	社会资本	1.000				0.605
A9	←	社会资本	1.473	0.078	19.006	***	0.698
A12	←	社会资本	2.755	0.153	18.060	***	0.653
A15	←	社会资本	1.799	0.108	16.620	***	0.597
B4	←	政策剥夺感	0.014	0.531	0.027	0.979	0.407
B3	←	政策剥夺感	1.059	0.193	5.488	***	0.183

续表

			未标准化路径系数	S. E.	C. R.	P	标准化路径系数
B2	←	政策剥夺感	1.000				0.381
B1	←	政策剥夺感	2.642	0.274	9.628	***	0.992
B9	←	生活剥夺感	1.115	0.087	12.872	***	0.521
B8	←	生活剥夺感	1.261	0.083	15.145	***	0.687
B7	←	生活剥夺感	1.539	0.099	15.592	***	0.836
B6	←	生活剥夺感	1.777	0.117	15.195	***	0.788
B10	←	生活剥夺感	1.000				0.500
C7	←	行为倾向	4.212	0.509	8.270	***	0.809
A11	←	社会资本	2.341	0.124	18.914	***	0.657
B5	←	生活剥夺感	0.671	0.057	11.674	***	0.481

注：$^+$ P < 0.1，* P < 0.05，** P < 0.01，*** P < 0.001，无标注表示不显著。

从上表的 P 检验值可以看出，社会资本对政策相对剥夺感的影响系数不显著（P 检验值为 0.643），B4 对政策相对剥夺感的影响系数也不显著（P 检验值为 0.979），所以结构方程模型需要修改。

同时，我们还需要对所建立的结构方程模型进行模型适配度评价。结构方程建模提供了多种模型拟合指标，本研究所采用的模型适配度指标检验包括：卡方自由度比值（CMIN/DF）、渐进残差均方和平方根（RMSEA）、规范拟合指数（NFI）、比较拟合指数（CFI）、修正拟合指数（IFI）。假设模型的估计参数越多，自由度会变得越小；而样本数增多，卡方值也会随之扩大，若同时考虑到卡方值与自由度的大小，则二者的比值便可以作为模型适配度是否契合的指标。卡方自由度比值（$\chi 2/df$）越小，表示假设模型的协方差矩阵与观察数据越适配，相对的，卡方自由度比值越大，表示模型适配度越差。在 AMOS 报表中，CMIN/DF 便是代表卡方自由度的指标。一般而言，此值小于 1 表示模型过度适配，若是大于 3（较宽松值为 5）表示模型适配度不佳，其值若是 1～3 表示模型适配度良好。RMSEA 为渐进残差均方和平方根，其数值等于 $\chi 2 - df$。RMSEA 为一种不需要基准线模型的绝对性指标，其值越小，表示模型的适配度越佳，一般而言，当 RMSEA 的数值高于 0.10 时，模型的适配度欠佳；其值为 0.08～0.10 表示模型尚可，具有普通适配度；其值为 0.05～0.08 表示模型良好，即有合理适配；而如果其值小于 0.05 则表示模型适配度非常好（Browne 和 Cudeck，1993）。而规范拟合指数（NFI）、比较拟合指数（CFI）和修正拟合指数（IFI）均介于 1 和 0 之间，越接近 1 表示模型适配度越佳，越小表示模型契合度越差。

该模型的各项指标如表 2 – 20 所示，本模型的卡方指数大于 5，说明该模型的拟合是不可接受的，根据以下的模型拟合度检验，需要改进原有设定模型。

表 2 – 20   初始模型的各项指标

拟合指数	CMIN/DF	RMSEA	NFI	IFI	CFI
指 标 值	7.08	0.133	0.412	0.439	0.436

（2）改进模型及拟合度检验

从对初始模型的分析来看，社会资本对政策相对剥夺感的影响是非显著的，所以，应该对模型加以修订。政策相对剥夺感来源于政策的不公平，而非农民工自身社会资本的差异。所以，将初始模型中社会资本对政策相对剥夺感的影响路径去掉，得到新的改进后的结构方程模型。具体关系如图2 – 7 所示。

下面利用 AMOS6.0 软件对上述模型进行估计，得到标准化路径估计的标准化路径系数、临界比及检验值（见表 2 – 21）以及改进后模型的各项指标值（见表 2 – 22）。

表 2 – 21   改进模型系数估计结果

			未标准化路径系数	S. E.	C. R.	P	标准化路径系数
生活剥夺感	←	社会资本	− 0.086	0.037	− 2.325	0.020	− 0.059
生活剥夺感	←	政策剥夺感	0.894	0.092	9.690	***	0.695
行为倾向	←	生活剥夺感	0.054	0.025	2.141	0.032	0.118
行为倾向	←	社会资本	− 0.045	0.023	− 1.944	0.052	− 0.067
行为倾向	←	政策剥夺感	0.074	0.031	2.427	0.015	0.126
C2	←	行为倾向	1.324	0.166	7.965	***	0.390
C3	←	行为倾向	1.000				0.323
C4	←	行为倾向	1.253	0.169	7.394	***	0.320

续表

			未标准化路径系数	S. E.	C. R.	P	标准化路径系数
C5	←	行为倾向	0.512	0.347	1.477	0.140	0.050
C6	←	行为倾向	1.149	0.186	6.178	***	0.305
C8	←	行为倾向	1.659	0.212	7.835	***	0.384
C10	←	行为倾向	−0.976	0.202	−4.820	***	−0.265
C9	←	行为倾向	2.878	0.289	9.946	***	0.743
C1	←	行为倾向	2.595	0.284	9.127	***	0.539
A2	←	社会资本	1.952	0.108	18.035	***	0.594
A3	←	社会资本	3.123	0.121	25.912	***	0.845
A4	←	社会资本	1.356	0.048	28.067	***	0.926
A5	←	社会资本	0.450	0.056	7.997	***	0.247
A6	←	社会资本	0.937	0.096	9.741	***	0.308
A7	←	社会资本	1.413	0.063	22.342	***	0.759
A8	←	社会资本	1.000				0.427
A13	←	社会资本	0.694	0.066	10.586	***	0.337
A14	←	社会资本	0.795	0.070	11.407	***	0.351
A1	←	社会资本	1.484	0.091	16.256	***	0.548
A10	←	社会资本	1.000				0.628
A9	←	社会资本	1.353	0.064	21.250	***	0.706
A12	←	社会资本	2.421	0.123	19.655	***	0.643
A15	←	社会资本	1.640	0.089	18.498	***	0.608
B4	←	政策剥夺感	0.855	0.087	9.854	***	0.419
B3	←	政策剥夺感	1.054	0.184	5.741	***	0.183
B2	←	政策剥夺感	1.000				0.365
B1	←	政策剥夺感	2.760	0.289	9.544	***	1.000
B9	←	生活剥夺感	1.116	0.083	13.408	***	0.522
B8	←	生活剥夺感	1.255	0.080	15.757	***	0.696
B7	←	生活剥夺感	1.498	0.094	15.990	***	0.826
B6	←	生活剥夺感	1.737	0.111	15.604	***	0.783
B10	←	生活剥夺感	1.000				0.496
C7	←	行为倾向	3.917	0.452	8.660	***	0.794
A11	←	社会资本	2.229	0.105	21.313	***	0.677
B5	←	生活剥夺感	0.644	0.055	11.749	***	0.463

注: + P < 0.1, * P < 0.05, ** P < 0.01, *** P < 0.001, 无标注表示不显著。

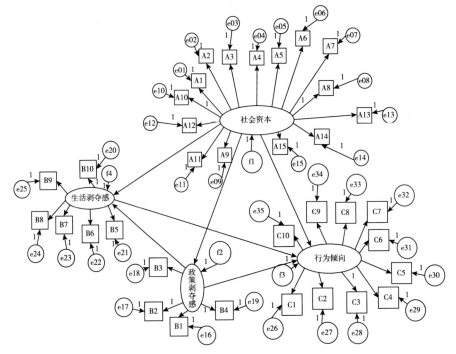

图 2－7　改进的结构方程模型

表 2－22　改进模型的各项指标

拟合指数	CMIN/DF	RMSEA	NFI	IFI	CFI
指标值	4.766	0.081	0.587	0.623	0.594

改进后模型的卡方指标小于 5，说明该模型的拟合是可以被接受的。同时可以看出其他各项指标均比原设定模型有所优化，说明该结构方程的建模是比较成功的。由此得出以下模型的各个变量的影响路径系数，如图 2－8 所示。

（3）模型假设验证

假设一：农民工大龄未婚男性的社会资本对其危害社会安全倾向具有负向影响。

检验结果：在改进模型中，社会资本对危害社会安全行为倾向的路径系数为 －0.067，P 检验值为 0.052＜0.1，说明社会资本对危害社会安全行为倾向的影响系数在 10% 的显著性水平下显著，农民工大龄未婚男性的危害社会安全行为倾向受社会资本的影响，且路径系数为负值，说明它们呈

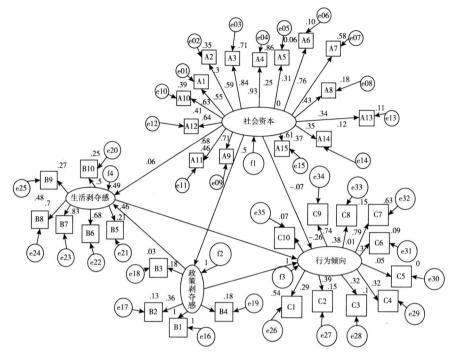

图 2 - 8 农民工大龄未婚男性对社会安全的影响路径

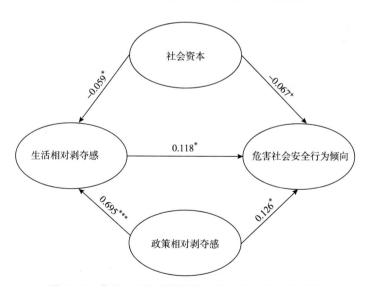

图 2 - 9 农民工大龄未婚男性对社会安全的影响模型

注：⁺ P < 0.1，[*] P < 0.05，^{**} P < 0.01，^{***} P < 0.001。

负相关关系，所以假设一成立。

假设二：农民工大龄未婚男性的政策相对剥夺感对其危害社会安全行为倾向具有正向影响。

检验结果：在改进模型中，政策相对剥夺感对危害社会安全行为倾向的路径系数为 0.126，P 检验值为 0.015 < 0.05，说明政策相对剥夺感对危害社会安全行为倾向的影响系数在 5% 的显著性水平下显著，农民工大龄未婚男性危害社会安全行为倾向受政策相对剥夺感因素的影响，并且路径系数为正值，说明它们呈正相关关系。假设二成立。

假设三：农民工大龄未婚男性的政策相对剥夺感对其生活相对剥夺感具有正向影响。

检验结果：在改进模型中，政策相对剥夺感对生活相对剥夺感的路径系数为 0.695，P < 0.001，政策相对剥夺感对生活相对剥夺感的影响系数在 1% 的显著性水平下显著，农民工大龄未婚男性的生活相对剥夺感受政策相对剥夺感因素的影响，并且路径系数为正值，说明它们呈正相关关系。假设三成立。

假设四：农民工大龄未婚男性的生活相对剥夺感对其危害社会安全行为倾向具有正向影响。

检验结果：在改进模型中，生活相对剥夺感对危害社会安全行为倾向的路径系数为 0.118，P 检验值为 0.032 < 0.05，说明生活相对剥夺感对危害社会安全行为倾向的影响系数在 5% 的显著性水平下显著，农民工大龄未婚男性危害社会安全行为倾向受生活相对剥夺感因素的影响，并且路径系数为正值，说明它们呈正相关关系。假设四成立。

假设五：农民工大龄未婚男性的社会资本对其生活相对剥夺感具有负向影响。

检验结果：在改进模型中，社会资本对生活相对剥夺感的路径系数为 -0.059，P 检验值为 0.020 < 0.05，说明社会资本对生活相对剥夺感的影响系数在 5% 的显著性水平下显著，农民工大龄未婚男性的生活相对剥夺感受社会资本的影响，且路径系数为负值，说明它们呈负相关关系，所以假设五成立。

假设六：农民工大龄未婚男性的社会资本对其政策相对剥夺感具有负向影响。

检验结果：在初始设定模型中，社会资本对政策相对剥夺感的路径系

数为 −0.015，P 检验值为 0.643，说明社会资本对政策相对剥夺感的影响系数在 10% 的显著性水平下不显著，说明农民工大龄未婚男性的政策相对剥夺感受社会资本的影响不明显，所以假设六不成立。

（四）结论与启示

本研究以农民工大龄未婚男性为研究对象，通过构建结构方程模型，来探讨社会资本、政策剥夺感、生活剥夺感同危害社会安全行为倾向之间的关系。通过文献综述和实证研究方法，本研究初步建立并验证了农民工大龄未婚男性对社会安全影响的结构模型，主要得到以下研究结论。

第一，婚姻因素对农民工大龄未婚男性的社会资本、政策相对剥夺感、生活相对剥夺感和危害社会安全行为倾向均有显著的影响，未婚男性与已婚男性在这些方面均有显著差别。相比之下，流入城市的大龄未婚男性拥有更少的社会资本，具有更强的剥夺感，其危害社会安全的行为倾向更强。

第二，农民工大龄未婚男性对社会安全影响的结构方程基本拟合。说明农民工大龄未婚男性的社会资本、政策剥夺感、生活剥夺感情况对其危害社会安全行为倾向均具有影响。并且社会资本对危害社会安全行为倾向具有负向影响，其余为正向影响，因此，要降低危害社会安全行为倾向即降低社会安全事件的发生概率，应提高农民工大龄未婚男性的社会资本并降低其政策相对剥夺感和生活相对剥夺感。

第三，社会资本对生活相对剥夺感有负向影响。因此，提高农民工大龄未婚男性的社会资本状况可以减弱其生活相对剥夺感，从而降低危害社会安全的行为倾向。

第四，政策相对剥夺感对生活相对剥夺感具有正向影响。因此，降低政策相对剥夺感不仅可以直接降低危害社会安全行为的倾向，也可以降低生活相对剥夺感，以降低危害社会安全行为倾向。

本研究结论进一步证实，在性别结构大规模失衡的社会环境下，受到婚姻挤压的大龄未婚男性，其弱势地位被进一步强化，他们不仅所拥有的社会资本相对较少，在经济竞争中处于劣势，而且在向上流动的婚配规则下，这些弱势群体恰恰也是在婚姻市场的竞争中失利的群体，因此，其社会资本和发展机会被进一步剥夺。为寻求更多的经济发展机会，该群体流入城市，但流动人口在城市地区被边缘化、被排斥的感觉在这些大龄未婚男性身上体现得更明显。由此导致这些流入城市地区的大龄未婚男性更可能从事危害社会安全的行为。因此，政府应积极主动地关注该群体的生活困境，为这些大龄未婚男性的生存和发展提供更多的机会和更宽容的社会环境，促进该群体更好地融入社会，参与社会活动，降低该群体的被剥夺感，从而降低其危害社会安全的倾向。

第三章　性别失衡社会风险的系统识别

一　引言

中国性别失衡的一些后果已开始显现，引起了政府和社会各界的关注和忧虑，学者们从宏观和中微观层面进行了一些研究。在宏观层面，目前的研究对性别失衡后果的探讨主要集中于理论推断，同时结合一定的数据验证。这些研究多侧重于探悉性别失衡的人口后果和社会后果（邓国胜，2004；周全德、周宏，2004；靳小怡、刘利鸽，2010）。已有人口后果主要表现在女性生存和发展权、人口规模、人口老龄化、劳动适龄人口以及婚姻市场两性结构等方面（莫丽霞，2005；李树茁等，2010；Cai 和 Lavely，2003）；社会后果则更多体现在婚姻挤压、性别失衡引发的违法犯罪活动（包括暴力和反社会行为）增多，性产业繁荣，非法性行为增加，正常的婚姻家庭秩序遭到破坏，非法婚姻形式重新抬头等（Hudson 和 Boer，2002；刘利鸽等，2009）。也有研究提出，性别失衡会使整个社会处于风险社会的状态，人口风险是整个社会风险的核心，刺激并放大了其他的风险（靳小怡、刘利鸽，2010；姜全保、李树茁，2010）；如果大龄未婚男性群体形成并聚集，发生暴力行为的可能性就会增加，社会的不稳定性也会随之增加（Hudson 和 Den Boer，2004；Hesketh 和 Zhu，2006）。一项1980~1982年在印度的调查表明，在控制一些变量之后，谋杀案的发生率与性别比之间存在极强的相关性（Dreze 和 Khera，2000）。同时，在印度和中国基于性交易和拐卖妇女的行为也大量存在（Zhao，2003；Sen 和 Nair，2004）。这些研究结果均表明，性别失衡会对社会产生一系列负面影响。

与较为丰富的宏观层面的性别失衡后果研究相比较，中微观层面的后果研究较少，少量研究也主要集中在性别失衡直接影响的大龄未婚男性人群。一些研究发现在一些农村地区已经形成了大龄未婚男性群体，且该群体呈现年轻化和高残疾比例的特征，在一定程度上给社区的文化和经济发展造成了不利影响（靳小怡，2010）。也有研究提出，性别失衡会使各个社会群体的利益受损（靳小怡、刘利鸽，2010；莫丽霞，2005），但也有研究者提出，性别结构失衡增加了偷盗、抢劫及性犯罪的可能性，目前来说并没有扩散为群体行为的迹象（刘中一，2005）。由于社会经济地位处于弱势的农村人口往往成为性别失衡后果的首要受害者，目前性别失衡后果的中微观研究主要关注农村。然而，性别结构失衡所引发的个体行为失范和社会风险绝不仅仅局限在这些被婚姻挤压的农村大龄未婚男性身上，在经济社会转型期，城乡人口流动可能同时带来城市性别结构的失衡和违法犯罪等失范行为的增多。

　　总之，目前已经取得了相当多的进展，但多数研究侧重于宏观理论推断，整体上看也缺乏全面系统性，这与中微观的数据和资料较难搜集有关。在宏观后果方面，已有研究大多关注性别失衡的人口和婚姻风险（莫丽霞，2005；Hudson 和 Den Boer，2002），对经济、文化等其他方面的后果和风险的研究较少。这些研究或是从宏观和中观层面综合地讨论性别失衡的后果，或是基于一些小规模的调查进行案例分析，虽然其内容就实质而言已经涉及失范行为的范畴，但大多数研究并未涉及性别失衡后果的一系列表现即中微观层面的不同失范，而只是泛泛地从宏观层面讨论失范，还很少有学者将这些与性别失衡相关的失范放置在失范理论的研究框架之下进行系统研究。同时，在中微观后果方面，已有研究较多采用文献或个案分析方法揭示性别失衡与违法、犯罪等失范行为的关系（莫丽霞，2005；Hudson 和 Den Boer，2002；陈友华，2004），较少采用定量和定性相结合的分析方法系统地探讨性别失衡下中微观层面失范行为的影响。

　　上一章基于国际和历史的视野，对性别结构失衡所可能引发的个体人口健康风险、公共健康与安全风险进行了综述，并在中国的现实环境下，探索了不能成婚对于大龄未婚群体心理福利的损害程度及其性别差异，以及农村大龄未婚男性特别是流入城市地区的农民工的性失范风险和危害社会安全的可能风险。在一定程度上识别和总结了在性别结构失衡的社会可能引发的行为失范和社会风险，但也仅关注到了人口健康和公共安全领域的风险，局限于最可能受到婚姻挤压的农村大龄未婚男性或农民工群体身上。中国正经历人口环境的巨大转变，大量失婚男性的存在，不仅将对该群体的人口健康产生影响，还将在不同层面、不同群体中产生一系列连锁反应，导致健康风险的扩散效应。因此，有必要在识别未婚男性健康风险的基础上，拓展对性别失衡背景下未婚女性、婚姻迁移女性、儿童等各类群体的个体健康及社区层面疾病流行、出生缺陷、自杀率等健康和公共安全问题的风险性评估。那么中国性别结构的失衡到底会在各个层面产生什么样的后果和社会影响？这些不同层面的社会后果和影响之间又存在什么样的关系？这些正是本章关注的主要问题。

　　本章的研究目标主要有以下三个：第一是采用历史、国际和现实相结合的视角，综合利用期刊、图书及网络资源，采用质性研究方法，系统识别性别结构失衡的社会环境下可能存在哪些宏观社会风险；第二是从相关利益者的角度，利用网络新闻案件等二手资料和一手访谈资料，采用质性研究和描述统计方法，系统识别和总结性别结构失衡下各类相关利益群体及其行为失范特征；第三是识别宏观层面的社会风险与中微观层面的行为失范之间的内在关系。

二　性别失衡下宏观社会风险的系统识别

　　性别失衡在中国并非首次出现，在中国历史上的多数时期人口结构表现出男多女少的特征（姜涛，1993；葛剑雄，2000），而当前亚洲其他一些国家，如印度、巴基斯坦、韩国，也正在经历着不同程度的性别失衡（Guilmoto Christophe，2009），将历史、国际和现实的视角结合起来进行性别失衡后果的研究，有利于发现和揭示性别失衡后果的一般规律，并加深对当前中国性别失衡及其后果的认识，然而到目前为止，还较少见到基于历史和国际视角的系统研究。本部分内容在国内外已有研究的基础上，从历史、国际和现实相结合的视角入手，利用宏观社会风险概念，识别与归纳性别失衡下的宏观后果。

（一）数据与方法

1. 数据来源

本部分将历史、国际和现实视角相结合，探讨性别失衡下的宏观社会风险。本部分数据以国内外相关文献为主、书籍为辅，以谷歌、中国学术期刊网、JSTOR 等网站和数据库为搜索引擎，以"性别失衡""失踪女性""男性过剩""性别歧视"等为关键词，以1999～2009 年为界限，在对文献阅读和筛选的基础上，形成"性别失衡宏观社会风险文献库"，包括中英文文献和书籍共计142 篇（本），其中中文81 篇（本），英文61 篇（本）。表3－1 展示了文献库中不同类型文献的统计数字。

表3－1　性别失衡下的宏观社会风险文献一览

文章类型	历史研究文献	亚洲研究文献	现实研究文献	合　计
中文文献	51	5	25	81
英文文献	6	33	22	61
合　计	57	38	47	142

2. 分析方法

在对"性别失衡宏观社会风险文献库"进行阅读和整理的基础上，本部分采用质性分析法和内容分析法，首先对历史、国际和现实文献内容进行登录，抽象宏观社会风险的范畴，然后采用内容分析法，通过对已有研究关于古今中外性别失衡下宏观社会风险和典型事件的考察，识别和归纳出性别失衡背景下影响社会稳定的整体社会风险。

（二）主要发现

在对"性别失衡宏观社会风险文献库"进行阅读和整理的基础上，本部分以扎根理论的操作程序为基础，分别从历史、国际和现实文献的内容出发，首先进行开放式登录，从中抽取关于性别失衡宏观社会风险（或后果）的论述，进行概念化和类属化，共抽象出关于性别失衡宏观社会风险的19 个类属。然后进行关联登录，将各类属进一步抽象为人口风险、经济风险、社会风险、健康风险和文化风险5 个范畴（见表3－2）。最后对5个范畴进行核心登录，发现了性别失衡下宏观社会风险的规律，即不管是过去还是现在，国内还是国外，性别失衡都是各类社会风险包括人口、社会、健康、文化和经济风险的重要影响因素。其中人口风险是核心类属，是性别失衡背景下的基础风险，人口风险往往刺激或放大其他风险发生的概率和损害的程度。

表 3 - 2　不同视角下性别失衡的宏观社会风险的概念化和范畴化

概念类属	历史的视角		国际的视角		现实的视角	
	概念类属	范畴	概念类属	范畴	概念类属	范畴
女性缺失风险（A1）	√		√		√	
男性过剩风险（A2）	√	人口风险（A）	√	人口风险（A）	√	人口风险（A）
人口数量减少风险（A3）	—		√		√	
人口老龄化风险（A4）	—		√		√	
男性失婚风险（B1）	√	社会风险（B）	√	社会风险（B）	√	社会风险（B）
非常态婚姻盛行风险（B2）	√		√		√	
婚姻迁移风险（B3）			√		√	
婚外性侵害增多风险（B4）		社会风险（B）	√	社会风险（B）	√	社会风险（B）
违法犯罪率升高风险（B5）	√		√		√	
养老风险（B6）	—		—		√	
儿童健康风险（C1）		健康风险（C）		健康风险（C）	√	健康风险（C）
妇女健康风险（C2）	—		√		√	
失婚男性健康风险（C3）	√		√		√	
胎儿选择文化风险（D1）	√	文化风险（D）	√	文化风险（D）	√	文化风险（D）
高婚姻花费文化盛行（D2）	√		—		√	
婚姻陋俗（D3）	√		√		√	
光棍亚文化（D4）	—				√	
劳动人口减少风险（E1）	√	经济风险（E）	√	经济风险（E）	√	经济风险（E）
家庭高储蓄低消费风险（E2）	—				√	

注：1. "√"表示该视角的文献库中有关该类风险的阐述。2. 学术界对"失婚"概念没有明确定义，因离婚或丧偶而失去婚姻、因贫困等种种原因无法成婚而失去结婚机会、夫妻两地分居以及自愿独身的"不婚"都被称为"失婚"。本章的"失婚"指大龄未婚男性由于种种原因不能成婚的现象，意为"婚姻失配""失去婚姻机会"。

1. 人口风险

人口风险是指性别失衡下人口数量和结构面临的风险，主要表现在以下几个方面。

（1）女性缺失风险

在男孩偏好强烈的国家，女性缺失风险是指由于产前、产后性别选择行为引起的女性人口相对缺少。产前性别选择主要包括胎儿性别鉴定和人工流产，是当前家庭选择性生育的主要技术手段，并导致偏高的出生性别比。产后性别选择主要包括溺婴和对女孩照料的忽视，并导致相对偏高的女婴死亡水平。在中国历史上，家庭的性别选择主要通过溺弃女婴实现。即使在今天，溺婴现象在巴基斯坦等国家仍然存在。另外，印度和巴基斯坦等少数国家也存在医疗、营养方面对女孩的歧视。总之，产前和产后性别选择的共同作用，导致了部分亚洲国家规模庞大的女性缺失人口，如中国1980～2000年出生队列的"缺失女性"达920万名（李树茁等，2006）。令人担忧的是，目前中国的出生性别比仍保持在较高水平，这导致未来一段时间里缺失女性现象将持续存在。

（2）男性过剩风险

女性缺失同时意味着男性数量的相对过剩。当前在中国和印度这两个人口大国，规模庞大的男性过剩人口已经引起国际社会的广泛关注。据估算，截至2006年印度的过剩男性达到1650万名，2013年之后中国每年的男性过剩人口将在10%以上，至2020年，这两个国家都将有3000万名左右的过剩男性（李树茁等，2006；Hudson 和 Den Boer，2002）。

（3）人口数量风险

人口数量风险是指由性别失衡引起的当期和未来新生人口数量的减少，并进一步引起人口总量的下降。女性失踪的直接后果是当期人口总量的减少，长期后果则表现在未来进入婚育年龄的女性的减少和人口再生产能力的下降（Cai 和 Lavely，2003；刘中一，2005），最终影响一个国家人口的适度增长和可持续发展。据估算，如果中国的出生性别比持续保持在2000年的水平，则100年后中国的人口总量将减少（Cai 和 Lavely，2003）。目前，在吉林、陕西和甘肃等省份的个别农村地区，这一人口风险已有所体现（吕峻涛，2006）。

（4）人口老龄化风险

人口老龄化风险表现为老年人口数量的增加和少年儿童人口占总人口比例的下降两个方面（李建新，2009）。女性是社会再生产的主体，女性缺失带来的当期和未来新生人口数量的减少，必将导致少年儿童和劳动人口规模和比例的下降，加速中国人口老龄化的进程。

2. 社会风险

（1）失婚风险

男性失婚风险是指由客观因素引起的男性超过社会公认的理想初婚年

龄仍被迫不能婚配的现象。男性过剩反映在婚姻市场领域即表现为部分男性面临失婚风险。男性失婚在中国历史上并不罕见。2000 年以来，中国的婚姻挤压现象已初露端倪，集中体现在"光棍村"数量的增加；除此以外，全国几乎所有省份的农村地区都存在一定数量的男性无以婚配（Davin，2007）。如果性别失衡局势不能得到及时有效的遏制，未来几十年中国将面临严重的婚姻挤压。与此同时，亚洲其他一些国家也面临不同程度的男性失婚风险，如在印度，男性失婚风险主要集中在社会下层，而社会上层仍然流行着"高额嫁妆"的传统（Dalmia，2004）；在韩国，婚姻挤压正在引起人们婚姻策略的变化（Kim，2004）。

（2）非常态婚姻盛行风险

非常态婚姻是指与法律、道德、习俗相悖的非主流的婚姻形式。当男性难以通过正常的婚姻途径满足其婚配需求时，必然会滋生非常态婚姻途径。历史上，一些违背当时伦理和法律规定的婚姻形式，如妇女再婚、收继婚、抢婚、入赘婚、童养婚、交换婚等在社会底层依然盛行，并在一定程度上起到缓解底层男性婚配压力的作用（张研、毛立平，2003；刘利鸽等，2009）。即使在当代中国，婚姻挤压同样刺激了非常态婚姻形式的发展，如在中国一些地区，早婚以及婚外恋已经成为竞争女性资源的一种策略（陈友华，2004），买卖婚姻、童养婚等婚姻陋习也有重新抬头之势。在巴基斯坦，女性面临更高的被迫结婚的风险（李树茁等，2010）；在韩国，男小女大、婚娶再婚女性正在成为重要的婚配模式（Kim，2004）。

（3）婚姻迁移风险

婚姻迁移风险是指大规模的女性婚姻迁移行为引发的相关社会问题。随着经济的发展，农村 - 农村的婚姻迁移形式呈上升之势，正在成为一些国家和地区缓解失婚风险的重要途径。国内外的婚姻迁移表现出从山区到平原、从内地到沿海、从发展中国家到发达国家的特征（Davin，2007），如韩国良好的经济状况和较小的人口基数使得其可以通过迎娶国外新娘来解决婚姻难题。据统计，2005 年韩国新缔结的婚姻中，超过 30% 的农村男性的配偶来自其他国家（丁仁能，2006）。地区和国家间的婚姻迁移，虽然对促进女性资源流动、缓解流入地区男性的婚配压力具有积极意义，但在女性总体缺失的背景下，其实质是男性失婚风险向新娘输出地（或输出国）的转移，容易造成贫穷地区（或国家）的男性为婚姻挤压埋单的被动局面（Davin，2007），并滋生跨地区（或国家）的拐卖妇女等犯罪问题。

（4）婚外性行为激增的风险

婚姻和固定伴侣的缺乏将刺激婚外性途径的发展。历史和国内外的研究表明，男性失婚往往刺激性产业、婚外性、性侵害及同性恋等婚外性行为的增加（刘利鸽等，2009；李树茁等，2010）。当前甚至有学者和网友提出"性产业"合法化的建议，以拓展失婚男性的性渠道，减少性犯罪、婚外情等事件的发生。虽然该建议的合理性有待商榷，但反映了人们对自身和家庭性安全的担忧。

（5）违法犯罪率升高的风险

对中国历史的研究表明，失婚男性由于缺乏家庭的牵挂和约束，比其他群体更容易走向犯罪道路，也更容易加入秘密帮会、土匪团伙、邪教组织，是违法犯罪的高危人群（刘中一，2005）。对1988~2004年中国省一级犯罪数据的研究也证实了性别失衡与犯罪之间的关系：性别比每增长0.01，社会上的暴力和财产犯罪率将上升5%~6%（Edlund等，2008）。

（6）养老风险

养老风险是指大龄失婚男性由于缺乏家庭养老功能而给社会带来养老负担。在"养儿防老"为主流养老模式的中国，男性失婚意味着其丈夫和父亲角色的缺失，并造成老年阶段的无依无靠，他们的养老负担将由政府和社会承担。如果中国未来"几千万名光棍"的预测成为现实，那么整个社会将面临沉重的社会保障压力。

3. 健康风险

性别失衡下的健康风险主要表现在儿童健康遭受损害、女性健康遭受损害、男性身心健康遭受损害三个方面。

（1）儿童健康风险

儿童健康风险是指由于父母生殖健康状况和家庭稳定状况而使儿童健康遭受损害。在重视生育和家族繁衍的国家，育龄女性的减少必将使部分残障女性重新回到生育队伍，从而对新生儿的健康构成潜在威胁。在一些贫困地区如秦岭某山村，女性的缺失带来当地近亲结婚的盛行，直接导致新生儿出生缺陷率升高，成为远近闻名的"残疾村"（彭远春，2004）。另外，随着婚姻拐卖、骗婚等现象的增加，一些女性在被迫生下孩子后不久可能就会离开家庭，影响孩子的成长和身心健康。

（2）女性健康风险

女性健康风险是指性别选择行为对女性身心健康的伤害。在强烈的男孩偏好压力下，女性往往成为生育工具，不少女性主动或被动经历 B 超胎儿鉴定和人工流产等，且未能得到良好的照顾，严重损害了女性的身心健康（莫丽霞，2005）。在巴基斯坦，孕产妇面临较高的死亡风险，其中因性别选择性流产导致的孕产妇死亡占 5%～13%（李树苗等，2010）。

（3）失婚男性健康风险

失婚男性健康风险是指不健康的生活方式和性行为使其健康遭受损害。在亚洲，婚姻的缺乏往往使失婚男性备受歧视，形成孤僻、悲观的性格，并养成酗酒、打牌、饮食不规律等生活习惯，给其身心健康带来负面影响（莫丽霞，2005）。同时，由于婚内性途径和科学的生殖健康知识的缺乏，失婚男性的婚外性行为可能带来一系列生殖健康问题，如性病、艾滋病的感染和传播，并危及其他人群（陈友华，2004）。目前已经有学者提出中国农村的过剩男性将成为艾滋病病毒感染和传播的高危人群（Tucker 等，2005）。

4. 文化风险

（1）性别选择文化风险

只要男孩偏好和性别选择文化依然存在并被广泛接受，性别失衡就难以根除。中国历史上的溺女文化和当前的胎儿性别鉴定和性别选择性流产文化，直接影响了人们的生育行为，导致中国出生性别比长期持续偏高。就国际视角来看，在性别失衡的后果日益凸显并引起国际社会广泛关注的同时，进入 21 世纪以来，一些国家却开始经历出生性别比从正常向异常的转变（Guilmoto Christophe，2009），这种整体非理性现象的出现显示了生育文化对个体具有深远而持久的影响。

（2）其他文化风险

在婚姻挤压背景下，一些积极的伦理和文化可能遭到冲击，而收买被拐妇女、高额婚姻花费、破坏别人家庭等可能会被更多的人所接受。另外，在一些"光棍"比例较高的地区，可能会出现"光棍"聚集现象，形成不利于社会发展和进步的"光棍亚文化"（莫丽霞，2005）。

5. 经济风险

性别失衡也可能带来一系列经济风险，制约社会经济的正常运行。这主要表现在劳动人口脱离生产、劳动人口减少以及家庭高储蓄率低消费率等方面。

（1）劳动人口减少风险

劳动人口减少风险表现在部分劳动人口主动脱离劳动和劳动人口数量减少两个方面。首先，从历史上看，一部分大龄未婚男性脱离劳动，从事违法犯罪活动甚至暴动、造反（Hudson 和 Den Boer，2002），不但破坏社会秩序，也制约和破坏了社会经济发展。当前一部分大龄失婚男性也表现出缺乏劳动积极性和超前消费等不利于家庭和社区经济发展的特征（莫丽霞，2005；李建新，2009）。其次，从长期来看，女性人口缺失将导致未来劳动人口的萎缩、劳动人口的老龄化以及老年人口比例的升高，从而影响经济的良性运行（李建新，2009）。

（2）家庭高储蓄率低消费率风险

与美国等西方国家的低储蓄率和高消费率相比，当前中国经济面临的困境则是过高的储蓄率、过低的消费率以及由此引发的对投资和净出口的严重依赖。有研究表明，中国居民的高储蓄率在很大程度上是中国家庭应对性别比例失衡和男性婚姻挤压的竞争性储蓄策略。中国家庭尤其是生男孩的家庭，更倾向于为了使孩子在未来的婚姻市场中居优势地位而提高储蓄率。

（三）结论与讨论

本部分的分析表明，性别失衡将给人口、社会、健康、文化和经济等方面带来一系列风险，使整个社会处于各种风险之中，风险的表现形式也体现出高度的一致性。当然在不同的时期和不同的国家，某些风险的具体形式可能会有所不同。

我们的研究也发现了性别失衡下的宏观社会风险的规律，即不管是过去还是现在，国内还是国外，性别失衡都是引发各种社会风险，包括人口、社会、健康、文化和经济风险的重要影响因素。其中人口风险是核心类属，是性别失衡背景下的基础风险，人口风险往往刺激或放大其他风险发生的概率和损害的程度。需要强调的是，多数风险属于次生风险，而非完全由性别失衡引起的原发性风险，但在性别失衡背景下，这些风险发生的概率和危害程度会被放大。

三　性别失衡下中微观失范风险的识别

由于受到性别失衡影响的群体不但包括大龄未婚男性群体，也包括与性别失衡直接或间接发生关联的个人和群体，因而在性别失衡背景下，个体和群体会表现出多种类型的社会失范。本研究突破过去将研究对象仅限于性别失衡下受婚姻挤压的大龄未婚男性群体的局限性，将研究对象扩大到与性别失衡直接或间接相关的人群，从而系统地研究相关利益人群的失范观念和失范行为如何影响性别失衡或受其影响。

在众多对利益相关者的定义中以弗里曼在1984年提出的观点最具代表性（Freeman，1984），他认为利益相关者是能够影响或者受到一个组织实现其目标过程影响的所有个体和群体。相对于国外比较成熟和繁荣的利益相关者研究，国内的相关研究相对较少，而且研究的内容主要集中于对国外研究成果的综述性分析，研究领域也主要是对企业的利益相关者研究（陈宏辉，2003；郭媛媛，2007）。少数应用型研究将利益相关者理论与群体性事件相结合，并对威勒模型关于利益相关者的分类进行了改进（熊建、杨爱华，2008）。目前关于利益相关者的研究主要还是应用于企业和组织管理方面，应用于社会学和人口学领域的情况还非常少见。

从利益相关者理论我们可以得到启示，在性别失衡的背景下，影响性别失衡并受性别失衡影响的群体并不单是大龄未婚男性，还包括未婚女性、已婚人群以及大龄未婚男性的家庭等，这些人群同样会对性别失衡的状况产生影响，并同时受到性别失衡的影响。因此，从利益相关者的角度对性别失衡背景下各个群体的失范进行分析，有利于我们从不同群体的角度系统、深入地研究其失范的原因和表现，使我们更清楚地识别性别失衡的利益相关者的失范，以及这些失范与性别失衡相互影响的机制。

（一）数据与方法

1. 二手资料数据分析

（1）数据来源

在认识整体社会风险的基础上，本章通过对中微观层面的失范进行识别，明确性别失衡下失范行为的特征。已有研究发现，同已婚男性相比，大龄失婚男性的破坏性行为会增强，更容易从事谋杀、抢劫、强暴、吸毒、酗酒等危险行为（Hudson 和 Den Boer，2002）。同时大龄失婚男性对婚姻和性的需求，也容易被违法犯罪分子利用，从而滋生一些违法犯罪活动（孙江辉，2006），因此在不同的失范行为中，大龄失婚男性既可能成为社会失范的直接受害者（失范客体），同时也可能是影响其他群体利益的侵害者（失范主体），甚至在同一起失范案例中，会先后经历从失范主体到失范客体的转变。基于此，本研究将主要识别与大龄失婚男性有关的失范行为。由于研究问题的特殊性和敏感性，难以获取一手数据，本部分所需数据源自作者以百度和谷歌为搜索引擎，以"光棍""大龄未婚男性""大龄青年""大龄单身男性"等为关键词，搜集到的与大龄失婚男性相关的新闻案件，共计111 例。

　　（2）数据处理

　　依据不同的标准，失范行为有不同的分类：以失范内容为标准，可以分为经济失范、行政失范、道德失范等；以失范的主体为标准，可以分为群体失范与个体失范（郑杭生、李强等，1993）。在失范行为中，相关的个人或群体分别处于失范主体和失范客体的地位，即侵害者和受害者。同时，已有研究指出，婚姻挤压的后果多由社会经济地位处于劣势的农村男性承担（陈友华，2004；朱力，2006）。本部分将在城乡流动的背景下，分析目前性别失衡背景下个体失范行为的地域特征。基于以上原因，按照失范类型、失范主体、失范主体规模、失范客体、失范行为发生地等维度，笔者对111 例失范案例进行分类整理，最终形成"性别失衡下中微观失范行为数据库"，数据库中各变量名称及其取值如表3-3 所示。

表3-3　性别失衡下中微观失范行为数据库

变量名	编　码
失范类型	四分类变量，1 为婚姻失范，2 为婚外性失范，3 为家庭失范，4 为其他失范
失范主体	三分类变量，1 为大龄失婚男性，2 为其他人群，3 为共同失范
失范主体规模	二分类变量，1 为个体，2 为团伙
失范客体	五分类变量，1 为大龄失婚男性，2 为成年女性，3 为未成年、智障女性，4 为老年女性，5 为其他
失范行为发生地	三分类变量，1 为农村，2 为非农村，3 为不明确

（3）分析方法

本部分采用内容分析法，通过 Excel 软件对"性别失衡下中微观失范行为数据库"进行定量分析。首先，统计数据库中各类失范行为的频数；其次，采用描述性统计方法，从失范主体、失范客体、失范主体规模等维度出发，分别对各类失范行为进行频数和百分比计算，从而归纳和总结各类失范行为的特征；最后，对典型案例进行分析、归纳和总结。

2. 实地访谈数据

（1）调查实施

本部分所使用的资料均来自西安交通大学人口与发展研究所从 2007 年 10 月至 2009 年 12 月历时两年多的实地访谈调查数据。这些数据来自对中国不同地域和不同特征的农村人口和城市的农村流动人口进行的 6 次实地调查，这 6 个地区的选取主要基于 2005 年小普查时各省的性别失衡程度。我们选取了性别高度失衡（安徽省和陕西省）、中度失衡（福建省、河南省和广东省）和低度失衡（浙江省）的地区，虽然这些地区的经济和社会发展阶段不同，但是对于了解中国性别失衡的后果都具有一定的代表意义。

6 个地区的实地调查均由西安交通大学人口与发展研究所主要负责完成，每次调研均由老师和博士、硕士研究生组成 10 人左右的团队，各位老师主要负责调查的组织协调工作，同时主持组访座谈和进行个访工作，各个博士、硕士研究生分组进行实地的个访工作。我们分别于 2007 年 10 月在河南省的 Y 县、2008 年 8 月在安徽省的 H 县、2009 年 7 月在广东省 G 市、2009 年 8 月在浙江省的 3 个县（这 3 个县分别代表了高、中、低出生性别比变动的不同阶段）、2009 年 11 月在福建省 X 市、2009 年 12 月在陕西省的 A 市进行了个访和组访。每次实地访谈结束后，参与调查的团队成员都要将访谈的原始谈话记录（或录音资料）进行两次整理，即根据原始资料整理第一稿，再按照课题组规定的提纲整理出第二稿，然后将这些资料统一编码，最终将 6 次访谈内容建成质性访谈的数据库。

（2）调查的内容和样本

访谈采用的是半结构化的问卷方式，访谈类型有个访和组访两种。6

次质性访谈的主要内容包括：基本信息、社会交往和经济状况以及各种类型的失范态度和行为——婚姻失范、家庭失范、生育失范、性失范、养老失范和日常失范等。婚姻失范包括买婚、卖婚、骗婚以及由此引发的拐卖妇女等社会治安问题；家庭失范包括婚外恋和外来媳妇在当地的融合情况等；生育失范包括性别选择性流产行为以及传统习俗中对女性的歧视等；性失范包括婚外性行为、"包二奶"、找"小姐"等行为；养老失范包括大龄未婚男性因失婚而给父母及其家庭造成的养老压力，并因此加重了国家养老保障方面的压力；日常失范包括心理上的相对剥夺感和行为上的偷窃、赌博等。

笔者所选择的访谈对象主要包括：18～27岁的小龄未婚男性、28岁及以上从未结过婚的大龄未婚男性（及其家庭成员）、未婚女性、已婚女性和已婚男性（包括离异者）。另外，笔者还对相关的工作人员和学者进行了访谈，以期从另一个侧面了解失范的人群及其失范的形式。

笔者在6个地区共进行了26次组访（其中女性组访共8组，未婚男性1组，已婚男性6组，工作人员10组，历史学者1组）和178次个访（其中小龄未婚男性2人，大龄未婚男性58人，大龄未婚男性的家庭成员23人，未婚女性5人，已婚女性37人，已婚男性26人，工作人员27人）。在广东省、浙江省、福建省、陕西省的个访中，由于调查地为城市，受人口流动因素的影响，仅对2位农村大龄未婚男性的家庭成员进行了访问。各地具体的样本状况见表3-4。

表3-4　各类人群个访数量

调查人群 调查地	小龄未婚男性	大龄未婚男性	大龄未婚男性家庭成员	未婚女性	已婚女性	已婚男性	工作人员	合计
河南省Y县	0	26	12	2	11	3	0	54
安徽省H县	0	20	10	0	11	13	4	58
广东省G市	1	3	0	0	5	1	6	16
浙江省3个县	0	1	0	0	4	4	9	18
福建省X市	1	4	1	2	2	3	8	21
陕西省A市	0	4	0	1	4	2	0	11
合　计	2	58	23	5	37	26	27	178

组访仅在河南省、安徽省、浙江省、福建省的调查地进行，共26组组访，各地具体的组访情况见表3－5。

表3－5　各类人群组访数量

调查人群 调查地	未婚女性	已婚女性	未婚男性	已婚男性	工作人员	历史学者	合　计
河南省 Y 县	1	2	0	3	3	1	10
安徽省 H 县	0	2	0	2	3	0	7
浙江省 3 个县	0	1	0	0	1	0	2
福建省 X 市	1	1	1	1	3	0	7
合　计	2	6	1	6	10	1	26

（3）分析思路

本部分采用了质性分析中的内容分析法和归纳法，图3－1体现了本部分的主要研究思路。性别失衡下的利益相关者包括众多个人和群体，他们的失范与性别失衡相互作用和影响。利益相关者的中微观失范直接或间接地导致性别失衡产生，而性别失衡的状况又会影响其他利益相关群体的失范，这些群体的失范有可能进一步恶化性别失衡的态势，也可能诱发更多利益相关者的进一步失范。性别失衡导致不同个人和群体的失范，而且受其不同失范的影响，利益相关者都卷入了这个恶性循环之中。

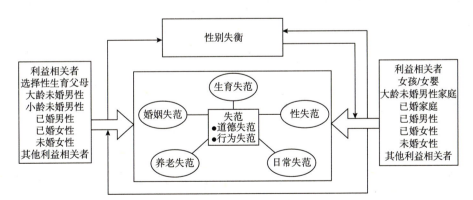

图3－1　性别失衡下利益相关者的中微观失范研究思路

为了便于分析不同个体和群体不同的道德失范和行为失范，本部分从家庭生命历程的角度将失范划分为婚姻失范、生育失范、性失范和养老失范，而日常失范将贯穿于整个家庭生命历程之中。具体而言，性别失衡背景下的道德失范主要指性别失衡直接或间接导致个体的婚姻、家庭、生育、性和养老等观念偏离主流价值的现象，而行为失范指性别失衡直接或间接导致个体在婚姻、家庭、生育、性和养老等方面偏离社会认同的各种行为。为了实现研究目标，本部分从相关利益者的视角出发，探讨不同群体的道德失范和行为失范。利益相关者主要包括进行选择性生育的父母、以大龄未婚男性为主的未婚男性及其家庭成员、小龄未婚男性、婚龄女性及其家庭成员、已婚男性及其家庭成员、女孩和女婴等。

（二）网络媒体报道中的中微观失范识别

通过对相关网络报道和"性别失衡下中微观失范行为数据库"的整理和分析，笔者发现，当前与大龄未婚男性相关的失范案件主要表现在婚姻、婚外性、家庭和其他社会失范四个方面，其中婚姻失范和婚外性失范是最主要的形式。数据库中各类失范案件及其频数如表3-6所示。

表3-6　样本（新闻报道）基本描述信息

婚姻类失范 （N=32）	频次	婚外性类失范 （N=40）	频次	家庭类失范 （N=22）	频次	其他社会失范 （N=17）	频次
买卖婚姻	12	性交易	5	婚外情	13	违法	6
骗　　婚	20	性侵害	35	家庭内部剧烈冲突	9	犯罪	11

注：①网络报道中，骗婚类失范报道比较多，且表现出极大的趋同性，因此本数据库中只部分反映了骗婚失范；②在数据库构建中，笔者将针对家人和亲戚的性侵害从"婚外性类失范"中剔出，并归入家庭类失范。

表3-7在表3-6的基础上，分别从失范主体、失范客体、失范主体规模以及失范行为是否发生在农村等几个方面，对各类失范行为进行了频数和百分比的统计。从表3-7可以看出，目前性别失衡下的失范行为主要发生在农村地区，但也有一些失范行为如性侵害、婚外情等发生在城市，农村流动人口是失范行为的主要参与者。总之，在性别失衡和城乡流动的共同作用下，城市和农村一样都将不得不面对和吞食性别失衡的恶果。

表 3 - 7　各类失范案件的变量分析

失范类型	变量	失范主体			失范主体规模		失范客体					发生地在农村
		大龄失婚男性	其他人群	共同失范	个体失范	群体失范	失婚男性	成年女性	智障/未成年女性	老年女性	其他	
婚姻类	买卖婚姻 (12)	/	/	12 (100%)	7 (58%)	5 (42%)	2* (/)	9 (75%)	3 (25%)	/	/	12 (100%)
	骗婚 (20)	/	20 (100%)	/	6 (30%)	14 (70%)	20 (100%)					20 (100%)
婚外性类	性交易 (5)	5 (100%)	/	/	5 (100%)	/	/	/	/	/	5 (100%)	5 (100%)
	性侵害 (35)	31 (89%)	/	4 (11%)	35 (100%)	/	4** (/)	12 (34%)	21 (60%)	2 (6%)	/	33 (94%)
家庭类	婚外情 (13)	11 (85%)	2 (15%)	/	13 (100%)	/	2 (15%)	10 (77%)		1 (8%)	/	9 (69%)
	家庭内部剧烈冲突 (9)	6 (67%)	3 (33%)	/	9 (100%)	/	3 (33%)	/	1 (11%)	5 (56%)	/	9 (100%)
其他社会失范 (17)		16 (94%)	1 (6%)	/	17 (100%)	/	5 (29%)	2 (12%)	1 (6%)	4 (24%)	5 (29%)	13 (76%)

注：* 表示在买卖婚姻中，有 2 例案件的大龄失婚男性和被拐女性先后成为失范行为的客体；** 表示在性侵害中，存在 10 例因性侵害引发的命案，其中 4 例为被侵害者杀死实施性侵害的大龄失婚男性。

1. 婚姻类失范

在与大龄失婚男性相关的失范报道中，婚姻类失范占较大比重，主要表现在买卖婚姻和骗婚两个方面。

（1）买卖婚姻

买卖婚姻主要包括拐卖和收买妇女，另外也包括父母主持的婚姻买卖。从表 3 - 7 可以看出，在买卖婚姻中，失范活动往往由大龄失婚男性和人贩子（或女方父母）共同参与，其中人贩子（或女方父母）出于牟利的目的，强行出卖女性的婚姻权，而贫穷地区的大龄失婚男性则出于获得低成本婚姻的需要，往往成为买卖婚姻的积极参与者。在这场金钱与婚姻的交换中，女性包括成年和未成年女性，都成为主要受害者。表 3 - 7 同时显示，买卖婚姻尤其是拐卖妇女行为，表现出明显的团伙性（占买卖婚姻案件的42%）。20世纪90年代，安徽涡阳某村是有名的"拐卖妇女专业村"，全村500来人中，一半以上成年人参与拐卖妇女的犯罪活动（孙龙，2004）。2008年福建警方破获的福安特大跨省拐卖妇女犯罪团伙共有20多名成员，先后作案40多起（《东南快报》，2009）。通过对案件的整理还发现，虽然拐卖妇女以及收买被拐卖妇女都是严重的犯罪行为，但在性别失衡背景下，一些农村已经形成收买被拐妇女"合法化"的社区文化，买卖人口被视为合法的公平交易，人贩子被视为"红娘"（郭细英、肖良平，2007）。这种文化的形成，致使拐卖人口行为更加猖獗，增加了"打拐"工作的难度。

（2）骗婚

骗婚是指犯罪嫌疑人利用男性渴望成婚的心理组织诈骗，并在获取经济利益后寻找机会逃走的犯罪行为（王淇，2009）。与婚姻买卖中被卖女性的受害者身份不同，骗婚中的女性是失范主体，她们自愿出卖自己的"婚姻权"，并在获取利益后脱身。表3-7的统计结果显示，在骗婚行为中，行为的实施者和受害者分别为骗婚者和大龄失婚男性（均为案例的100%）。近些年来，农村骗婚案件频发，而农村大龄青年、离异男子、中年丧偶的"光棍汉"往往成为诈骗对象（连成亮，2009）。同时，骗婚案件表现出显著的团伙作案特征，70%的骗婚案件由团伙共同完成，团伙成员分工明确，分别扮演中间人、"新娘"亲戚等，以骗取男性家庭的信任并骗取钱财。需要强调的是，婚姻的"交易"性质是滋生骗婚行为的土壤。骗婚案件的发生，实质上是利用了"婚姻是金钱与女性资源的交换"的习俗。在当前农村，男性结婚的成本越来越高，而娶外地媳妇可能只需要3万~4万元，这就使得省际的"花钱买媳妇"有了广阔的市场，同时也给不法分子的违法行为带来可乘之机（王淇，2009）。骗婚行为的发生给被骗家庭和农村社区带来极大的负面影响。大龄未婚男性往往由于家境贫困，无法支付高额的婚姻成本而被迫失婚，而骗婚经历则使他们人财两空，背负沉重的债务负担和精神压力。

2. 婚外性类失范

婚外性类失范主要表现在性交易和性侵害两个方面。

（1）性交易

男性受婚姻挤压及一部分男性游离于婚姻之外，往往导致性产业的发达。统计资料显示，从 20 世纪 90 年代以来，性交易案件的数量大幅增加，2004 年全国性交易案件立案数达 242053 起，与 1994 年相比增加了几乎 1 倍，远远超过暴力性犯罪的数量（孙江辉，2006）。虽然笔者搜索到的关于大龄失婚男性性交易的案件较少，但案件体现的特征令人震惊，某些大龄失婚男性不但自己接受性服务，甚至可能成为"拉皮条者"。苏北农村年逾六旬的崔某为了得到免费的性服务，将性工作者带回家中，并积极为其介绍"客人"（潘晓明、何光荣，2008）；江西南宁农民刘某，将其住处提供给数名性工作者作为交易场所，以从中收取"中介费"并获得免费的性服务（朱荣成、季德胜，2007）。

（2）性侵害

性侵害（包括性骚扰和强奸）也可能成为大龄失婚男性获得性满足的重要途径。数据库中关于大龄失婚男性实施性侵害的案件最多（共 35 例），甚至其侵害家人、亲戚的案件也屡见不鲜（在本章中，此类案件被归入家庭类失范处理）。表 3-7 的统计结果显示，性侵害主要由大龄失婚男性实施，表现出个体作案的特征，受害者包括不同年龄段的女性，其中未成年女性、智障女性和老年女性由于自我保护能力弱，往往更容易遭受侵害（占该类案例的 66%）。性侵害往往容易进一步导致深层次犯罪。本数据库的 35 个案例中，10 例涉及性侵害引发的命案，包括受害者怒杀大龄失婚男性（共 4 例）和大龄失婚男性杀死被侵犯者（共 6 例）。

3. 家庭类失范

性别失衡和大龄失婚男性的存在，也可能给已有家庭的稳定和安全带来威胁。本数据库中家庭类失范主要表现在破坏他人家庭（主要表现为婚外情）和破坏自身家庭（主要表现为性侵害和命案）两个方面。

（1）婚外情

婚外情自古以来就是大龄未婚男性释放性压力甚至获得婚姻的重要机会，这种婚姻之外的两性关系，常常引发冲突并带来惨痛的悲剧。在本数据库中，共有 13 个婚外情案例，且都以引发命案而结束。其中 11 例为婚外情双方发生矛盾，女方提出结束婚外情，大龄失婚男性实施杀害行为，2 例为大龄失婚男性被女方丈夫或其他亲人杀害。当前婚外情对家庭和社区稳定的危害越来越严重，据媒体报道，在"光棍村"里，大龄失婚男性和已婚女性的"私通"行为十分严重。在云南瓦房村，因婚外情而发生的治安事件非常多，成为村干部头疼的"丑事"，目前该村流行"没有老婆的四处讨老婆，有老婆的要守住老婆"的说法（《贵州都市报》，2007）。

（2）家庭内部剧烈冲突

大龄失婚男性的存在也可能引发家庭或亲戚间的剧烈冲突。本数据库中共有9个相关案例，包括对家人或亲戚实施的性侵害（共7例），其中母亲、弟媳、外甥女等亲人都可能成为大龄失婚男性侵害的对象。另外，无法结婚也可能使大龄失婚男性对父母产生怨恨情绪，并导致极端行为的发生（共2例）。

4. 其他社会失范行为

有研究表明，大龄未婚男性还会参与其他一些违法犯罪行为（刘中一，2005）。本数据库中，既有偷盗、偷窥等一般性违法越轨行为（共6例），也有纵火、杀人等极端失范行为（共11例），大龄失婚男性往往是这些失范行为的主体，对婚姻的渴求、自身生活的空虚以及对现状的不满，往往可能刺激他们做出危害他人甚至伤害自己的行为。

综合以上分析，笔者总结出性别失衡背景下中微观失范的一般特征：个体、家庭成员与群体在婚姻、家庭、性和其他方面存在不同程度的行为失范，大龄失婚男性是重要的利益相关者，在不同的失范行为中既可能成为失范的主体，也可能成为失范的客体；成年女性、未成年女性等其他人群同样可能成为受害者，性别失衡带来的是一个"普遍受损"的社会；目前，性别失衡下的失范行为主要发生在农村地区，但以农村流动人口为主要参与者的性侵害、婚外情等失范行为则主要发生在城市，揭示出大规模的城乡人口流动带来性别失衡现象和后果向城市转移。

（三）实地访谈中的中微观失范识别

本部分研究的利益相关者是指能影响性别失衡及受到性别失衡影响的个体和群体。对道德失范和行为失范的分析主要基于家庭生命周期的不同阶段，从不同维度来分析不同类型的失范及其与性别失衡的相互作用和相互影响。

1. 婚姻失范

与性别失衡相联系的婚姻失范行为主要表现为与买卖婚姻相关的行为和倾向。然而，买卖婚姻这一失范行为的盛行，其背后却蕴含着深层的利益结构关系。性别失衡导致的婚姻市场供需失衡是导致买卖婚姻的直接原因，而买卖婚姻可能进一步将女性角色"物化"，加剧性别不平等，进而导致性别失衡持续偏高，促使婚姻失范与性别失衡发生恶性循环。在性别失衡的背景下，婚姻市场上的供需失衡导致男性在婚姻市场中处于弱势，那些处于劣势的大龄未婚男性面临严重的婚姻挤压，这一状态使他们无法通过正常的婚姻模式成婚，而只能更多地通过非正常方式寻求婚配，尤其是通过买卖婚姻来实现。买卖婚姻之所以盛行还在于女性的社会角色被"物化"。一方面，女性的家庭角色物化为生育工具，传宗接代是失婚男性买媳妇的主要目的；另一方面，女性沦为婚姻市场中的商品，成为部分不法分子牟利的工具。我们在调查中发现，给大龄未婚男性介绍婚姻可以获得3000元左右甚至更多的报酬（编码：1051011303）。由于女性在婚姻市场中物化为"商品"，一方面通过买卖婚姻可以局部缓和性别失衡导致的婚姻挤压；而另一方面可能会强化男孩偏好，导致部分人群进行性别选择，从而使性别失衡持续偏高。

与性别失衡直接或间接相关的利益相关者共同导致了买卖婚姻的盛行。这种婚姻市场的供需失衡导致大龄未婚男性及其家人、婚龄女性和"中间人"都主动或是被动地参与到买婚这种失范行为中。大龄未婚男性面临严重的婚姻挤压，他们对买婚具有较强烈的兴趣和需求。在访谈中，笔者发现多数大龄未婚男性都有过买婚的想法和计划，而这些大龄未婚男性的家人也积极地参与到买婚行为之中，大龄未婚男性的父母会托熟人或"中间人"介绍对象。由于买婚和骗婚存在巨大的利益，很多"中间人"都积极地参与到买婚、骗婚的网络之中。而且当地群众一般都对大龄未婚男性不能成婚表示同情，对买婚行为持默许态度，进一步助长了婚姻失范的长期存在。在我们访谈的一个农村地区，当地男方在正常嫁娶婚姻模式中需要负担10万~20万元，而从外地"引进"媳妇的费用要少很多，目前就3万~4万元。"中间人"的报酬主要为1000~5000元。由于男性成婚困难和到外地娶媳妇的普遍性，多数被访者表示对买婚现象"能够理解"（编码：2010310300，201020100）。正是这种"能够理解"的乡土文化，使婚姻失范在农村贫困地区长期存在。

农村地区大龄未婚男性的买婚行为对其他利益相关者产生了很大的影响，主要体现在促使一些小龄未婚男性参与到买婚行为当中，进而给社会稳定造成极大的影响。大龄未婚男性在本地婚姻市场受挤压使得通婚圈被迫扩大，这也影响到其他未婚男性群体的婚姻决策。女性的婚姻梯度迁移使得云贵川等大量女性流出的贫困地区的婚姻挤压更为严重，买婚在一定程度上缓解了经济较发达地区的婚姻挤压，却在另一方面加剧了女性婚迁流出地的男性受婚姻挤压的程度，这些在贫困地区处弱势地位的男性群体是买婚失范行为的间接受影响者，成为承担性别失衡后果的最终受害者，这给当地社会发展和稳定都造成了极大的负面影响。当地的男性一般在22～25岁结婚，如果经济条件允许，年轻人还是倾向于在本地寻找配偶。由于大龄未婚男性难以在本地找到配偶，因此这一弱势群体千方百计通过熟人买媳妇。而这也影响到一些小龄未婚男性群体，他们也开始通过这种途径以较低的婚姻费用买媳妇（编码：2101011000，5030120092）。

性别失衡促使买卖婚姻盛行，使得大龄未婚男性及其家人和婚龄女性成为性别失衡的直接受害者。在访谈中笔者发现很多大龄未婚男性都曾遭遇过骗婚，他们或多或少地在经济上蒙受了损失，这种现象在农村的大龄未婚男性群体中很常见，这与西安交通大学人口与发展研究所2009年的百村调查的中观层面的分析结果相一致（靳小怡等，2010）。在走访过程中，一位大龄未婚男性表示其曾经有两次被骗婚的经历。第一次是亲戚介绍的，媒人要走1000元，后来就没消息了；第二次是媒人要走了3000多元的"定钱"后就再也找不到人了（编码：1051011303）。有的大龄未婚男性在当地有人成功买婚的影响下，先后两次买婚均受骗，两次均给了"中间人"（人贩子）1万多元的定金，第一次买来的云南媳妇和第二次买来的四川媳妇都在结婚几天后逃跑（编码：2020402032）。当买婚取得成功时，大龄未婚男性成功地转变了自己的社会角色成为已婚男性，是买婚行为的既得利益者；但是当他们遭遇骗婚时，则会人财两空，对于他们来说这不仅仅意味着经济上的损失，更多的是精神上的伤害。

遭遇骗婚不仅给大龄未婚男性本人造成巨大的经济和心理压力，而且也给他们的家庭成员尤其是父母带来经济重压和心理折磨（编码：1051012303），有的父母因为把全部的积蓄给儿子从云南买了媳妇，结果媳妇在结婚几天后趁机跑掉了，心里感到愤怒和郁闷，而且觉得在村里抬不起头来，几次都想到自杀（编码：2310301012）。

对于婚龄女性来说，许多被买来的外来媳妇一般负责操持家务，很少出去打工，可以看出男方家庭对外来媳妇的戒心，妇女的发展权受到损害。个别被买来的外来媳妇会选择逃跑，如果逃跑成功，势必漂泊在外、举目无亲；如果逃跑不成功，被抓回来会受到拷打和更加严密的看管，人身自由受到限制（编码：2101011000）。

2. 生育失范

与性别失衡相联系的生育失范，在道德失范方面主要指生育方面偏好男孩的观念，在行为失范方面主要指生育方面的性别选择行为，包括生育前和生育后的选择行为，如胎儿的 B 超性别鉴定、选择性的流产、溺婴弃婴等，以及在抚养教育等方面对男孩和女孩的区别对待等行为。性别失衡首先表现为人们偏好男孩的道德失范，并在这种道德失范的引导和利益的驱动下，一部分父母和提供生育选择的个体与群体共同参与到选择性生育失范行为中，并最终影响到女胎和女婴的生存与发展权。根据访谈笔者发现，无论是城市还是农村居民，男孩偏好观念都根深蒂固，难以在短期内转变。有相当一部分人依然保留有较为强烈的男孩偏好，非常赞同一个家庭中至少应该有一个男孩，认为没有男孩就没有后代了（编码：1082211201，1051012303）。这种现象在沿海经济发达省份尤其严重，当地人会到庙宇里拜佛，希望生育男孩（编码：5030120014）。在农村社区生女孩的妇女及其家庭成员会受到歧视，背后有人会说闲话（编码：5030120063），在和村民争执时会被其他村民骂"绝八代"（编码：2010310300）。处于性别失衡背景下的父母们并没有因为宏观的性别失衡而改变自己的生育意愿，有的受访者知道目前中国存在男多女少的现象，但自己还是想生育儿子，认为生育女儿是别人的事情（编码：1092813201）。

男孩偏好长期存在也导致性别选择的市场广泛存在并具有较高的利润，在利益的驱动下，一部分医生和医疗机构也参与其中，导致选择性生育失范行为盛行。在调查中笔者发现一些父母为了生育男孩采取了多种手段，使得很多私人诊所和个体游医进行非法性别鉴定活动以及流产半公开化。在农村做地下 B 超比较普遍，且收费并不贵，只要给游医付费他就会告诉性别鉴定结果，如果因为是女孩而想流产的话，也不需要开证明，只要付费游医就会做（编码：4102000305）。有的父母为了达到生育男孩的目的，会在一些私人诊所做性别鉴定和引产，或者生了女孩先藏起来不上报或送人（编码：3103010407）。因而，虽然法律法规对非法胎儿性别鉴定及选择性生育的处罚有明文规定，但在刑事责任规定和犯罪主体规定等方面存在缺位，加上近年来科学技术的发展，目前 B 超机的性能大大提高且便于携带，使得进行非法 B 超鉴定更加具有流动性和隐蔽性。在这个"两非"市场上，有强烈的买方市场需求（一些人需要鉴定胎儿性别），而且卖方成本低（B 超购买方便），风险也低（如果被抓无法判刑，只是罚款），所以性别鉴定和选择性人工流产在农村基层比较普遍，在经济利益的驱使下，少数医务人员和个体医生违反职业道德，甚至置有关法律法规于不顾，非法进行胎儿性别鉴定和性别选择性人工流产，只是这些行为更加隐蔽（编码：3101030201）。笔者在访谈中还发现，个别医疗卫生机构的"两非"现象比较严重，主要表现在超出经营范围开展违规（违法）业务和违规使用堕胎药品。一些"黑诊所"的手法非常隐蔽，流动性大，即使被计生部门抓住并处罚后，这些机构和个人也会因为高额的回报而很快"重操旧业"（编码：3103010408，4101010402）。

生育失范行为一方面损害了女婴和女孩的生存与发展权，另一方面也导致了大量大龄未婚男性的产生，使得男性最终也成为生育失范的利益受损者。而就男性尤其是贫困地区的男性而言，他们最终承担着生育失范的后果——婚姻挤压。就女性而言，男孩偏好的道德失范使女胎和女婴成为直接受害者，她们或者被剥夺了生存的权利，或者在出生后不能得到很好的照顾，而且忍受着巨大的心理压力和健康风险去做性别鉴定和选择性流产，这也是女性权利受损的体现。有些女性在生育女孩之后受到婆婆的歧视，自己和孩子都得不到很好的照顾（编码：4101010502，4103020409）。生育一个女孩的父母，会千方百计地再生男孩（编码：4103010410）。有的女性在生育两个女孩后，会被婆婆催着逃离到外地再生男孩，但在自己第三胎还是生育了女孩后，婆婆不仅不照顾孙女并且和自己断绝来往（编码：4103010410）。

持续的生育失范也导致偏好男孩的道德失范在社区群众中得到传播，并可能导致性别失衡与生育失范出现恶性循环。有些大龄未婚男性虽然自身遭受了性别失衡的负面影响，但他们依然希望自己在成婚之后能够生育男孩，他们认为"没有男孩就没有后代了"（编码：1092811101，10103020102），老人也没有依靠了（编码：1092811102）。一些大龄未婚男性认为家中至少应该有一个男孩，而且越多越好，男孩子应该多读书，而女孩子无所谓。甚至有人表示如果自己结婚后生的第一个孩子是女孩，那他就会继续生直到有男孩为止（编码：2401011302，2092811101）。由于自身没有更好的发展前景，大龄男性在教育机会上还是明显地偏重男孩，社会性别分工的观念还是比较传统的。虽然在访谈中笔者也发现有些大龄男性表现出较弱的男孩偏好，但是那也只是应时之举，他们承认如果自己经济条件好，还是倾向于要男孩。

　　无论质性研究还是调查数据均显示，男孩偏好观念在经济较为发达的农村依然非常强烈。近年来社会经济的发展和国家的专项治理行动，已经使群众的生育观念有了很大的改变，但是男孩偏好依然存在。而性别选择的长期存在与大龄未婚男性这一群体的大量出现，对男孩偏好的影响呈现复杂性和多面性。由于一些地区买婚现象普遍，女性角色被更加物化，从而加重了当地群众对女性的歧视，而这种歧视最终又强化了男孩偏好。这些因素又可能激化生育失范，使性别失衡持续偏高。

3. 性失范

　　与性别失衡相关的性失范，在道德失范方面主要是指不正常的性观念等，在行为失范方面主要指面临婚姻挤压的压力，一些难以正常婚配的男性为满足其生理需要所采取的各种婚外性途径。性别失衡可能导致大龄未婚男性和未与配偶一起流动的已婚男性，出现找"小姐"、婚外性行为和同性性行为等失范行为。大龄未婚男性因不能成婚，其性福利受到了较大的损害，他们解决自身生理需求的方式主要有找"小姐"和自慰（张群林等，2009）。在访谈中笔者发现大龄未婚男性中大多数都有过找"小姐"的经历，他们也能很坦然地承认这一点（编码：6016030702）。在城市中打工未与配偶一起流动的已婚男性构成了事实失婚的"大龄未婚男性"，他们也经常去找"小姐"，并且认为这是"男人的正常需要"，并不觉得有不妥之处。他们经常会互相交流，介绍朋友们去"性价比"较高的场所"消费"（编码：601603085，6010603072）。在农村的大龄未婚男性也可能为自己找到固定的性伴侣，有些大龄未婚男性有"相好"的，只是比较隐蔽（编码：1051026600）。另外，还有小部分大龄未婚男性存在同性性行为，我们在访谈中了解到大龄未婚男性的同性性行为现象正在逐渐增加，他们有着固定的聚会场所，甚至有些男性还以此作为敲诈的借口（编码：6001601052）。强奸现象在农村也时有发生，至于奸夫或强奸者一般都是光棍汉，有些地区甚至还存在乱伦与共妻的现象（编码：1092823200）。失婚不仅使大龄未婚男性面临性匮乏的处境，而且也使一些大龄未婚男性因更多的商业性性行为、更多的性伴侣和同性性行为而面临更大的感染性传播疾病的风险。

在性别失衡的背景下，人口流动促进了地下性产业的发展。大量大龄未婚男性、未与配偶一起流动的已婚男性的存在催生了大量性服务业，并将女性带入其中，使这部分女性也成为性别失衡的间接受害者。目前中国已经有超过2亿的流动人口，流动人口的主体是处在生育旺盛期的育龄人口，城乡流动人口构成这个群体的主体。大龄未婚男性和未与配偶一起流动到城市的已婚男性成为地下性产业的主要消费者，而一些底层的"小姐"是他们经常光顾的对象。笔者在走访的城乡接合部发现，凡是农村流动人口聚集的地方，性服务业就会非常兴旺和繁荣，性产业链非常发达，组织性工作者的集团内部和外部分工明确，内部实行企业化管理，每个小集团都有老板、片场经理、打手等，他们负责经营自己所在区域的性产业，对外则要处理好与各方面的关系。

笔者访谈了一个只有十几条小街的城中村，暂住的农民工有2万多人，从事性工作的女性有600多人。每条街道都明确地划分给不同的小集团，"小姐"们分属于不同的小集团，这些"小姐"们每天的工作量很大，但每次仅能收入20～30元，其中一半的收入归小集团的负责人所有（编码：6010603102）。同时，有些未成年女性也被迫从事性工作，有时因为措施不当而怀孕，频繁的人工流产使身体和心理健康受到巨大的危害，很多性工作者经常会去医院看病（多为妇科病）或做人工流产手术（编码：5030120014）。笔者在访谈中还发现，在城市中处于底层的性工作者大部分都是年纪较大的已婚女性，她们主要是为了养活在农村老家的丈夫和孩子才从事这个工作，虽然非常辛苦，却从来不敢向家人提及此事，心里苦闷也无法诉说（编码：6016020903）。大量未婚女性沦为性工作者也使婚姻市场上的适婚女性数量减少，从而从另一个侧面加剧了婚姻市场上男性的婚姻挤压状况。

流动男性可能成为感染了性病和艾滋病的高危人群与留守农村的已婚女性的"桥梁"，从而使留守女性成为性别失衡的间接受害者。全国妇联的最新数据显示，目前我国农村的留守女性已经超过了5000万人（王晟，2011）。农村留守女性最容易遭受被动感染性病的风险。农民工已经是城市底层性产业的主力消费军，由于光顾次数的频繁和生殖健康知识的匮乏，是感染性病的高危群体。笔者在访谈中发现有些大龄未婚男性和已婚男性也存在顾虑，想找"小姐"，但担心把性病、艾滋病病毒传染给家里人（编码：6010603062）。留守女性面临的最大健康风险是丈夫（或是与自己有婚外性行为的大龄未婚男性）在进城务工的过程中染上性病，许多留守女性在不知不觉中染上了性病从而影响生殖健康。

4. 养老失范

与性别失衡相关的养老失范，在道德失范上主要表现在大龄未婚男性不愿意赡养老人的态度，在行为失范方面主要指大龄未婚男性不赡养老人的行为。养老问题是导致中国性别失衡的重要原因之一，中国目前仍然以家庭养老为主，而儿子是主要的养老承担者。以"养儿防老"为目标导致的性别失衡也给大龄未婚男性及其父母和相关政府养老机构提出了养老方面的问题与挑战。性别失衡可能导致一部分大龄未婚男性的父母面临养老支持不足的问题。大龄未婚男性的家庭均较为贫困，他们中的绝大多数受教育程度比较低，自身家庭的贫困和受教育的欠缺决定了大龄未婚男性的经济来源的有限性，与已婚男性相比，他们并不能为父母提供较多的经济支持；相反，由于其经济收入有限，父母可能还要为其提供一定的支持，尤其是家务支持，这就加重了父母的负担，也加重了整个家庭的负担。笔者访谈的大龄未婚男性通常都与其父母居住在一起，这一方面使他们可以互相提供支持，但另一方面也可能加重父母的经济负担（编码：1092812101）。有的大龄未婚男性好吃懒做，父母都年事已高，自己却不愿意出去打工，还要靠父母养活，生活起居也都由父母照顾（编码：1082224600，1051011303）。同时自己的未婚身份给父母造成巨大的心理压力，大龄未婚男性和父母经常会因为结婚的事情发生争执，使双方的关系不好（编码：1092812101）。因此，大龄未婚男性对父母的养老支持无论从经济支持、日常照料还是情感支持方面来说都远远低于普通男性。大龄未婚男性自身的养老问题不可能依靠自己解决，他们没有儿女，所以只能寄希望于政府来解决自身的养老问题（编码：1092811501，1092811502），从而也会加重当地政府部门的经济负担。目前地方政府的养老机构主要照顾鳏寡孤独的五保户，但是随着越来越多的大龄未婚男性出现并逐渐进入老年阶段，基层政府的养老压力越来越大（编码：2101011000）。

性别失衡不仅带来大龄未婚男性自身及其父母的养老问题，还可能导致其兄弟姐妹在赡养父母的问题上不愿意承担太多责任、兄弟姐妹关系紧张等失范行为。大龄未婚男性虽然能够为父母提供一些代际支持，但由于其失婚和经济拮据，给父母的经济支持较为有限，他们有时甚至负担不了自己的生活而需要其兄弟姐妹的帮忙，这就是他们产生矛盾的根源。当然，大多数大龄未婚男性与家庭成员的关系是和睦的，但也有一部分人并不能很好地与家庭里的其他成员相处，尤其是与其兄弟的关系较为紧张（编码：1051011603）。有的大龄未婚男性觉得自己兄弟很多，而自己经济能力有限，父母不应该由自己照顾，而应该由其他兄弟来照顾（编码：1082211302）。有的大龄未婚男性家庭的兄弟姐妹为了应该由谁来为父母养老闹得不可开交（编码：6010601034）。

5. 日常失范

与性别失衡相关的日常失范，在道德失范方面主要表现为自卑、对生活的不满和郁闷情绪等；在行为失范方面主要指偷盗、赌博和聚众闹事等行为。严峻的婚姻挤压会导致大龄未婚男性在日常生活中出现心理抑郁等道德失范，并可能导致偷盗、酗酒等行为出现。由于成婚困难，他们通常会存在心理落差和心理暗示，会感觉周围的人歧视他们，从而产生一种被剥夺的心理状态，而父母和其他家庭成员的催促就更加强化了这种被剥夺的心理。与已婚男性相比，大龄未婚男性的抑郁程度很高，而生活满意度则较低（李艳等，2009）。基于这种心理状况，很多大龄未婚男性都会觉得生活对他们来说是苦闷的和不公的，原本开朗的性格也会因此变得内向，他们排解这种心情的方式主要是借酒消愁和找"小姐"，还有一部分人会采取自虐的方式，或者找人打架（编码：1092812401，1092811401）。这样的心理状态无论对大龄未婚男性自身还是对他人乃至对整个社会来说都是一种不稳定因素。

除了心理上的相对剥夺感之外，大龄未婚男性的日常失范行为还表现在偷盗行为。有些人品德不好，经常偷东西，别人也不愿意与其交往（编码：1082224600）。一部分大龄未婚男性参与了破坏社会治安的活动，发生比例较高的聚众赌博、合伙偷窃和聚众斗殴行为（编码：11020809095），这些失范行为对社区的破坏性较大，大龄未婚群体在一定程度上恶化了社区的风气和社会的治安状况。

大龄未婚男性的日常失范可能会导致社区其他人群将他们排斥于正常的社会交往之外，从而加剧了大量未婚男性的脆弱性。大龄未婚男性的日常失范以及伴随的污名化导致社区人群也表现出对大龄未婚男性这个群体的歧视，不愿意与之交往。访谈发现，村里还是会有人瞧不起大龄未婚男性，认为他们没出息、没本事（编码：1092823200，2410117302）；村里群众表示如果家里办酒席，不希望这些人来参加，觉得跟大龄未婚的人交往不安全，认为他们的行为举止有些奇怪（编码：1051014201）。一部分人认为大龄未婚男性这一群体的存在会对社会稳定造成不良影响，也有人认为他们对别人家庭的稳定会产生更大的影响（编码：2040410154，2050306105）。

（四）总结和讨论

通过二手资料数据，笔者总结出性别失衡背景下中微观失范的一般特征：个体、家庭成员与群体在婚姻、家庭、性和其他方面存在不同程度的行为失范，大龄失婚男性是重要的利益相关者，在不同的失范行为中既可能成为失范的主体，也可能成为失范的客体；成年女性、未成年女性等其他人群同样可能成为受害者，性别失衡带来的是一个"普遍受损"的社会；目前，性别失衡下的失范行为主要发生在农村地区，但以农村流动人口为主要参与者的性侵害、婚外情等失范行为则主要发生在城市，揭示出大规模的城乡人口流动带来性别失衡现象和后果向城市转移。

通过实地访谈数据的研究笔者发现，利益相关者受性别失衡影响的程度及对性别失衡产生影响的程度不同。在性别失衡背景下个体与群体在婚姻、生育、养老、日常方面存在不同程度的道德和行为失范，其中婚姻、生育和性方面的道德和行为失范表现得较为明显和突出，主要表现为非常态婚姻的盛行、性别鉴定和选择性流产、婚外性行为等，而日常和养老方面的道德和行为失范并不十分突出。性别失衡导致一系列利益链条的产生，这些利益链条将各类相关人群卷入其中，如性别失衡导致的婚姻市场供需失衡引发买卖婚姻，并导致性产业拥有巨大的市场和利益回报，从而将中间人、女性、失婚男性及其家人等群体卷入其中，并在这个过程中导致买卖婚姻、性交易等失范行为出现。而这种把女性物化为"商品"的利益链条又可能进一步强化性别的不平等，从而导致男孩偏好的持续存在并诱发生育失范，导致性别比持续偏高，进而可能导致性别失衡与失范的关系发生再生产。

中微观层面的研究结果表明，在性别失衡背景下，个人和群体基于自身的利益主动或被动地卷入各种与性别失衡相关的失范中，并在这个过程中有意无意地导致性别失衡产生的道德失范再生产，从而使性别失衡持续偏高，并可能进一步导致失范持续发生。在性别失衡背景下所有利益相关者的利益均不同程度地受到损害。

四　性别失衡下宏观和中微观社会风险的系统总结

在对分析结果进行提炼和总结的基础上，本部分总结了性别失衡背景下宏观社会风险和中微观失范行为的识别结果，如图 3 - 2 所示。

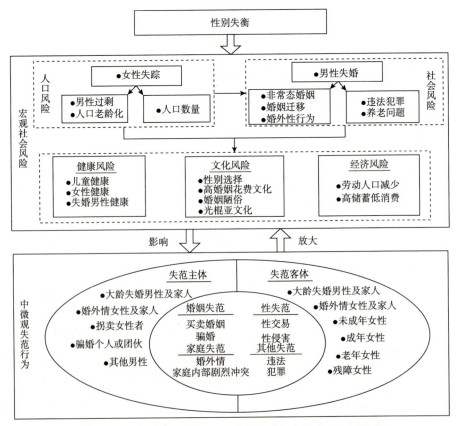

图 3 - 2　性别失衡背景下宏观风险和中微观失范的识别结果

（一）宏观风险系统总结

从图 3-2 可以看出，就宏观层面而言，性别失衡将带来人口、社会、经济、健康、文化等一系列风险，使整个社会处于风险之中，各种风险的地位和作用各不相同。

首先，人口风险是性别失衡下最直接的风险，其中女性缺失风险是基础风险，居核心地位。中国长期存在男孩偏好，导致女性死亡水平偏高且近年来的出生性别比持续上升，使女性缺失现象越发严重。伴随着女性缺失数量的上升，男性的过剩数量也增加了。女性数量减少的长期后果则表现在未来进入婚育年龄的女性减少和人口再生产能力下降，最终导致人口数量减少，威胁到国家人口的适度增长。同时老年人口数量不断增加，新生人口数量减少，老龄化速度将会加剧。可以看出，女性缺失风险进一步刺激和加剧了其他人口风险的发生，同时这些人口风险也将引发一系列社会风险。

其次，人口风险也将引发一系列社会风险。在社会风险内部，男性失婚风险居首要地位。由于性别失衡，处于适婚年龄的女性数量不足，男性失婚风险加剧，每年将有数以百万计的男性不能成婚。当男性难以通过正常的婚姻途径满足其婚配需求时，无疑将会引发非常态婚姻，如买婚、收继婚、抢婚、入赘婚、童养婚、交换婚等。同时，女性的婚姻梯度迁移使较为贫困地区的男性成为婚姻市场上的弱势群体。游离于婚姻家庭之外的男性，缺乏合法的渠道来满足其生理需求，这可能会使婚外性行为的风险激增。由于缺乏婚姻家庭的约束和牵绊，这一男性群体更容易从事违法犯罪活动。此外，失婚加重了男性自身未来的养老和父母的养老问题，给社会养老保障带来压力。男性的失婚风险无疑刺激和加剧了其他社会风险的发生。

再次，人口风险与社会风险共同作用，刺激和强化了健康风险、文化风险和经济风险。与性别失衡相关的健康风险主要指由非常态婚姻导致的儿童健康风险、女性由性别鉴定导致的健康风险和游离于婚姻家庭之外的男性的生理和心理的健康风险。男孩偏好文化和性别选择的行为相互影响，形成恶性循环，女性的角色被进一步物化，加剧了非常态婚姻在一些地区被民众接受的文化风险。性别失衡也可能带来一系列经济风险，表现为劳动力人口减少，家庭高储蓄率低消费率等，严重制约了经济的发展。

最后，需要强调的是，多数风险如老龄化风险、健康风险、违法犯罪风险等属于次生风险，而非完全由性别失衡引起的原发性风险，但在性别失衡背景下，这些风险发生的概率和损失的程度会被放大。与一般性风险发生的不确定性相比，性别失衡社会风险的不确定性不在于风险是否会发生，而在于风险何时、何地、以何种形式和规模发生，以及将带来多大程度的损失。

（二）中微观失范系统总结

通过二手资料的梳理分析和实地质性访谈的研究，在性别失衡和宏观社会风险的共同影响下，中微观层面的失范呈现主体多元化、表象多维度和影响多层面的特征。

首先，中微观层面的失范呈现主体多元化特征。在性别失衡的背景下，影响性别失衡并受性别失衡影响的群体并不仅仅是大龄未婚男性，还包括未婚女性、已婚人群以及大龄未婚男性的家庭等，这些人群同样会对性别失衡的状况产生影响，并同时受到性别失衡的影响。在各类失范行为中，大龄失婚男性是重要的利益相关者，他们既面临较高的失范风险，成为失范行为的主体，又可能遭受侵害，成为失范的客体。由于婚姻和家庭的缺失，他们承受了巨大的生理和心理压力，他们的生活状况和福利应该引起社会各界的关注和支持。性别失衡下的社会风险和失范行为使不同人群的利益受损，但女性无疑是首要的受损者。在生命周期的不同阶段，女性的自身利益都可能遭受损害：婴（胎）儿阶段女性被剥夺出生权和发展权，成长阶段她们遭受歧视性待遇，婚育阶段她们又经受人工流产等严重损害身心健康的行为，与此同时她们还可能成为拐卖人口、性侵害等失范行为的直接受害者。性别失衡导致不同利益相关者的失范，从而进一步导致一系列失范的出现，其他各类人群卷入其中并受到了影响，性别失衡带来的可能是一个"普遍受损"的社会。

其次，中微观层面的失范呈现表象多维度特征。本研究将中微观失范从家庭生命历程的角度划分为婚姻失范、生育失范、性失范和养老失范，而日常失范则贯穿于整个家庭生命历程之中。研究发现性别失衡背景下利益相关者在婚姻、生育、性、养老、日常方面存在不同程度的道德和行为失范，其中婚姻、生育和性方面的道德和行为失范表现得较为明显和突出，主要表现为非常态婚姻的盛行、性别鉴定和选择性流产、婚外性行为等，而日常和养老方面的道德和行为失范较少发生，失范表现并不是非常明显。而且，失范也存在一定的地区差异，这与已有的少数定量分析的结果相似。中西部地区较易发生日常失范，西部地区的大龄未婚男性参与赌博、斗殴、偷窃、抢劫的比例比中东部地区高，而中部地区又普遍高于东部地区（靳小怡等，2010）。本研究发现东部地区较易发生生育失范，东部地区虽然经济较为发达，但是有些地区受传统观念的影响较大，重男轻女的思想仍然较为严重，良好的经济条件也为他们进行性别选择提供了最为直接的条件。婚姻失范和性失范在各个地区都比较容易发生，而养老失范则在各个地区均较少发生，由于大龄未婚男性受到父母相对较多的照顾与帮助，所以大多数大龄未婚男性对父母的代际支持比较高。

最后，中微观层面的失范呈现影响多层面特征。性别失衡背景下不仅家庭生命周期的各个阶段都会不同程度地发生失范风险，而且不同的利益相关者作为主体和客体会参与到这些失范中，使相互影响错综复杂，但是研究揭示了在性别失衡的背景下，所有人的利益最终都将受到损害。性别失衡不仅直接使女性权益受损，而且还会通过利益关系链导致各利益相关群体的利益受损。男孩偏好的存在本身就是社会性别不公的体现，这些思想的存在从根本上导致了性别失衡和女性缺失，损害女性的生存与发展权，而性别失衡导致的婚姻挤压问题，又诱发出婚姻利益链、养老利益链等关系链条，并导致一系列失范行为出现，使其他各类人群卷入其中并受到影响，引起一系列反应，最终给社会成员的总体利益造成损失。

（三）宏观风险和中微观失范的互动

性别失衡下的宏观风险和中微观失范并不是相互割裂的，而是紧密联系、相互影响的。

一方面，宏观风险会对中微观失范产生影响。无论是人口风险等基础风险，还是社会、健康、文化和经济风险等次生风险，都会直接或间接地作用于中微观个体和家庭层面。宏观层面的女性缺失导致男性数量短缺，同时在女性婚姻梯度迁移的影响下，婚姻挤压的态势在较为贫困的地区会更加严重。宏观层面的人口和社会风险，将最终影响到中微观层面的贫困地区的男性和家庭的婚姻福利，导致中微观层面的婚姻失范、性失范和日常失范；劳动力短缺、女性缺失和高额的婚姻花费，使一些欠发达地区的生产力下降，老龄化加剧，不健康的亚文化盛行，恶化了当地的生产和生活环境，也加大了不同失范行为发生的可能性。宏观风险的发生在不同维度影响着中微观层面失范的发生。

另一方面，中微观失范将放大为宏观风险。性别失衡的加剧必将导致中微观失范个体和群体数量的增加、地域分布聚集和失范严重程度的加深，从而将性别失衡的风险放大扩散至整个社会，形成宏观社会风险，并进一步引发和刺激健康风险、经济风险等其他宏观风险。性别失衡所引发的婚姻挤压，将给失婚男性带来压力，使之陷入家庭养老困难、性需求不能得到满足等状态。在社会转型期，收入差距拉大，各种利益矛盾激化，单身未婚者本身的生理与心理健康问题、非婚生育与私生子问题、独身者的养老问题、色情业和拐卖妇女等问题最终都将会放大为社会安全问题。

在性别失衡的背景下，宏观风险态势和中微观失范行为将相互加剧。性别失衡是一个复杂的社会问题，无论是人口风险等基础风险，还是社会、健康、文化和经济风险等次生风险，在社会转型期都会被放大，进而对中微观利益相关者的失范行为进一步产生影响，同时中微观失范行为在不同维度的发生也将会放大为各个方面的宏观风险。

第二篇

机制研究：性别失衡社会
风险的传导放大

第四章　性别失衡社会风险的放大机制

一　引言

　　中国目前正处在一个剧烈的变革时期，经济、社会、人口的多重转型，使中国呈现风险社会甚至高风险社会的特征。新的社会问题与历史长期积累的社会隐患、人口结构问题与社会利益的高度分化相互交织，加大了社会的脆弱性和系统性风险。近10年来群体性突发事件的快速增长趋势和规模升级，暴露出了社会发展中隐含的巨大风险，给中国社会的稳定、可持续发展敲响了警钟。随着中国经济体制的转轨和全球化进程的推进，特别是在中国不平衡发展战略下，社会分化程度不断加大，各种矛盾呈现集聚效应，形成诸多不稳定因素。

　　正是在这样的社会环境下，中国出现了严重的性别失衡问题。20世纪80年代以来，全国范围内的出生性别比持续偏高，这必将导致在未来较长时期内男性人口出现过剩，使婚姻梯度挤压现象凸显。这些男性在婚姻市场会面临更激烈的竞争，社会转型中的弱势群体将不可避免地承受婚姻挤压的后果。而且两种类型的风险相互作用，将可能引发社会风险的涟漪效应。婚姻挤压之痛不仅在于产生多少"光棍"，更在于其后果将主要由贫困人口承担。由于农村的出生性别比失衡状况比城市严重，今后"剩男"将更加沉积于边远贫困地区。贫穷又无子嗣的男性剧增，可能会增加买卖婚姻、拐卖妇女、卖淫嫖娼、违法犯罪行为，严重影响公共安全。此外性别失衡也会加速性病、艾滋病等传播性疾病的传播，引发公共健康危机。在一个常态社会，性别结构失衡所带来的因男性人口过剩而产生的风险更多地集中在个体和人口领域，但在社会转型的背景下，性别失衡问题会积聚和放大，进一步加大弱势群体的脆弱性，激化各种社会矛盾，从而使风险从个体和人口领域放大到社会领域，给中国社会的公共安全和社会稳定带来巨大冲击。这些都将导致未来中国社会充满更多风险和变数。

目前，许多研究者致力于分析当前中国社会的内部风险因素，探索各类风险的成因与扩散机制，研究政府风险治理对策（胡鞍钢、王磊，2006；郑杭生、洪大用，2004；张成福、谢一帆，2009）。也有人口学家为识别性别失衡可能产生的风险付出了很大努力，回答了"是否"影响和影响"什么"的问题（石人炳，2002；靳小怡、刘利鸽，2009；肖群鹰、朱正威，2008）。第三章对性别失衡所引发的社会风险在宏观和中微观层面的表现进行了系统的梳理，并且提出性别失衡下的宏观风险和中微观失范并不是相互割裂的，而是紧密联系、相互影响的。宏观风险的发生在不同维度影响着中微观层面失范的发生，而中微观失范行为也会放大扩散至整个社会，形成宏观社会风险，并进一步引发和刺激健康风险、经济风险等其他宏观风险。但是目前研究者对性别失衡引发的中微观失范风险如何被放大为全局性宏观风险缺乏研究，即对社会转型风险和性别失衡风险的社会放大路径与机制缺乏研究，更少有研究将社会转型风险放在性别失衡的背景下或将性别失衡风险放在社会转型的背景下，立体化地分析这两类风险如何在积聚、互动中实现加剧和放大。根本原因可能在于迄今为止相关的指导理论和风险模型仍然缺失。那么，中国性别结构失衡所引发的人口基础性风险，是如何被扩散到其他社会领域成为全局性社会风险的？而个体的行为失范风险又是如何被放大成为群体性社会风险的？特别是在中国性病/艾滋病传播模式出现重大转变的时期，大龄未婚男性的性失范风险是如何被放大为性病/艾滋病传播的公共安全问题的？这些正是本章关注的主要问题。

本章的研究目标主要有以下三个：第一是基于中国社会转型与性别结构失衡的社会现实背景，通过扩展风险的社会放大理论，构建出性别结构失衡风险的社会放大理论模型；第二是利用所构建的模型，阐释中国性别结构失衡风险与社会转型风险在互动中实现社会风险放大的路径和机制；第三是具体到性风险领域，阐释性别结构失衡导致的婚姻挤压如何引发大龄未婚男性的性行为失范，并经由社会转型背景下人口流动、群体效应及社会经济地位的分化而放大为性病、艾滋病传播的社会安全风险。

二 性别失衡社会风险放大的机制模型

为提高中国政府应对风险的能力,有效阻止个别、局部性风险放大为全局性、系统性的重大风险和公共危机,有必要在探讨性别失衡对社会转型风险的放大和社会转型对性别失衡风险放大的基础上,进一步将两类风险放大框架深化为互动机制模型,以便从动态系统的角度更好地阐述两类风险如何在互动中实现风险放大的独特路径,为研究两类风险的社会放大路径和提出治理策略提供理论依据。

(一) 现实基础

1. 性别失衡对社会转型风险的放大

转型期中国社会领域的风险形态主要包括:社会关系紧张、就业形势严峻、诚信危机、公共安全危机等。当前中国不仅存在众多风险源,而且存在多种使风险放大的因素。这些因素增加风险的危险性和危害性,并产生连锁反应生成新的风险。中国的人口安全问题在社会转型中是基础风险,以性别失衡为核心的人口安全问题将激化并放大其他社会问题(李树茁、杜海峰,2009)。它不仅增加了转型社会的风险,而且是转型期各种社会风险的爆发和放大的导火线,具体体现在以下几个方面。

(1) 增加社会风险,加大对社会的危害性

出生性别结构失衡的最直接后果就是男性人口的过剩。当大批有着正常生理需求的大龄男性无法实现婚配时,就会对其家庭和所处社区形成巨大的风险压力,也为骗婚、拐卖妇女等行为提供了巨大的市场。由此,大龄未婚男性将成为未来中国社会的重要风险源,对社会稳定具有破坏性影响(刘中一,2005;石人炳,2002)。他们不仅可能增加社会风险,导致买婚、骗婚、性暴力、性交易、拐卖妇女等社会治安案件增加,促使性行为错乱和性暴力行为的升级,刺激性服务产业的发展,而且往往会形成集团性的运营方式,加大对社会的危害性。

(2) 进一步加大社会分化程度,加剧社会弱势群体的脆弱性

在性别失衡的非正常人口状态下,社会分化中形成的弱势群体往往会成为婚姻挤压的对象。在中国社会保障制度严重滞后于经济发展步伐的情

况下，受婚姻挤压的弱势群体将因面临更多的教育、医疗、养老等问题而进一步陷入贫困的境地，加大其脆弱性。而且，面对自然灾害和社会危机事件，社会支持网络将发挥决定性的帮扶作用，但是由于失婚男性的网络规模偏小，往往难以获得有效支援。性别结构失衡使家庭和社会的不稳定风险系数变大，导致社会环境与弱势群体应对突发灾难或紧急事态的长期能力被削弱，从而更易受各类事故和危害的侵袭。这将会进一步加大公共安全事件的伤害性后果，使之更具破坏力。

（3）引发转型期的不满或恐慌情绪，成为群体性事件的风险催化剂

转型社会中对利益分配格局的调整，导致社会利益分化、贫富差距拉大，使社会中形成庞大的弱势群体，并且因心理失衡在社会中酝酿着不满情绪。严重性别失衡的人口结构和婚姻挤压以及由此导致的买婚、骗婚、跨境非法婚姻、拐卖妇女及女童等案件的发案率上升，对转型社会风险的敏感性和想象空间，容易进一步引发社会中酝酿的不满或恐慌情绪。而且，在性别失衡的社会中，此类社会治安案件往往具有极高的社会敏感度，又具有较强的社会情感认同基础，容易成为危害性较大的社会群体性事件爆发的风险催化剂。如在现实生活中，公安干警解救被拐卖妇女经常遭遇群众阻挠，这种情况一旦处置不当极易酿成群体性事件。

2. 社会转型使性别失衡风险放大

在当今社会转型的背景下，人口的大规模迁移和社会转型的利益矛盾，将可能使本属于人口领域的性别失衡风险进一步加剧并放大到社会领域。

（1）大规模的人口迁移和流动将进一步加剧性别失衡的态势，导致婚姻挤压现象高度集中在少数贫困、落后、偏远的农村地区

根据婚姻梯度理论，家庭经济贫困与落后地区的男性青年在婚姻市场中缺乏竞争力。在中国社会转型的背景下，产业结构调整促使人口大规模流动，农村女性随着人口迁移进入城市或富裕地区的婚姻市场，使地域性失婚的不利局面进一步恶化，甚至导致一些贫困地区出现"光棍村"。在中国社会保障制度严重滞后于经济发展步伐的情况下，农村的家庭承担着教育、医疗、养老和传宗接代的社会功能，也满足了个体的情感归属和对性生活的需求。稳定的婚姻生活作为减压阀，在个体和社会压力间构筑了

一道"缓冲带"和"防护林"，缓解了社会对立情绪，避免了矛盾冲突的激化（Festini 和 Martino，2008）。如果家庭这个最后的保护屏障丧失，社会个体将被迫直接面对疾病、养老等各种社会风险，引发失婚男性的生存危机，而长期的性需求得不到满足，又会激发失婚男性的性压抑和心理扭曲等生理和心理危机。

（2）社会转型中的矛盾激化与风险预期，将性别结构失衡的风险进一步加剧和放大，使其呈现由失婚男性向其他社会群体、由人口领域向公共安全领域扩散与放大的效应

根据"压力—状态—响应"理论和社会冲突理论，男女比例严重失衡所引发的婚姻挤压，将给失婚男性本身带来压力。在社会转型期，收入差距的拉大和利益矛盾的激化，特别是在高风险社会中对未来社会不确定性的风险预期，可能促使失婚男性倾向于选择性暴力、性交易、拐卖妇女、买婚、骗婚、团体犯罪、性行为错乱、自杀等状态响应手段，从而严重影响公共安全秩序，同时将加速传播性疾病的传播，引发公共健康危机，甚至有舆论认为"中国光棍"未来将威胁到国际安全乃至引发战争（Poston 和 Glover，2005；Hudson 和 Den Boer，2004）。特别是当大龄未婚男性因地域性失婚呈块状分布或因参与人口迁移发生聚居时，其对社会稳定的破坏性影响就不再是个体行为，而可能出现集团犯罪，后者对社会安全的威胁更大。更有甚者，社会转型中利益的分化和价值规范的多元化，将激发大批人的拜金倾向，受巨额收益的驱动和诱惑，许多人会投入骗婚、拐卖妇女、性交易的行列中，甚至形成集团化犯罪的运营方式，给社会安全埋下隐患。

（二）理论借鉴：风险的社会放大理论

社会风险是现实存在的，其传播过程必然嵌入一定的社会结构。卡斯帕森创造性地把社会学变量与个人对风险的态度联系在一起，将风险的客观表现与风险感知结合起来，从文化与社会构建的视角提出了风险的社会放大理论。该理论将风险的技术评估、风险感知和风险相关行为的心理学、社会学研究以及文化视角系统地联系起来，提出风险事件与心理、社会、制度、文化的交互作用会加强或削弱对风险的感知并塑造风险行为，这些行为也会反过来造成新的社会或经济后果，这些后果远远超过了事件

对人类健康或环境的直接伤害，带来更重要的间接影响。卡斯帕森将这一现象用风险的社会放大这一概念进行描述，并构建了如图 4 - 1 所示的理论框架来解释风险放大的社会机制。

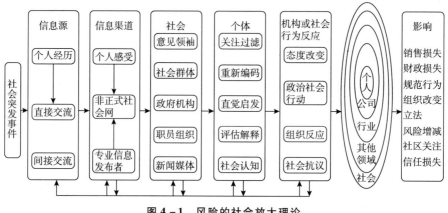

图 4 - 1　风险的社会放大理论

　　根据风险的社会放大理论，风险体验通过一系列因素（风险事件的物理危害，对风险事件形成理解的社会文化过程，风险事件的次级影响，以及风险管理者或公众采取的行动）的相互作用得以评估并做出行为反应，产生放大效应。因此，信息的传递过程是风险放大的关键。信息通过社会和个体放大站进行加工，社会放大站通过沟通渠道制造和传输信息。每一个信息接收者都参与放大过程成为放大站。社会风险放大的关键步骤包括：过滤信号、风险信息加工、赋予社会价值、通过群体互动对信息做出解释、形成对风险做出反应的意图、采取集体或个体行动应对风险。行为反应又会对认知、经济活动、政治社会压力、风险监控等产生影响，这些影响再次被个人和社会群体所感知，并可能引发第二轮的风险放大，从而产生 Slovic 所说的"涟漪效应"（Slovic，1987）。

　　社会风险放大主要是信息系统和公众反应两个因素互动的结果，它们是决定风险本质和严重性的主要因素。信息系统主要通过两个途径放大风险：一是强化或弱化个人或群体所接收到的风险事件信息；二是基于对风险事件的态度和重要性判断对信息进行过滤。对信息流的理解和反应是风险放大的第二个机制，主要包括四个途径：简单地基于个人价值观评估风险并做出反应；在政治运动和社会群体的互动中形成行为反应；根据对风险的熟悉程度形成风险严重性、危害性的评估和行为反应；基于负面想象（污名化）引发行为反应。

（三）社会转型风险和性别失衡风险社会放大的互动机制模型

风险的社会放大理论揭示了风险放大的要素构成和关键环节，为风险研究开辟了新的视野。但该理论更关注对构成要素的描述，强调信息传递和公众反应在风险放大中的关键作用，忽视了对风险放大的深层因素和机制的挖掘，无法形成有预测力的假设（Krimsky，1992）。为了更好地阐述中国性别失衡背景下的社会转型风险和社会转型背景下的性别失衡风险积聚、升级和爆发的内在机制及其互动机制，本研究基于风险的社会放大理论，结合中国社会、人口转型的特点，构建了一个中国性别失衡风险的多维交叉社会放大模型，如图4-2所示。

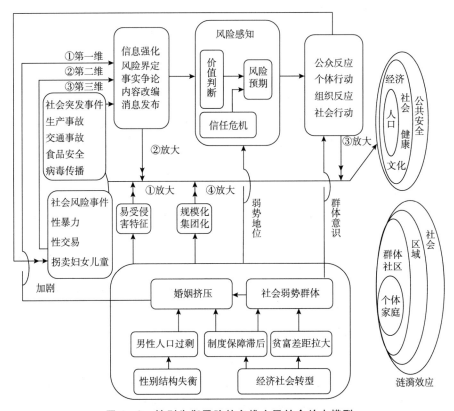

图4-2　性别失衡风险的多维交叉社会放大模型

由图 4-2 可知，性别失衡风险的多维交叉社会放大模型不仅突破了社会风险从个体风险放大为群体风险的单维局限，将性别失衡风险从人口领域到公共安全领域、从个体风险到群体风险放大的维度纳入其中，而且系统地描述了两种风险的互动机制。如图 4-2 所示，该模型主要呈三维四级推进的特点。

1. 风险放大的三个维度

（1）第一个维度的风险放大

性别结构失衡所导致的最直接的后果就是人口领域的男性过剩。在社会制度性保障严重滞后的情况下，经济社会转型所加剧的社会分化会产生一大批社会弱势群体，而这些人往往容易成为婚姻挤压的对象，并作为社会问题经过信息强化、风险感知，与转型社会的心理、制度、文化发生交互作用，促使他们以个体或集团行动的方式，选择性暴力、性交易、拐卖妇女、买婚、团体犯罪、性行为错乱、自杀等状态响应手段做出反应，也促使逐利人以个体行动或集团行动的方式，从事骗婚、拐卖妇女、性交易等行为，从而加剧社会风险，将性别失衡的风险从人口领域放大到公共安全领域。

（2）第二个维度的风险放大

性暴力、性交易、拐卖妇女、买婚、骗婚等社会风险事件，在性别失衡的社会环境下，因具有高度的社会敏感性和广泛的情感认同基础，在信息传递中很容易被强化和加工，并在转型社会高脆弱性的心理、制度和文化环境下，产生偏高的风险预期，并作为导火线激发社会中长期酝酿的恐慌和不满情绪，将局部范围的个体事件放大为更大范围的群体性事件。

（3）第三个维度的风险放大

在经济社会转型期，新的社会问题与历史长期积累的社会隐患、社会保障体系的缺失与社会利益的高度分化相互交织，加大了社会的脆弱性和系统性风险，导致生产事故、交通事故、食品安全、病毒传播等社会突发事件此起彼伏。而经过信息传递中的信息加工和风险感知，这些风险事件的危害被人为夸大，增加人们恐慌和非理智选择的可能性。这种可能性一旦与性别失衡背景下容易成为婚姻挤压对象的弱势群体更易受各类危害侵袭的现实相结合，就会恶化突发事件的后果，将风险放大到其他领域，也将激化社会中被压抑的情绪和失衡的心理，推动事件升级。

2. 风险放大的四级推进

（1）第一级风险放大

性别失衡下一些社区与人群的脆弱性，使社会突发事件的破坏性后果更加严重。在性别结构失衡的社会环境下，遵循婚姻梯度理论，贫困地区的男性将面临婚姻挤压的问题。在缺乏社会保障等有效缓冲机制的情况下，失婚将会进一步加大这些弱势群体的脆弱性，削弱其抵御风险的能力。在性别失衡背景下产生的一些弱势群体具有社会支持网络规模偏小、家庭养老支持能力低下、生理与心理健康较差等脆弱性特征，使他们在面临社会突发事件时更易受到侵害。

（2）第二级风险放大

信息系统与信息渠道的运作改变了风险信息的应有程度或内涵，放大了突发事件的风险源信息。潜在的社会风险一旦以个体事件的形式转化为现实风险，如果短时间内事实真相不能得到澄清，舆论导向不能得到及时引导，信息就会经过各种渠道进行传递、过滤，形成风险性质的界定，并在不同价值观念的碰撞与妥协中进行价值引申，甚至对信息进行再加工和改变。由此，随着信息的强化和蔓延，风险的严重性被夸大，更多的非当事人参与其中。此级风险的放大程度，取决于政府和媒体等的事件参与深度。性别失衡下的弱势群体本身抵御风险的能力就比较弱，由于在社会中处于不利地位，更容易产生负面价值判断，怀疑政府的处置能力或手段，因而产生更高的社会风险预期，构成对风险事件的第二级放大。

（3）第三级风险放大

社会网络或公众反应系统的运作，使个体、群体、机构或政府采取反应行动，放大了社会风险。面对纷至沓来、口径不一的风险事件信息，社会公众往往会根据自己的直接经验和相关知识进行价值判断，形成自己的风险感知和未来预期，并与自身的处境相联系，产生情感共鸣。当人们对这些风险缺乏直接经验和相关知识时，专家权威和新闻媒体在引导公众的价值判断中就起着关键作用，这时候，对政府机构的信任与否直接影响公众的风险预期。在社会问题突出、秩序混乱、政府应对风险事件不力的情况下，公众往往会对政府部门产生信任危机，形成偏高的风险预期。加上性别失衡的社会系统更具敏感性，在发生相关社会风险事件时，围观群众或社区居民对弱势群体的同情，以及出于"扶弱"意识而形成的共同心理，可能导致失范行为升级为社会群体性事件。

（4）第四级风险放大

局部地区大龄未婚男性群体的规模化，因人口流动形成的独身男性的聚居现象，以及以上人群在接触过程中组成各类团伙等，易形成集体对抗情绪，产生更有破坏力的规模化、集团化的反社会对抗行动。在这种情况下，当社会突发事件发生时，推波助澜或趁机作乱的情况将增多，因此可能进一步放大风险。

（四）模型的局部检验及机制分析

性别失衡社会风险的放大机制既具有一般突发事件社会风险放大的共性，又具有独特性。为验证所构建的性别失衡风险的多维交叉社会放大模型，需要在宏观、中观和微观三个层面进行资料的系统搜集：宏观层面涉及人口、经济、社会、健康、文化等风险种类的历史数据和典型案例；中观层面包括流动人口聚居区和农村社区在内的社区治安、经济状况、社会融合、关系网络等数据；微观层面则以个访、组访、问卷调查方式搜集个体风险感知、行为倾向和经济社会处境的有关信息。由性别结构失衡所引发的各种风险形态才刚刚显现，因此欠缺足够的二手数据，一手数据也不能够立刻得到，目前还无法对三个维度的风险放大进行完整的验证。而且，二手数据更多地体现为对某时点现象的静态描述，缺乏对事件来龙去脉和深层信息的阐述，因此，在框架的应用中也暂时无法分别展示各类风险事件升级放大为全局性风险的动态演化机制。以下将利用包括风险的社会放大理论框架在内的一系列公共安全理论，结合一些已有的研究结论与典型案例，对我们提出的模型进行局部验证；并应用该模型，侧重对社会转型下性别失衡风险逐级放大的路径特征进行分析和解释。

1. 婚姻挤压下的特定风险爆发与周围环境的脆弱性，导致社会风险的第一级放大

一方面，性别失衡所导致的失婚问题使大龄未婚男性成为重要的社会风险源。性别失衡社会中买婚和商业性服务市场需求强烈，与之相对应，

社会上拐骗妇女的犯罪活动也明显增多，买婚、骗婚案件的发案频率也有所提高，导致一些贫困地区的妇女、女童，以及一些失婚男性及其家庭成为首当其冲的受害群体。根据 2009 年 5 月公安部发布的《全国公安机关"打拐"专项行动简要情况》，近年来不少地方拐卖儿童、妇女的现象又沉渣泛起，组织化程度提高，手段升级，成为当前一个严重的社会问题（公安部，2009）。如广西博白县 2002 年破获了一起重特大拐卖妇女、儿童案件，该案被拐卖妇女、儿童共 213 人；2003 年 10 月，博白县又发生拐卖妇女大案。新华社报道，近几年来，有很多来自云南、贵州等地的女子远"嫁"到辽宁西部的贫困山区，她们都是当地农民用 1 万～3 万元不等的"彩礼"钱买来的"新娘"。然而，结婚后短则三五天，长不过一两年，这些外来的媳妇就都纷纷逃离，"买婚"的农民家庭不仅空欢喜一场，往往还要背上沉重的债务负担，有的甚至因此倾家荡产、家破人亡（刘斌、彭江，2006）。这种情况在福建、浙江等地农村也时有发生。

　　另一方面，在性别失衡社会，失婚男性及其家庭所在的社区具有明显的脆弱性，会使人们更易受到公共安全事件的影响。Winchester 很早就将性别比例与家庭类型、年龄、技能/教育和职业等级并列，作为划分不同层次脆弱群体的重要指标（Winchester，1992）。性别失衡下失婚人群及其家庭的脆弱性最为突出，首先他们居住的社区具有明显的经济贫困特征，而这些人及其家庭尤其贫困。根据 Downing 和 Bakker 的理论，乡村的脆弱群体包括佃农、没有土地的劳动力和贫困人口，这部分人显然属于脆弱群体（Downing 和 Bakker，2000）。研究表明，社会支持网络的规模、家庭养老支持能力等，可以影响人们应对危机的承受力与恢复力，但是根据费孝通的乡土格局理论，失婚人群的亲属圈子与规模要小得多，在公共危机发生时能获取的外部援助也相对有限。Covan 等人的研究发现，居家特征会极大地影响老龄群体在突发灾难事件中的伤亡比例，婚姻家庭养老功能是不言而喻的，但是失婚人群进入老龄阶段后，面对灾难的脆弱性要远高于其他老龄人群（Covan 等，2000）。除此之外，生理与心理健康状况较差这些脆弱性特征，在应对事故侵害中的负面影响也是被多方证实的。

　　综上所述，可以发现性别失衡造成了几类典型的弱势群体，也增加了一些社区、个体和家庭的脆弱性，这些具有不利特征的地区的人群，在灾难事件发生时会受到更大的侵害。

2. 整体风险信息传播系统和处理过程，包括个人的经验感受、技术专家的评价、政府的风险诊断与消息发布、新闻媒体的参与报道，以及非正式渠道的风险信息传递等，导致社会风险的第二级放大

关于这一点，性别失衡下的社会风险放大机制与一般情况是一致的。卡斯帕森的团队通过对上百例灾难事件的归纳验证，证实了在突发事件风险放大过程中，信息系统和信息渠道各构成要素对风险放大有较好的解释力。正式渠道与非正式渠道的信息传递单位和信息处理过程，会不断地复制、解读、编译和传播相关风险信息，使公共安全事件风险产生涟漪效应，在个人、群体、单位、社区和社会之间扩散，导致风险放大。其中许多关键因素和社会关系会影响信息传递，但卡斯帕森提及，媒体或交流渠道的覆盖面并不一定会产生对应的效果，它们还与信任模式和信任程度存在关联。社会群体的流动，与传媒的信息覆盖面和突发事件的社会经济后果关系密切。风险的信号与群众抱怨对风险放大存在重要影响。这些特征在性别失衡环境下对突发事件信息的影响并无太大差异，同样与官方信息处理系统和社会传播网络密切相关，如果说有所差异只能是性别失衡下各类社会关系的组合方式会发生变化，但这种情况对突发事件社会风险放大的影响仍属未知范畴。

3. 性别失衡背景下的社会公众更具敏感性，存在同情失婚群体及相关群体的共同心理，特别是失婚群体及其家庭更倾向于支持或参与相关风险事件，导致社会风险的第三级放大

关于这一点，性别失衡背景下的社会风险放大机制与一般情况也是一致的。卡斯帕森的团队对实际灾难事件的分析检验，同样证实了公众反应系统对风险扩散具有催化作用，个体、企业、政府和社会在心理、经济、文化、制度等因素的影响下，会做出相应的反应行动，造成比突发事件本身危害更大的后果。

但是，性别失衡背景下的社会风险放大机制有其特殊性。失婚人群属于社会弱势群体，当出现拐卖妇女、非法买婚骗婚、非法跨国婚姻事件时，出于扶贫济困、乡土共识以及英雄情结，周边群众容易形成共同心理，阻挠警方解救被拐卖或参与跨国非法婚姻的妇女，甚至引发群体性对抗事件。如在河南新蔡，老百姓甚至认为办案警员是"多管闲事的'法海'"（范永超，2006）。在性别失衡背景下贫困地区或贫困家庭的男性娶不上本地新娘，只好将目光转向缅甸、越南、老挝等周边国家，也正因为如此，与这些国家相关的非法跨国婚姻、非法组织入境案件并不鲜见。这种非法跨国婚姻多见于河南、河北、安徽的落后地区，但在广东、福建、江苏等一些经济较发达的省份也能见到，如2004年江苏省公安机关就破获一起组织百余名越南妇女非法入境的案件（范永超，2006）。在侦办和解救涉案当事人的过程中，干扰办案、藏匿当事人的情况非常普遍，如果公安干警一时处置不当，还可能遭到围攻，甚至酿成大规模群体性事件。

4. 地理性的性别比失衡造成村、镇和县等局域空间内失婚男性的规模化，同时人口流动强化了这些群体的地域性群聚现象，规模化与集团化特征加大了这些人群体失范的风险，导致社会风险的第四级放大

性别失衡的这种危害性后果是国内外研究者和媒体讨论得最多的，虽然还没有直接有力的证据证明这种危害可能达到的程度，但是大家的共识是这种危害是存在的，国外一些学者和媒体认为还可能会发生超越国境的战争。现代社会跨地域大规模的人口流动日益频繁，暂时性的地域性别失衡已能够说明类似规模化和群聚行为的危害。

以移民城市深圳为例，深圳外来流动人口总量多、密度大、成分复杂，是人口流动形成暂时性地域性别失衡的典型代表。深圳市的流动人口为了降低成本，往往按地缘或血缘关系多人结成一伙，居住在工棚或出租屋内，在这些聚居点，失婚男性或已婚分居男性具有明显的规模化特征，有些还呈现团伙特征，这一群体发生失范行为的概率远远高于普通人群。2008年4月8日《深圳商报》报道，2003年前公安部门的统计数据显示，深圳95%以上的刑事案件系外来人口所为，出租屋中发生的刑事案件约占全市刑事案件的30%，个别地方更高达50%。主要失范行为除抢劫、抢夺、偷窃外，还有性暴力、性交易等（张妍、侯一兵，2008）。

三　性别失衡背景下的人口流动与艾滋病传播风险的放大

前面对转型社会和性别结构失衡的风险形态及其互动机制进行了梳理，构建了性别失衡背景下社会风险的多维交叉放大模型，并利用已有的理论、研究结论和二手资料，利用该模型从整体上解释了性别失衡的风险如何从人口领域放大到公共安全领域及从个体层面放大到社会层面。但要对整个模型进行验证，并更完整地应用模型系统地揭示性别失衡背景下社会风险多维、多级放大的路径和机制，进一步完善模型的路径和机制关系，还需要进一步深入地搜集二手数据，或组织专门的实地调查获取第一手数据。由于数据制约，暂时还无法对本研究构建的性别失衡风险的多维交叉放大模型进行系统的验证和应用，但本部分将尝试利用已有研究在性风险行为方面的结论，以个案的方式，采用实证研究方法，检验在性别结构失衡的社会环境下，性行为失范风险是否会经由男性失婚、人口流动而被逐级放大，以局部验证该性别失衡风险的多维交叉放大模型的有效性，并具体揭示社会转型背景下性别失衡对性病/艾滋病传播风险的放大机制。

目前尚无直接证据证明失婚男性的性行为具有更大的风险性，也没有研究证实男性过剩的性别结构对性病、艾滋病传播具有加剧作用。South 和 Trent 的研究发现在女性富余的社区，男性买性的风险降低，但感染性病的可能性提高（South 和 Trent，2010）。但人口跨区域流动机制已被认定是加速艾滋病病毒从高危地区和高危人群向低流行地区和低风险群体扩散的关键（Skeldon，2000）。在人口可以快速流动的社会，一部分年轻的、贫困的受婚姻挤压的男性更可能流入城镇地区寻找工作和妻子（Tucker 和 Poston，2009）。在城镇地区，该群体的性需求可能为性服务产业的发展注入强劲的动力，更加开放的社会文化环境和便利的服务条件也提高了该群体从事风险性活动的可能。因此，大龄未婚男性作为农民工的主体（Ginny 等，2009），可能成为放大艾滋病传播风险的最大隐患。性别结构失衡导致的大量失婚男性可能在人口流动机制和风险选择机制下，在具有不同经济社会特征的子群体中呈现性病、艾滋病传播风险的差异。

由性别结构失衡导致的大规模男性失婚问题尚未彻底暴露，目前尚缺乏对该群体进行整体流动性及性行为倾向研究的条件，因此，对失婚男性风险的识别大多基于理论猜测和历史佐证，个别针对未婚男性的实证研究由于局限于一些农村地区，且难以区分失婚是源于性别结构失衡还是婚姻选择，因此其研究结论往往受到质疑。因此，本研究基于目前对性别结构失衡背景下失婚男性流动倾向和人口特征的基本判断，尝试通过对已有流动人口实证研究的元分析，识别男性流动人口和留守男性的风险差异及风险选择的人口特征，以间接确定性别失衡风险是否经由与社会分化和人口流动的互动而加剧性病、艾滋病的传播风险。

（一）资料与方法

为识别人口流动背景下人口性别结构失衡对艾滋病传播的影响，本研究采用系统的元分析方法，首先以"人口流动"和"性风险"为文献选择标准，对符合标准的文献进行系统搜集和梳理，并利用标准规范和方法从已有研究中提取数据，在比较和元分析的基础上，得出综合性的研究结论。

1. 文献搜集过程与纳入标准

由于中国的出生性别比从 20 世纪 80 年代开始持续偏高，该出生队列的人口在 2000 年以后逐渐进入婚配市场，而中国的艾滋病传播也主要在 2000 年以后出现快速增长，因此文献搜集以 2000 年为起点。在性别失衡的人口环境下，失婚男性并非均匀分布于各地区和各社会阶层，而因婚姻选择性优先集中于具有特定社会经济特征的地区和社会阶层。目前研究者普遍认同，根据中国向上婚配规则和城乡分离的二元结构，发达城镇地区过剩男性的婚配问题会因为女性的婚姻梯度迁移而得以缓解，受到婚姻挤压的男性主要集中在落后的农村地区（Das Gupta 等，2010），他们往往处于社会底层，具有低教育程度和经济贫困的人口特征（Tucker 等，2005）。但对于失婚男性的年龄特征则存在争议，有研究者为区别被迫失婚与主动推迟婚龄，将该群体界定为大龄未婚男性，而在具体的年龄划分上，存在 26 岁及以上（姜全保等，2009）、28 岁及以上（张春汉，2005；李艳等，2009；刘利鸽、靳小怡，2011）甚至 30 岁及以上的争议（周清等，1992），但 Tucker 等人基于性别比偏高的开始时间将其界定为低龄的年轻光棍。应该说两种界定各有其合理性，未来面临成婚困难的男性应该是年龄偏大者，但目前尚处于低龄阶段。除此之外，该群体基本可以确定为农村户口、受教育程度低、收入低的未婚男性。因此文献搜集中对流动人口的界定统一为从农村流入城镇寻求经济机会的农民工，其他类型的人口流动不在分析范围内，而且，在元分析中，主要以婚姻、教育和收入三个人口特征变量为考察指标，分析这些因素与性风险行为的相关性，但在基于样本特征的分组分析中，年龄和性别等指标也被纳入，并以大多数人认同的 28 岁为年龄划分标准，但更关注年轻未婚男性的性风险。

文献搜集主要利用谷歌搜索引擎和中国期刊网，以"农民工"和"艾滋病"、"农民工"和"性风险"、"流动人口"和"艾滋病"、"流动人口"和"性风险"的中、英文为关键词，进行文献的初步搜集。对于仅提供摘要信息的文献则进一步通过斯坦福图书馆网络数据库获取全文，并对相应的电子期刊资源设定上述搜索标准进行文献再搜索。最后根据入选标准对所搜集的文献进行筛选，对符合要求的研究，根据其参考文献提供的信息进行文献的补充搜集，重复这一过程直到没有新的文献被发现为止。

对所获取的文献，首先根据标题和摘要进行初步筛选，然后由两个独立的研究者在阅读全文的基础上，分别根据研究目的和筛选标准进行筛选和归类，并在讨论解决有争议文献的基础上，最终确定用于元分析的文献。删减过程主要根据以下标准进行：①针对中国流动人口的研究；②研究对象涉及男性流动人口；③研究为实证调查的原创性研究；④研究内容涉及流动与非流动人口风险性行为的比较或流动人口风险性行为的人口特征比较。12篇文献被最终确定用于元分析，其中包含流动与非流动人口风险比较信息的文献有5篇，包含流动人口风险性行为的人口特征分析的文献有10篇。删减过程如图4-3所示。

2. 数据编码与统计分析

对于数据的抽取和编码，首先由两个独立的研究者根据研究目的讨论确定编码形式和内容，设计编码表。该表格包括：作者信息、研究地点、调查时间、调查对象、风险性行为测量方式、用于最终分析的样本量、风险性行为的产出结果（同时列出非流动人口的样本量和风险性行为）、效应结果（包括婚姻、教育水平与收入）、样本特征（包括年龄、婚姻、教育水平与收入特征）。将效应结果的编码进一步设计成如下两种形式：①两组数据的样本量与百分比；②发生比或风险比、置信区间与P值。在编码过程中由于存在混淆，经讨论确定的编码需要根据性别特征和风险特征进行调整，并规定当同一研究存在多种风险性行为时，要分别对其编码；当有一种以上效应结果可供抽取时，优先选择能提供最原始信息的分类表格形式；对于样本年龄特征优先选择平均值，其他特征优先选择百分比。如果两份编码信息存在不一致的地方，由两个研究者在反复查阅原文献的基础上，经讨论最终确定抽取内容。

将抽取的数据分别建立流动与非流动人口的风险差异、流动人口性风险行为的人口特征差异两个数据库。两个数据库都采用标准的元分析方法进行。第一个数据库，效应结果的计算在百分比和样本数量的基础上得出发生比（Odd Ratio），对于后者，一部分在百分比和样本数量的基础上计

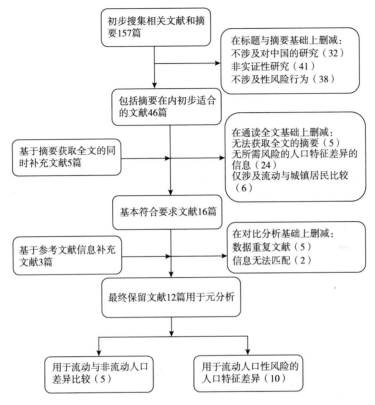

图4－3　数据搜集与删减过程

算发生比，另一部分则直接利用研究中所提供的发生比。为了满足正态分布的假定，所有的发生比都转换成自然对数的形式，并以各研究方差的倒数进行权重赋值以加权平均，求取合并效应值。结果最后转换成发生比的形式。异质性的检验主要利用 Q 检验方法，如果 P < 0.05 表明各研究存在异质性。对流动人口风险性的人口特征因素同时进行了分层分析，主要利用 Q^B 统计量检验组间差异，以寻求不同研究异质性的产生。发表偏倚（Publication Bias）的检测则通过漏斗图进行。整个分析过程主要利用 Comprehensive Meta－analysis Software Version 2 完成。

（二）分析结果

1. 流动人口与非流动人口的风险差异

（1）多性伴侣风险

利用五项研究效应值的点估计，获取多性伴侣风险差异的合并效应值。由于 Q 统计结果（Q = 3.690，P = 0.450）显示各研究之间不存在显著的异质性，研究间的差异可归因于抽样误差，因此选择固定效应模型进行分析。如表 4 - 1 所示，由固定效应的合并效应值（发生比为 1.461，95% 置信区间为 1.166 ~ 1.831，P = 0.001）可以判断，外出男性的多性伴侣风险显著高于留守男性。从单个研究的点估计结果来看，有两项研究的效应值都达到了显著水平，其中一项研究基于全国性样本，比较流动男性与留守男性的多性伴侣风险，另一项研究利用安徽省结婚登记的调查数据，对流动人口与农村居民的风险进行了比较，也包括女性。

表 4 - 1　流动与农村非流动人口的固定效应模型：多性伴侣风险行为

第一作者	调查对象	比较对象	调查地	发生比	95% 置信区间	Z 值	P 值
胡，2006	结婚登记	农民非流动	安徽	1.159	1.118 ~ 4.167	2.293	0.022
李，2007	返乡农民工与农村居民	农民非流动	8 个人口大省	1.426	0.998 ~ 2.038	1.949	0.051
杨，2008	男/HIV +/吸毒	无界定	云南	0.972	0.403 ~ 2.343	- 0.054	0.949
杨，2008	男/非高危	无界定	云南	1.236	0.812 ~ 1.881	0.987	0.324
王，2010	男/一般人口	农民非流动	全国	1.978	1.052 ~ 3.722	2.166	0.034
综　合				1.461	1.166 ~ 1.831	3.290	0.001

（2）商业性交易风险

根据 Q 统计检验结果（Q = 5.657，P = 0.226），五项研究间的异质性没有达到统计显著水平，差异性可以归因于抽样误差，因此选择固定效应模型进行分析（结果见表 4 - 2）。合并效应值的估计结果显示，流动男性的商业性交易风险显著高于非流动男性。但从单个研究的点估计结果来看，仅有一项研究的效应值达到了显著水平。该研究针对一般男性流动人口与非流动人口，虽然无法确定是否包括城镇居民，但已有研究显示城镇居民的风险高于农村居民。另外，该研究针对中国艾滋病高流行的云南省。

表4-2　流动与农村非流动人口的固定效应模型：商业性交易风险行为

第一作者	调查对象	比较对象	调查地	发生比	95%置信区间	Z值	P值
李，2007	返乡农民工与农村居民	农民非流动	8个人口大省	1.364	0.893~2.083	1.435	0.151
陈，2009	返乡农民工与农村居民	农民非流动	北京等8省市	0.930	0.660~1.312	-0.412	0.680
杨，2008	男/HIV+/吸毒	无界定	云南	1.198	0.523~2.743	0.428	0.669
杨，2008	男/非高危	无界定	云南	1.758	1.100~2.811	2.357	0.018
王，2010	男/一般人口	农民非流动	全国	1.616	0.851~3.068	1.468	0.142
综　合				1.255	1.017~1.550	2.113	0.035

2. 流动人口的性风险与人口特征因素

有10项研究涉及流动人口性风险与婚姻、教育和收入的关系。其中3项研究同时涉及多种性风险的分析，但为了形成有效的对比和综合分析，遵循其感染艾滋病的风险度和优先选择相同类型风险的原则，仅选取一种性风险与人口特征的效应值纳入元分析。因此，该10项研究的性风险最终包括商业性行为、多性伴侣和性病感染三种，其中2项研究涉及性病感染风险，4项研究涉及商业性交易风险，另外4项研究涉及多性伴侣风险。具体如表4-3所示。

表4-3　流动人口性风险与人口特征研究的基本特征

第一作者	样本量	风险	样本特征					
			性别特征	风险特征	年龄特征	受教育特征	收入特征	婚姻特征
刘，2005	2153	商业性	包括女性	一般流动	<28岁	初中以下>60%	1000元以下>50%	未婚比例为40%~50%
刘，2005	1324	性病	包括女性	包括性病患者	<28岁	初中以下<60%	1000元以下<50%	未婚比例>50%
何，2006	986	多性伴	仅男性	一般流动	>28岁	初中以下>60%	1000元以下>50%	未婚比例<40%
胡，2006	605	多性伴	包括女性	一般流动	<28岁	初中以下<60%	1000元以下<50%	未婚比例<40%

第一作者	样本量	风　险	样本特征					
			性别特征	风险特征	年龄特征	受教育特征	收入特征	婚姻特征
王1，2007	1304	商业性	仅男性	一般流动	<28 岁	初中以下 <60%	1000 元以下 <50%	未婚比例为 40% ~ 50%
王2，2007	465	性病	仅男性	性病患者	>28 岁	初中以下 <60%	1000 元以下 <50%	未婚比例为 40% ~ 50%
何，2007	339	多性伴	仅男性	包括男妓	<28 岁	初中以下 <60%	1000 元以下 <50%	未婚比例>50%
陈，2009	1006	商业性	包括女性	一般流动	>28 岁	初中以下 >60%	1000 元以下 >50%	未婚比例>50%
李，2010	812	多性伴	包括女性	一般流动	<28 岁	初中以下 <60%	1000 元以下 <50%	未婚比例<40%
王，2010	272	商业性	仅男性	一般流动	>28 岁	初中以下 >60%	1000 元以下 >50%	未婚比例<40%

（1）婚姻与流动人口性风险的关系。利用 8 项研究的效应值对婚姻与流动人口性风险的关系进行点估计。Q 统计结果显示该 8 项研究之间不存在异质性。基于固定效应模型分析的合并效应结果为 1.594（95% 的置信区间为 1.343 ~ 1.787），达到了统计显著水平，说明未婚流动人口的风险性显著高于已婚流动人口。根据风险类型、样本性别特征和风险特征，对婚姻与性风险的相关性做分层分析，Q^B 统计结果显示，组与组之间都不存在显著差异。无论是在男性样本中，还是在包括女性的混合型样本中，未婚流动人口的风险性都显著提高，但婚姻状况对性风险的影响在特定风险群体中更明显，而且在商业性行为和感染性病方面，未婚流动人口风险显著高于已婚流动人口。

（2）教育与流动人口性风险的关系。10 项研究都涉及对教育与流动人口性风险关系的分析。Q 统计结果显示各研究之间存在显著异质性，因此采用随机效应模型进行合并效应估计。但合并效应值未达到显著水平（发生比为 0.967，P = 0.625），说明从事风险性行为的流动人口不存在受教育程度的差异。进一步做分层分析，Q^B 统计结果显示，教育与流动人口风险性行为的关系在不同类型的性风险之间（Q^B = 25.685，P = 0.000）、在一般流动人口与包含高风险人群的流动人口间（$Q^B = 11.361$，$P = 0.001$）存在显著差异，但各组都未达到显著水平，且存在组内异质性，如表 4 - 4 所示。

表 4 - 4　流动人口的性风险与人口特征因素的综合估计

估计内容	研究数量	发生比	置信区间	检验结果		异质性	
				Z	P	Q/Q^B	P
婚姻的整体估计	**8**	**1.549**	**1.343 ~ 1.787**	**6.010**	**0.000**	**12.297**	**0.091**
风险类型的分层估计						0.110	0.946
商业性行为	3	1.485	1.098 ~ 2.007	2.571	0.010	2.545	0.280
多性伴侣	3	1.500	0.779 ~ 2.850	1.212	0.226	9.520	0.009
感染性病	2	1.556	1.257 ~ 1.927	4.064	0.000	0.123	0.726
样本性别特征分层估计						0.684	0.408
包括女性	3	1.620	1.356 ~ 1.935	5.325	0.000	3.429	0.180
仅男性	5	1.428	1.123 ~ 1.816	2.906	0.004	8.184	0.085
样本风险特征分层估计						0.413	0.521
一般流动人口	4	1.305	0.772 ~ 2.205	0.993	0.321	10.563	0.014
特定风险人口	4	1.606	1.342 ~ 1.922	5.169	0.000	1.322	0.724
教育的整体估计	**10**	**0.967**	**0.848 ~ 1.104**	**- 0.489**	**0.625**	**72.815**	**0.000**
风险类型的分层估计						25.685	0.000
商业性行为	4	1.140	0.661 ~ 1.965	0.471	0.637	17.300	0.001
多性伴侣	4	0.938	0.481 ~ 1.828	- 0.188	0.851	11.037	0.012
感染性病	2	0.926	0.330 ~ 2.596	- 0.147	0.883	18.793	0.000
样本性别特征分层估计						0.085	0.771
包括女性	5	1.307	0.673 ~ 2.538	0.791	0.429	46.681	0.000
仅男性	5	0.761	0.421 ~ 1.373	- 0.908	0.364	26.049	0.000
样本风险特征分层估计						11.361	0.001
一般流动人口	6	1.040	0.574 ~ 1.885	0.129	0.897	31.711	0.000
特定风险人口	4	0.927	0.514 ~ 1.672	- 0.252	0.801	29.743	0.000
收入的整体估计	**6**	**0.700**	**0.552 ~ 0.888**	**- 2.942**	**0.003**	**12.467**	**0.029**
风险类型的分层估计						13.090	0.001
商业性行为	3	0.964	0.773 ~ 1.201	- 0.329	0.742	5.613	0.060
多性伴侣	2	0.608	0.472 ~ 0.781	- 3.884	0.000	0.270	0.604
感染性病	1	0.555	0.439 ~ 0.701	- 4.925	0.000	/	/

估计内容	研究数量	发生比	置信区间	检验结果		异质性	
				Z	P	Q/Q^B	P
样本性别特征分层估计						2.999	0.083
包括女性	4	0.778	0.557~1.086	-1.476	0.140	14.770	0.002
仅男性	2	0.529	0.373~0.749	-3.592	0.000	1.204	0.273
样本风险特征分层估计						5.772	0.016
一般流动人口	5	0.741	0.537~1.023	-1.821	0.069	13.201	0.010
特定风险人口	1	0.555	0.439~0.701	-4.925	0.000	/	/

（3）收入与流动人口性风险的关系。仅有 6 项研究被用来估计收入水平与流动人口性风险的合并效应值。Q 统计结果显示（Q = 12.467，P = 0.029），6 项研究之间的异质性显著，已经超出了抽样误差的解释范围。利用随机效应模型进行分析，发现低收入的流动人口所面临的性风险显著降低（发生比为 0.700，P = 0.003）。分层分析的 Q^B 统计结果显示，收入对流动人口性风险的影响，因风险类型（Q^B = 13.090，P = 0.001）和样本风险特征的不同（Q^B = 5.772，P = 0.016）而存在显著差异，低收入的流动人口在多性伴侣、感染性病方面的风险显著降低，但在商业性交易方面与高收入群体的差异并不显著；在高风险的群体中，低收入流动人口的性风险显著降低，但在一般流动人口中，差异并不显著。尽管组间差异未达到显著水平（Q^B = 2.999，P = 0.083），但收入对流动人口性风险的影响在男性样本中更为显著。

3. 流动人口性风险与人口特征因素的关系调节

为进一步识别性别失衡的人口结构下被迫失婚男性作为流动人口对性病/艾滋病传播的可能风险，将各研究样本的整体人口特征进行分组，分析其对婚姻、教育、收入与性风险关系的调节作用。根据因受婚姻挤压而被迫失婚的男性所具有的人口特征，以年龄、教育和收入为调节变量，分析婚姻与流动人口性风险的关系。Q^B 统计结果显示，组间差异都达到了显著水平，未婚流动男性在平均年龄小于 28 岁、整体受教育程度和收入水平都相对较高的样本中，更可能从事风险性行为。以婚姻为调节变量，分析教育、收入与流动人口性风险的关系，根据 Q^B 统计结果，发现教育、收入与流动人口性风险的关系受到样本整体婚姻状况的调节，在未婚比例超过一半的样本中，男性流动人口的性风险不存在教育、收入的显著差异；在未婚比例低于40%的样本中，低收入的男性流动人口从事风险性行为的可能性显著降低；在样本未婚比例为40%～50%时，受教育程度低的男性流动人口从事风险性行为的可能性反而显著提高，如表4-5所示。

表4-5　流动人口风险性行为与人口特征因素的再分析

估计内容	研究数量	发生比	置信区间	检验结果		异质性	
				Z	P	Q^B/Q^W	P
年龄特征对婚姻因素的调节						5.793	0.016
＞28岁	4	1.113	0.821～1.510	0.690	0.490	4.763	0.190
＜28岁	4	1.700	1.447～1.999	6.437	0.000	1.741	0.628
教育特征对婚姻因素的调节						6.761	0.009
初中以下＞60%	3	0.977	0.671～1.422	-0.123	0.902	3.407	0.182
初中以下＜60%	5	1.675	1.453～1.954	6.547	0.000	2.130	0.712
收入特征对婚姻因素的调节						7.044	0.008
1000元以下＞50%	3	0.945	0.638～1.401	-0.280	0.780	4.624	0.099
1000元以下＜50%	5	1.584	1.368～1.848	5.854	0.000	1.404	0.844
婚姻特征对教育因素的调节						27.677	0.000
未婚比例＞50%	4	1.113	0.515～2.405	0.271	0.786	38.587	0.000
未婚比例为40%～50%	3	1.529	1.223～1.911	3.731	0.000	0.219	0.896
未婚比例＜40%	3	0.473	0.202～1.106	-1.727	0.084	6.332	0.042
婚姻特征对收入因素的调节						10.004	0.007
未婚比例＞50%	2	0.712	0.429～1.181	-1.315	0.188	7.113	0.008
未婚比例为40%～50%	1	1.141	0.810～1.608	0.756	0.450	/	/
未婚比例＜40%	3	0.585	0.458～0.747	-4.292	0.000	1.855	0.395

4. 敏感性分析与发表偏移

从分析结果来看，一次删除一项研究后，流动人口与非流动人口在多性伴侣和商业性交易方面的风险差异效应值分别在1.153～1.505与1.387～1.563之间波动，婚姻（1.464～1.637）、教育（0.933～1.130）、收入（0.634～0.741）

与流动人口性风险关系的合并效应值的波动范围也都很小，说明本研究结论的稳定性较好。从漏斗图来看，纳入元分析的各研究分布基本保持对称，而且分析发表偏移对分析结果的影响大小后发现，现有统计结果的改变至少需要35个（35~59）无统计学意义的类似研究才能使合并效应无统计学意义（P > 0.05）。表明本研究即使存在发表偏移，该发表偏移对结论的影响也较小。

（三）结论与政策启示

在目前缺乏对性别失衡结构下失婚男性性风险行为研究的前提下，本研究结论为识别该群体传播性病/艾滋病的可能风险提供了间接证据，也可以为中国政府实施有针对性的干预措施、积极预防风险放大提供方向。

首先，尽管个别研究中风险差异并不显著，但从整体效应来看，与留守农村的男性相比，流动人口多性伴侣和商业性交易的风险显著增加。这意味着流动人口不仅容易成为性病/艾滋病传播的易感和桥梁人群，加速性病/艾滋病的扩散，而且在性别结构失衡的人口环境下，分散在农村地区、因服务可及性及舆论环境的制约而处于较低水平的性风险，很可能经由人口流动而聚集、膨胀，从而导致性病、艾滋病的传播风险在某些城市地区集中爆发。

其次，婚姻状况、收入水平与流动人口性风险的整体效应达到了显著水平，而且，该相关性在男性样本中体现得更明显。未婚更可能提高男性流动人口商业性交易和感染性病的可能性，高收入更可能提高该群体多性伴侣和感染性病的可能性，但在商业性交易方面收入差异不显著。潘绥铭（2004）曾提出收入才是决定是否找"小姐"的关键，很多没有性伴侣、有旺盛需求的青壮年因为不具备经济实力而被拒之于性服务业的大门之外，厂长、经理和老板层次的人寻求商业性服务的比例远远高于其他阶层（潘绥铭、杜鹃，2008）。虽然其研究数据包括常住居民，无法跟本研究结论形成有效对比，但二者的差异恰恰从另一方面说明，流动性不仅提高了高收入男性拥有多个性伴侣和购买商业性服务的风险，也提高了低收入男性寻求性服务的可能性。伴随性服务产业的多元化和高档"小姐"的向下流动（潘绥铭，2004），以及性别结构失衡导致的大规模婚姻挤压问题的逐渐升级，包括低收入群体在内的未婚男性流动人口寻求商业性服务的可能性会显著提高。

最后，研究发现，在平均年龄低于 28 岁、整体受教育程度和收入水平相对较高的样本中，未婚男性流动人口的风险性显著提高；样本中的未婚比例相对较低时，高收入或低教育程度的男性流动人口有更高的性风险，但在样本中的未婚比例达到 50% 以上时，该群体的性风险不再具有教育、收入的选择性。这意味着以往因婚姻选择而失婚的大龄未婚男性大都老实本分，性行为更可能受到传统性观念的制约而使风险降低，但随着中国性观念的开放，当受教育程度和收入水平相对更高的年轻一代的男性流动人口，因为中国出生性别比的持续偏高而在婚姻市场无法实现婚配时，他们将更可能选择高风险性行为，而且当未婚群体达到一定比例时，该群体不再具有风险选择性，无论高收入、高教育程度的流动人口还是低收入、低教育程度的流动人口都倾向于选择高风险性行为。

四　小结

人口性别结构的失衡一旦与转型社会的风险结合在一起，则不仅会加剧和放大自身的风险，也会强化和催化转型社会风险。但由于缺乏相关的理论指导和风险模型，迄今为止对社会转型风险和性别失衡风险的社会放大路径与机制缺乏研究。本章基于中国性别结构和社会转型的现实背景，扩展了国外风险研究的相关理论，构建出了性别失衡风险的多维交叉社会放大模型，并据此揭示出性别失衡社会风险的放大机制呈现三维四级推进的特征：在性别结构失衡的社会环境下，婚姻挤压下的特定风险爆发与周围环境的脆弱性，导致社会风险的第一级放大；整体风险信息传播系统和处理过程，导致社会风险的第二级放大；公众反应系统导致改变风险损害后果的各类行动、性别失衡背景下社会公众的敏感性及对弱者的同情，导致社会风险的第三级放大；局域空间内失婚男性的规模化及人口流动强化了这些群体的地域性群聚现象，导致社会风险的第四级放大。由此，性别失衡的风险从人口领域放大到社会领域、从局部范围的个体事件放大为全局性的群体性事件，也将社会转型期的社会矛盾冲突升级激化为公共安全风险。

具体到性风险领域，基于已有研究的元分析，证实与留守农村的男性相比，流动人口多性伴侣和商业性交易的风险显著增加，流动不仅提高了高收入男性拥有多个性伴侣和购买商业性服务的风险，也提高了低收入男性寻求性服务的可能性，而且，当样本中的未婚比例相对较低时，高收入或低教育程度的男性流动人口有更高的性风险，但在样本中的未婚比例达到50%以上时，该群体的性风险不再具有教育、收入的选择性。这揭示出在性别失衡的社会环境下，大龄未婚男性的性失范风险，将通过人口流动机制、转型社会下开放的性文化环境及群体聚集效应，放大为性病/艾滋病加速传播的公共安全风险，并将从被婚姻挤压的落后农村地区扩展到经济发达的大城市。

　　模型所揭示的风险放大路径，也启示性别失衡风险的治理，应该围绕转型社会高脆弱性的风险催化、信息传导机制的价值阐释、公共反应机制的心理共鸣和基于人口流动和弱势地位的规模化四级放大途径开展。第一，在完善社会保障制度的同时，为相关地区的反贫困工作提供项目支持、资金帮助，提高性别失衡地区抵御社会风险的能力，并利用各种途径，加大对大龄未婚男性性福利的关注，在有效普及性病、艾滋病预防知识的同时，加大对该群体的检测力度，提高安全套的可及性和使用率；第二，畅通信息网络，建立信息披露制度，实现政府信息的透明与快速流通；第三，构建一套深入社会各层面的网络传感机制，高效、快捷地捕捉社会中酝酿的各种风险信息，及时施加以预防、预警、预控为主的外部阻断；第四，针对人口流动导致的局域性社会风险积聚现象，对聚居地社会安全情况实施动态监督监测，及时整治各类违法犯罪行为，促进流动人口与迁入地城市的社会融合，对未婚男性流动人口的行为干预宜优先关注该群体中收入、受教育程度相对较高的失婚男性，正面引导和利用该群体的示范效应，并在失婚男性高度聚集的居住区和工作场所重点加强性安全意识的培养和安全套的可及性。

第五章 性别失衡社会风险的传导与突变机制

一 引言

群体性冲突事件是我国转型时期社会冲突的重要表现形式，它在某种程度上客观地反映了社会利益整合及社会秩序状况（李琼，2007）。近年来，群体性突发事件无论在数量还是规模方面都呈上升趋势，成为影响社会稳定的最为突出的问题和风险信号。无论是客观数据还是主观感知，都显示中国已经处于社会冲突事件的高发期（朱力，2009）。随着中国社会转型的日益推进，社会分化程度不断加大，各种社会矛盾呈现出积聚效应，形成诸多不稳定的因素，如果这些问题不能得到有效的解决，则会加速积累，达到一定程度时，则会导致各种突发性社会安全事件的爆发。转型社会即成为风险之源，性别结构失衡作为目前中国社会重要的风险源之一，必将在社会安全事件的爆发中发挥重要的影响。这是由于性别结构失衡引发的风险触及人的基本需求和道德底线，具有更大的社会敏感性和认同度，稍有不慎，就会进一步激化社会矛盾、放大社会风险，使得个别局部性的问题演变成全局性、系统性的重大风险和公共安全危机。近年来，社会安全事件越发以大爆发的形势汹涌而来，比如震惊全国的"郑民生案""瓮安事件"等，在构建和谐社会的伟大进程中，关于社会安全事件的治理和研究俨然成为现今学术界研究的热点。

自 2010 年 3 月 23 日至 5 月 12 日的 51 天时间里，全国发生了 6 起重大校园血案，在社会上产生了极其恶劣的影响。

3 月 23 日，福建省南平市，42 岁未婚男性郑民生在婚姻和工作均失意的情况下，在南平市实验小学门口连续砍杀 13 名小学生，导致 8 人死亡，5 人重伤；4 月 12 日，广西合浦县，40 岁的精神病患者杨某某持菜刀在西场镇西镇小学门前追砍学生及路人，造成 2 人死亡，5 人重伤；4 月 28 日，广东省雷州市，33 岁未婚男性陈康炳在失去教师工作后，由于家庭贫困和婚姻失败等，混入广东省湛江雷州雷城第一小学，持刀砍伤 15 名学生和 1 名保安；4 月 29 日，江苏省泰兴市，46 岁无业人员徐玉元，由于对社会不满，产生报复念头，持刀在泰兴市泰兴镇中心幼儿园砍伤 31 人；4 月 30 日，山东省潍坊市，45 岁农民王永来由于房屋拆迁问题，产生报复社会的念头，强行闯入尚庄小学，用铁锤打伤 5 名学前班学生，然后点燃汽油自焚致死；5 月 12 日，陕西省南郑县，48 岁农民吴焕明由于患重病而产生报复社会的念头，持刀闯入一家民营幼儿园，造成 7 人死亡，20 多人受伤。

短时间里密集发生的校园血案已引起了政府和社会的广泛关注与讨论，仅从这短期内频频发生的社会安全事件及其与性别结构失衡的关系就可以推断出，中国人口性别结构失衡在转型社会会加快风险的传导和聚积，并突变为危害公共安全的重大社会事件中不可忽视的社会阻断力。

近年来，研究者对中国经济转轨、社会转型所带来的收入差距拉大、失业规模扩大、政府腐败和公共安全等风险因素予以较多的关注（丁元竹，2006），并对社会转轨时期的风险类型进行了分析，对风险程度进行了测量，揭示出这些社会风险的发生机制（胡鞍钢、王磊，2006）。也有研究者致力于探讨社会安全事件的群体性冲突特征并进行风险的解析（李琼，2007；朱力，2009）。但在风险传导和突变机制的研究方面却非常缺乏，更没有研究探讨性别失衡风险传导和突变为社会安全事件的过程和机制。在风险传导研究方面，现有研究主要集中于金融和企业风险传导问题方面。国外研究者构建风险传导的理论模型，通过各项数据及重大事件分析，研究了东亚金融危机中各国风险的传导过程（Taimu 和 Goldfajn，1999），并分析了信贷风险在不同国家之间的传导问题（Kaminski 等，2006）。国内研究者主要分析了金融风险的传导机制（朱静怡、朱淑珍，2001；崔疑等，2001），近年来开始着重研究企业风险传导问题并构建出企业风险传导模型（叶建木等，2005；邓明然、夏喆，2006；沈俊、邓明然，2006；叶厚元、邓明然，2007；夏喆、邓明然，2007）。风险传导机制的研究也被具体应用到企事业财务风险传导路径及效应（沈俊，2007；沈俊、邓明然，2007；万幼清、邓明然，2008；叶建木，2009）、营销风险传导（戴胜利，2008）、供应链风险传导（朱新球，2009；程国平、邱映贵，2009；程国平、刘勤，2009）、战略风险传导（叶建木、邓明然，

2007)、信用担保风险传导（敖慧；2007）、企业合作创新风险传导（翟运开，2007）等领域。到目前为止，尚没有学者将风险传导机制的研究应用于社会科学领域。

在前述章节中，本研究结合理论研究、案例分析和调查研究，发现性别失衡将带来人口、社会、经济、健康、文化等一系列风险，使整个社会处于风险之中。不仅失婚家庭在生命周期的各个阶段会发生不同程度的失范风险，而且在连锁反应下，所有人的利益最终都将受到损害。性别失衡的加剧将导致中微观失范个体和群体数量增加、地域分布聚集和失范严重程度加深，从而将风险放大扩散至整个社会，形成宏观社会风险，并进一步引发和刺激健康、经济等其他宏观风险。基于风险的社会放大理论所构建的性别失衡风险的多维交叉社会放大模型进一步揭示出，中国性别失衡背景下的社会转型风险和社会转型背景下的性别失衡风险在互动中积聚、升级和爆发的三维四级推进机制。但对于性别失衡风险在社会转型背景下的传导过程及其突变为社会安全事件的机制尚缺乏明确阐释。那么，在中国目前的社会风险形态下，性别结构失衡的风险到底是如何传导的？对社会安全的影响路径是什么？在性别结构失衡的社会环境下，社会安全事件的发生过程和突变机制又是什么？这些正是本章所关注的主要问题。

本章的研究目标主要有以下四个：第一是将风险传导理论应用于社会管理学领域，构建出一个性别失衡风险传导理论模型，并以该模型为框架，经过节点确定、结构学习和参数学习等步骤构建贝叶斯网络模型；第二是在性别结构失衡的社会背景下，在案例分析的基础上，在社会系统理论和突变理论的指导下，构建出性别失衡背景下社会安全事件的发生过程模型和尖点突变模型；第三是以性别失衡风险传导的贝叶斯网络模型为基础，通过预测推理、诊断推理、影响强度分析和敏感性分析，揭示出性别失衡风险的传导机制；第四是基于性别失衡背景下社会安全事件的尖点突变模型，揭示在性别结构失衡的背景下，社会安全事件发生的机理及对社会事件的控制点。

二　性别失衡社会风险的传导机制

人口性别结构的长期严重失衡所带来的问题已经影响并危害到社会的健康持续发展。加上经济社会转型期诸多因素的综合作用，如得不到较好解决，这些问题积累到一定程度即可能失控而引发社会危机。本研究尝试将性别失衡作为一种特定风险对待，并结合案例分析和调查数据，定性和定量地研究性别结构失衡风险对公共安全的影响。但是，由于社会系统自身的复杂性，性别失衡与其他因素交互作用，通过复杂路径对社会安全等问题产生影响，传统风险分析方法难以直接应用于该问题。为此，本节将依据风险传导理论构建性别失衡风险传导理论模型，继而运用贝叶斯网络分析方法探讨性别失衡风险对社会安全状况的影响路径，为社会管理决策提供借鉴与参考。

（一）性别失衡风险传导理论模型构建

1. 性别失衡风险源分析

风险传导理论（陈宝智，1996）认为，风险传导过程主要受风险源、风险因子、风险流、风险事件、传导载体、传导路径以及风险子系统等影响，任何危机事件的发生都是多个危险源共同作用的结果。本研究根据风险传导和社会系统工程理论，将性别失衡风险源归为如下三类。

（1）人口子系统风险源

作为社会系统中的一个子系统，人口子系统内部的风险源对性别失衡风险的影响最大，主要包括人口结构（出生性别结构、年龄结构）、人口数量（人口总量所带来的压力、出生性别比失衡所带来的男女差距、人口绝对数量等）和人口质量（民众普遍的文化水平及认知程度等）。

（2）其他社会子系统风险源

除人口子系统外，社会系统还包括经济子系统、政治子系统、文化子系统等。这些子系统中同样蕴涵性别失衡风险源。例如，经济子系统包括经济总量、人均经济情况、贫富差距等；政治子系统包括政策措施、制度保障等；文化子系统包括传统文化观念、医疗技术等。

（3）外界环境风险源

在本研究中，外界环境主要是指国际环境，主要包括国际人口拐卖犯罪活动、战争等。

上述风险源相互作用，共同构成了性别失衡风险源系统（戴胜利，2009）。其他因素如政府管理水平、制度措施有效性等也能不同程度地影响系统状态。具体而言，如果政府管理水平和制度措施的有效性因素产生的影响都是积极的，那么它们将成为性别失衡风险的抑制因素，反之，则成为性别失衡的致险因素。通过专家访谈及文献梳理，笔者发现外界环境中的风险源因素的影响相对较小，因而不再加以详述，总之，以上三类性别失衡风险源并不是独立的，而是彼此渗透、相互影响的。例如，弱势群体可能是弱势群体、贫富差距以及制度保障等共同影响的结果，而不是其中一种子系统风险源引起的，同样，男性婚姻挤压和延续香火、传宗接代思想也是受以上三个子系统交叉影响的，因此，本研究结合风险传导理论，综合分析性别失衡的风险源与风险流以及风险载体的关系，进一步将性别失衡风险源简化为三类——性别结构失衡、相关政治经济措施和文化引导措施，综合分析其与作为风险传导路径节点的弱势群体、男性婚姻挤压以及延续香火、传宗接代思想的关系（胡永涛，2011）。

2. 性别失衡风险流分析

性别失衡风险流作为酝酿于风险源中的一种能量，由风险事件激发，从风险源中释放，并在传导载体（夏喆，2007）的作用下，经由性别失衡风险传导路径节点对社会安全产生影响。在这个过程中，作为具有流动性和传导性的风险流，性别失衡风险传导载体起着至关重要的作用，加上我国社会现状的复杂性，所以，分析性别失衡风险流的传导载体更为重要。本研究基于现有风险载体（邓明然、夏喆，2006）的分类方法，对性别失衡的风险传导载体进行归纳，具体如表5-1所示。

表5-1　性别失衡风险传导载体列表

载体类别	载体名称	包含要素
显性载体	失范行为	婚姻类失范行为、婚外性失范行为、家庭类失范行为等
	政策失效	公共政策执行不力等
	技术水平	疾病预防技术措施、疾病治疗设施条件等
隐性载体	心理因素	需要动机因素、价值观因素、气质性格因素等

载体的具体含义如下。

（1）失范行为

失范是指个体、家庭和社区偏离或违反现行社会规范的行为（郑杭生、李强，1993；朱力，2006；刘英杰，1998）。在微观视角下，个体或团体行为失范是传导性别失衡风险的主要载体（靳小怡、刘利鸽，2009）。

当前与大龄未婚男性相关的失范案件主要包括婚姻失范（孙龙，2004；郭细英、肖良平，2007；《东南快报》，2009；王淇，2009）（主要包括买卖婚姻和骗婚）、婚外性失范（孙江辉，2006）（主要包括性交易和性侵害等）、家庭类失范（陈刚，2007）（例如婚姻积压、婚外情等）以及其他失范行为（刘中一，2005）（例如因对婚姻的渴求、自身生活空虚以及对现状不满，大龄未婚男性还会参与其他类型的违法犯罪活动）等。

（2）政策失效

由于本研究探讨的是性别失衡风险对社会安全的影响问题，因此传导载体中的政策主要指公共政策。政策失效指在内外因素的共同影响下（陈庆云，1996；刘生旺，2009；杨大光，2001），公共政策本身的不足和执行不力，使其未能达到预期目标，从而导致原政策设计功效降低或缺失等问题。

（3）技术水平

在本研究中，社会所具有的相关技术条件水平包括疾病预防技术措施、疾病治疗设施条件等内容。如果技术水平相对较低，从事或参与性产业的人就更容易患各种性疾病。不断提高技术水平，在一定程度上有利于减缓性疾病的传播。

（4）心理因素

性别失衡风险在很大程度上是以人为主体不断传导并最终影响社会安全的。因此，作为人类行为"内因"的心理因素也成为主要的隐性载体。本研究将其具体归纳为如下三类。

a. 需要动机因素

需要是人产生各类活动的原始动力（林崇德等，2003），需要一旦被意识到，就会形成寻求满足的力量，从而驱使人朝着一定的目标行动，以获得自身满足感。由性别失衡造成的大量光棍（本研究所说的光棍特指超过某一年龄却无法组建正常婚姻家庭而被动单身的男性，下同），不但最基本的生理需要难以保证，其性需要更是无法得到满足，而为追求这种满足感而产生的原始动力是其追求性权利的动机。

b. 价值观因素

价值观通过影响个体行为（例如光棍、人口拐卖参与者等群体）而使性别失衡风险进一步扩大，传导至社会更多、更深的层面。

c. 气质性格因素

对同一问题，不同气质性格的人会采取不同的处理方式。就性别失衡的受害者光棍而言，一部分人会受气质性格因素的影响采取极端手段来发泄不满，使社会风险进一步放大。

3. 性别失衡风险传导路径分析

性别失衡风险传导路径实质上是风险流依附于传导载体酝酿并释放的具体路径。贝叶斯网络参数学习的方式与结构学习一样，主要有两种：其一，通过调研问卷和访谈等形式，以专家知识经验估算各节点的条件概率；其二，基于样本数据，通过有效的数学算法进行参数的学习，该方法一般适用于数据容易搜集分析的贝叶斯网络研究。鉴于所研究问题的特征，本研究采用第一种参数学习方法，本研究在进行参数学习时采用向专家发放问卷的方式，然后进行统计学处理，得到各个贝叶斯网络节点的条件概率，进而完成性别失衡风险传导的贝叶斯网络参数学习。本研究的访谈对象和访谈内容主要通过调研问卷《性别失衡风险传导的贝叶斯网络参数学习调查表》来完成。因此，根据调研访谈结果，本研究最终形成如图5-1所示的风险传导路径图。

如图5-1所示，除性别失衡风险源及风险流之外，其传导路径还涉及众多功能节点。"在贝叶斯网络中，表示起因的假设和表示结果的数据均用节点表示，它们之间的联系用有向弧表示，通过在主变量之间画出它们的因果关系，并将它们用数字编码来描述一个变量可能影响另一个变量的程度。"（王军、周伟达，1999）。在本研究中，各功能节点的设置依据及具体分析如下。

（1）男性婚姻挤压

在婚姻市场中，由各种因素导致的男女比例失调使部分男性或女性不能按传统偏好或习惯择偶，这种现象即称为婚姻挤压，一般也称为婚姻拥挤（郭志刚、邓国胜，2000）。目前的研究大多将政治经济因素作为影响婚姻市场的外生变量（郭志刚、邓国胜，1995；郑维东、任强，1997；任强、郑维东，1998；郭志刚、邓国胜，2000），而社会经济因素所产生的人口迁移也被视为加重该问题的重要原因之一。为便于研究，本研究将男性婚姻挤压的原因归为两个：持续严重的性别比失衡和政治经济因素所产生的人口迁移。

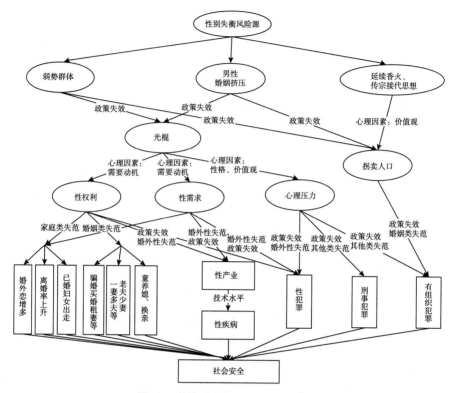

图 5 - 1　性别失衡风险传导路径图

（2）弱势群体

学术界一般将弱势群体的产生原因归结为：政治制度缺陷、经济社会转型及个人因素（梁学平，2006；孔祥利、贾涛，2008；杨思斌、吕世伦，2008）。其中，前两个因素最为重要，也是弱势群体形成的主要原因。本研究将弱势群体的形成原因概括为政治经济地位的不平衡。

（3）延续香火、传宗接代思想

延续香火、传宗接代等思想可追溯至中国古代。延续香火、传宗接代思想及其所产生的男孩偏好问题成为性别失衡风险传导的又一个诱因（陈科，2005）。

（4）光棍的形成

由于性别失衡和女性婚姻迁移，光棍数量不断增多（陈友华，2006），在农村地区尤其是贫困山区，光棍问题更为严重（陈刚，2007）。目前，绝大多数光棍在农村地区，一部分光棍不但贫穷而且身体残疾，是典型的弱势群体。在区域性别结构合理的情况下，这部分男性本来可以找到配偶，但性别失衡问题的加重及女性人口迁移等问题导致其成为无法择偶的光棍。

（5）光棍性权利、性需求和心理压力

光棍的性权利和性需求可以说是由其心理因素引发的。本研究认为需要动机因素正是其产生性权利和性需求的载体，也正是在这一因素的影响下，大多数光棍才会形成强烈的性渴望。一部分光棍在性格和价值观等心理因素影响下会形成消极的心理状态（何海宁，2007），更容易产生危害社会的行为。自身的贫困及周围人的嘲笑等，也会直接对其产生消极心理压力。

（6）拐卖人口

光棍群体的出现，为拐卖妇女提供了市场（陈坛祥等，2000）。随着中国经济的发展，被拐卖妇女的数量也在增加。其中，很大一部分买者的动机是组建家庭、延续香火等。

（7）性别失衡对婚姻家庭的影响

由于难以组建家庭，光棍对性的渴望和追求更为强烈，会严重威胁到已婚者的家庭，给婚姻稳定和社会安全带来负面影响。其显著特征表现为：婚外恋增多、离婚率上升、年轻已婚女性出走等。同时，一些光棍为组建家庭而采取各种手段，形成许多异质婚姻，比如：骗婚、买婚、租妻、老夫少妻、一妻多夫、招养夫婚、童养媳、换亲、早婚等。上述行为的根源在于性权利和性需求，影响已婚家庭或组建异质婚姻的载体主要包括家庭类失范行为和婚姻类失范行为。

（8）性产业和性疾病

如果光棍对性权利的追求无法通过正规渠道实现，就只能选择性产业等相对"便捷"的方式，这会直接刺激性产业发展并引发一系列社会问题（周丽娜，2008）。由于技术有限，性产业直接导致性疾病广泛传播（例如艾滋病的传染）。性疾病广泛传播不仅会给患者本人带来极大影响，还会破坏婚姻家庭关系，使社会不安定因素增加，导致社会恐慌，最终影响整体的社会安全。

（9）性犯罪、刑事犯罪及有组织犯罪

有研究显示光棍比其他男性更具暴力冲动，更易产生恶行。加拿大学者尼尔·威纳、克里斯迪恩·麦斯奎达以及美国、印度等国学者都通过实证研究论证了性别结构与暴力犯罪之间的关系（Hudson 和 Den Boer，2004）。由于大龄未婚男性大多处于弱势地位，更可能采取违反社会规范的行为以宣泄不满，比如赌博、喝酒、吸毒、嫖妓等（Courtwright，2001）。除此之外，大量研究已证明未婚男性比已婚男性更具攻击性，暴力事件也更多。在高性别比的社会中，暴力犯罪的比例也相对较高。

在现实社会，未婚、丧偶人群处于无配偶状态，缺乏正常的性欲宣泄渠道（罗大华，2007），容易出现急躁、失控等极端行为（何珍等，2007），引发强奸、性行为严重错乱等性犯罪问题。特别是在农村，光棍是一个特殊群体，自身的自卑感和别人异样的眼光极易导致其性格发生转变，形成极强的报复心理，并采取不计后果的犯罪行为。同时，由于缺乏普通人应有的理智和顾忌，为一些小事也会不惜伤害对方的身体甚至生命。因此，政策失效以及其他失范行为成为光棍刑事犯罪的载体。目前，农村光棍群体正从零散分布状态向聚集状态转变，出现了很多光棍村（胡国庆，2002；赖志凯、张赛红，2005）。这些农村光棍缺乏社会责任感，一旦有人挑头闹事，就可能引发有组织犯罪而对社会产生极大危害（莫丽霞，2005）。

（二）性别失衡风险传导的贝叶斯网络模型

随着性别失衡问题日益严重，理论界、实践界对其影响都已经有了科学的认识，但这些研究与认识大都是立足于某一视角得出的。因此，整合各领域专家的知识和经验，完成对性别失衡风险传导问题的深入分析无疑具有重要意义。本研究引入贝叶斯网络模型（王双成，2010）对其进行分析，具体将理论模型功能节点转化为贝叶斯网络节点集，并通过专家填写问卷等方式确定主观概率（黄涛，1998），最终完成对专家知识和信息的学习与挖掘（Quali 等，2006；Sun 和 Shenoy，2007）。

1. 贝叶斯网络结构确定

由于贝叶斯网络节点的特征要求，在转化过程中，需要将概念模型中功能节点的名称及解释进行相应的转化和修改。在模型构建过程中，共界定 20 个节点，具体网络结构如图 5-2 所示，各节点值域汇总情况如表 5-2 所示。

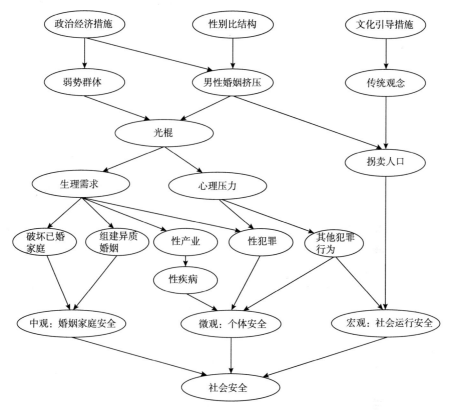

图 5 - 2　性别失衡风险传导的贝叶斯网络图

表 5 - 2　节点名称及其值域表

编　号	节点名称	值　域
1	性别比结构	{Imbalance, Normal}
2	政治经济措施	{Effective, Invalid}
3	文化引导措施	{Effective, Invalid}
4	弱势群体	{Occur, DoNotOccur}
5	男性婚姻挤压	{Occur, DoNotOccur}
6	传统观念	{Serious, Normal}
7	光棍	{Occur, DoNotOccur}
8	拐卖人口	{Occur, DoNotOccur}
9	生理需求	{Intense, Normal}
10	心理压力	{Serious, Normal}

续表

编　号	节点名称	值　域
11	破坏已婚家庭	{Serious，Normal}
12	组建异质婚姻	{Serious，Normal}
13	性产业	{Serious，Normal}
14	性疾病	{Serious，Normal}
15	性犯罪	{Serious，Normal}
16	其他犯罪行为	{Serious，Normal}
17	微观：个体安全	{Serious，Normal}
18	中观：婚姻家庭安全	{Serious，Normal}
19	宏观：社会运行安全	{Serious，Normal}
20	社会安全	{Serious，Moderate，Normal}

2. 贝叶斯网络参数学习

本研究主要通过调研问卷和访谈等形式，以专家知识经验估算各节点的条件概率。共选取相关领域专家43名，具体分为三类：学术专家，主要包括人口安全、性别结构和社会安全等学科领域或方向的高校教学与科研人员，共计16位；实践专家，选取地方政府人口计生系统等相关部门行政领导及研究人员，共计15位；社会安全治理领域专家，选取地方政府公安部门及应急管理部门的领导及工作人员共计12位。

为消除专家因评分标准和知识结构不同所产生的差异，本研究进一步以各根节点为父节点，以专家评分意见所获数据为子节点构建其贝叶斯网络模型，最终得到各节点的边缘概率值，如表5-3所示。

表5-3　根节点边缘概率表

	根节点的边缘概率				
	性别比结构		政治经济措施		文化引导措施	
	Imbalanced	Normal	Effective	Invalid	Effective	Invalid
概率值	0.8087	0.1913	0.2618	0.7382	0.3134	0.6866

非根节点条件概率主要基于专家问卷确定，但由于知识结构和对研究的侧重点不同，评价标准也不尽相同。为了消除评分过程中存在的差异，

本研究采用概率标度尺方法确定主观概率（Witteman 和 Renooij，2003；贾海洋，2008）。经过网络节点确定、网络结构学习和参数学习三个步骤后，实现了理论模型（具体如图 5 - 1 所示）向贝叶斯网络模型的转化。

（三）性别失衡风险传导的推理分析

以贝叶斯网络模型为基础，可以从不同层面对性别失衡风险传导问题进行推理分析。

1. 性别失衡风险传导的预测推理

以上述分析结论为基础，可得各节点事件发生的主观概率值，如表5 - 4 所示。

表 5 - 4　各节点事件发生概率值

节点名称	概率值	
性别比结构	Imbalanced	0.8087
	Normal	0.1913
政治经济措施	Effective	0.2618
	Invalid	0.7382
文化引导措施	Effective	0.3134
	Invalid	0.6866
弱势群体	Occur	0.6482
	DoNotOccur	0.3518
男性婚姻挤压	Occur	0.7937
	DoNotOccur	0.2063
传统观念	Serious	0.6402
	Normal	0.3598
光棍	Occur	0.8022
	DoNotOccur	0.1978
拐卖人口	Occur	0.7181
	DoNotOccur	0.2819
生理需求	Intense	0.7004
	Normal	0.2996
心理压力	Serious	0.6987
	Normal	0.3013

续表

节点名称	概率值	
破坏已婚家庭	Serious	0.7417
	Normal	0.2583
组建异质婚姻	Serious	0.6626
	Normal	0.3374
性产业	Serious	0.7261
	Normal	0.2739
性疾病	Serious	0.8017
	Normal	0.1983
性犯罪	Serious	0.7735
	Normal	0.2265
其他犯罪行为	Serious	0.7119
	Normal	0.2881
微观：个体安全	Serious	0.8275
	Normal	0.1725
中观：婚姻家庭安全	Serious	0.7744
	Normal	0.2256
宏观：社会运行安全	Serious	0.7817
	Normal	0.2183
社会安全	Serious	0.8644
	Normal	0.1356

通过预测推理，可得出如下四个结论。

（1）男性婚姻挤压问题日趋严重

由表5-4可知，在性别比结构失衡和政治经济措施失效的情况下，男性婚姻挤压问题加重的概率高达0.7937。这表明，在诸多社会问题中，男性婚姻挤压问题日益严重，已经超过了当前广泛讨论的弱势群体等问题。

（2）光棍问题需要重新审视

由弱势群体问题和男性婚姻挤压问题共同引发的光棍问题日益严重（发生概率达到0.8022）。在多数研究中，学者们认为光棍引发的诸多社会问题主要是因其生理需求无法满足引起的，但本研究发现，光棍生理需求加重的概率（0.7004）与其心理压力问题（0.6987）的发生概率相差不大。也就是说，光棍问题在很大程度上源于其心理压力加重。

（3）光棍生理需求所引发的问题

光棍的生理需求问题将会引发诸多问题，包括：破坏已婚家庭、组建异质婚姻、性产业和性犯罪等。通过表5-4可知，在上述问题中，由光棍生理需求引发的性产业问题最为严重。因此，不但要加强对光棍自身的关注，更要加强对其所引发的社会问题尤其是性产业问题的重视和研究。

（4）社会安全问题

三个层面的社会安全问题发生的概率是不同的：微观层面个体安全事件发生的概率最大（0.8275），宏观层面社会运行安全次之（0.7817），中观层面婚姻家庭安全最小（0.7744）。性别失衡风险从三个根节点逐级传导至社会系统，从微观、中观、宏观三个层面影响整体社会安全。其中，社会安全问题的发生概率达到了最高的0.8644，远大于风险传导过程中其他社会问题的发生概率。

2. 性别失衡风险传导的诊断推理

在前述研究基础上，本研究以贝叶斯网络为基础进行诊断推理。具体将网络节点"社会安全"状态设定为"Serious"，分析其他各节点的概率变化情况，具体见表5-5。

表5-5　节点概率值变化情况表

节点名称	概率值		变化率
性别比结构	Imbalanced	0.8104	0.0021
	Normal	0.1896	-0.0089
政治经济措施	Effective	0.2608	-0.0038
	Invalid	0.7392	0.0014
文化引导措施	Effective	0.3128	-0.0019
	Invalid	0.6872	0.0009
弱势群体	Occur	0.6498	0.0025
	DoNotOccur	0.3502	-0.0045
男性婚姻挤压	Occur	0.7976	0.0049
	DoNotOccur	0.2024	-0.0189

续表

节点名称	概率值		变化率
传统观念	Serious	0.6412	0.0016
	Normal	0.3588	− 0.0028
光棍	Occur	0.8095	0.0091
	DoNotOccur	0.1905	− 0.0369
拐卖人口	Occur	0.7252	0.0099
	DoNotOccur	0.2748	− 0.0252
生理需求	Intense	0.7105	0.0144
	Normal	0.2895	− 0.0337
心理压力	Serious	0.7079	0.0102
	Normal	0.2921	− 0.0305
破坏已婚家庭	Serious	0.7540	0.0166
	Normal	0.2460	− 0.0476
组建异质婚姻	Serious	0.6715	0.0134
	Normal	0.3285	− 0.0264
性产业	Serious	0.7314	0.0073
	Normal	0.2686	− 0.0194
性疾病	Serious	0.8078	0.0076
	Normal	0.1922	− 0.0308
性犯罪	Serious	0.7825	0.0116
	Normal	0.2175	− 0.0397
其他犯罪行为	Serious	0.7291	0.0242
	Normal	0.2709	− 0.0597
微观：个体安全	Serious	0.8561	0.0346
	Normal	0.1439	− 0.1658
中观：婚姻家庭安全	Serious	0.8013	0.0347
	Normal	0.1987	− 0.1192
宏观：社会运行安全	Serious	0.8114	0.0380
	Normal	0.1886	− 0.1361
社会安全	Serious	1	
	Normal	0	

对比表 5 - 4 和表 5 - 5，可得出如下结论。

（1）风险源部分的诊断推理

当节点"社会安全"状态设定为"Serious"时，由性别比结构恶化引发的概率最大（0.8104），相关政治经济措施的失效次之（0.7392），文化引导措施的失效最小（0.6872）。说明由性别比结构失衡引发社会安全问题的可能性最大，相关政治经济措施次之，文化引导措施失效的可能性最小。

（2）传导路径部分的诊断推理

当社会安全状态由常态逐渐恶化时，光棍问题、性犯罪问题、性疾病问题发生的可能性最大。同时，"生理需求"、"破坏已婚家庭"、"组建异质婚姻"和"性犯罪"节点发生概率的变化率最大，说明当社会安全状况恶化时，由光棍生理需求引发的破坏已婚家庭、组建异质婚姻和性犯罪等问题发生的概率上升最快，是需要重点关注的传导路径。

（3）风险子系统部分的诊断推理

就风险子系统而言，微观层面个体安全状况恶化引发社会安全问题的可能性最大（0.8561），宏观层面社会运行状况的可能性次之（0.8114），中观层面婚姻家庭安全状况的可能性最小（0.8013）。

3. 性别失衡风险传导各节点影响强度分析

分析节点之间影响关系强弱对政策制定、寻求恰当干预点具有重要意义。通过贝叶斯网络推理算法，可得相关节点的影响系数值，如表 5 - 6 所示。

表 5 - 6　节点的影响系数表

子节点名称	父节点名称	父节点影响系数
弱势群体	政治经济措施	0.7700
男性婚姻挤压	性别比结构	0.3765
	政治经济措施	0.2890
传统观念	文化引导措施	0.6490
光棍	弱势群体	0.2439
	男性婚姻挤压	0.3771
拐卖人口	传统观念	0.2561
	男性婚姻挤压	0.3588
生理需求	光棍	0.5423

子节点名称	父节点名称	父节点影响系数
心理压力	光棍	0.5821
破坏已婚家庭	生理需求	0.3010
组建异质婚姻	生理需求	0.4341
性产业	生理需求	0.3135
性疾病	性产业	0.3692
性犯罪	生理需求	0.2858
	心理压力	0.2791
其他犯罪行为	心理压力	0.3259
微观：个体安全	性疾病	0.2310
	性犯罪	0.2101
	其他犯罪行为	0.2435
中观：婚姻家庭安全	破坏已婚家庭	0.3836
	组建异质婚姻	0.2180
宏观：社会运行安全	其他犯罪行为	0.3571
	拐卖人口	0.2512
社会安全	中观：婚姻家庭安全	0.1979
	微观：个体安全	0.2439

通过上述影响强度分析，可得出如下六个结论。

（1）男性婚姻挤压现象的主因

由前文可知，男性婚姻挤压问题主要由性别比结构和相关政治经济措施共同影响，性别比结构的影响系数（0.3765）大于相关政治经济措施（0.2890），这表明男性婚姻挤压问题的主因是性别比结构失衡。

（2）光棍问题的主因

男性婚姻挤压的影响系数（0.3771）要大于弱势群体（0.2439），这说明男性婚姻挤压问题是光棍问题的主因。

（3）拐卖人口问题的主因

受多种因素影响的拐卖人口问题日益引起广泛关注，当前不仅国内拐卖人口问题日益严重，跨国拐卖行为更是频繁。在本文归纳的两个因素中，男性婚姻挤压问题（0.3588）是拐卖人口问题日益严重的主因。

（4）性犯罪问题成因分析

心理压力对性犯罪问题形成的影响系数比生理需求仅低 0.0067，也就是说性犯罪问题的主因在生理方面，但心理问题也应得到更多重视。

（5）微观个体安全的成因分析

其他犯罪行为的影响系数（0.2435）最大，说明刑事犯罪和有组织犯罪等行为对个体安全的影响程度要大于性疾病和性犯罪。

（6）中观层面婚姻家庭安全的影响因素分析

中观层面婚姻家庭安全的影响因素，即破坏已婚家庭和组建异质婚姻的影响系数分别为 0.3836 和 0.2180，说明破坏已婚家庭的行为对中观层面婚姻家庭安全的影响程度最大，应引起更多注意。

4. 性别失衡风险传导的敏感性分析

在贝叶斯网络研究中，敏感性分析主要研究特定节点变化对输出结果的影响程度。本研究对贝叶斯网络模型影响系数进行了分析，具体结果如表 5 - 7 所示。

表 5 - 7　各节点的敏感性分析表

敏感性级别	对应节点名称	敏感性系数值
高敏感性	男性婚姻挤压	2150
	微观：个体安全	2990000
较高敏感性	光棍	341
	性犯罪	382
	中观：婚姻家庭安全	667
	宏观：社会运行安全	531
中敏感性	弱势群体	12.3
	其他犯罪行为	54.2
	拐卖人口	47.3
	破坏已婚家庭	23.7
	性疾病	68.8
	性产业	25.3
低敏感性	性别比结构	1.29
	政治经济措施	1.63
	文化引导措施	1.09
	传统观念	1.72

续表

敏感性级别	对应节点名称	敏感性系数值
低敏感性	生理需求	2.90
	心理压力	2.49
	组建异质婚姻	5.43

"微观：个体安全"和"男性婚姻挤压"作为敏感性最高的2个节点，其变化均会引起社会安全状态的较大改变，应成为政策干预的主要内容。较高敏感性、中敏感性和低敏感性节点可作为次重点在政策制定、执行过程中予以考虑。

（四）研究结果讨论和相关政策建议

1. 研究结果讨论

本研究以风险传导理论为基础构建了性别失衡风险传导理论模型，具体借助贝叶斯网络分析方法，对专家知识和经验进行挖掘，并通过推理分析等方式对性别失衡领域的若干重要问题进行研究。

基于前面的分析结论，可进一步从社会风险视角对性别失衡问题展开讨论。

首先，性别结构失衡对社会安全的影响日益增强。性别结构失衡、相关政治经济措施以及相关文化引导措施作为性别失衡的风险源，在风险传导中的关键作用不容忽视。

其次，在风险传导过程中，诸多因素发挥了影响作用。经研究发现，各因素的影响作用不尽相同。其中，男性婚姻挤压、光棍、拐卖人口、性犯罪、性疾病和其他犯罪行为等对社会安全状况的影响程度较大，而且敏感性较强，是具有重大影响的关键因素。就政策制定与执行而言，应按照影响程度将相关影响要素区别对待，集中资源解决主要问题，提升社会管理水平。

最后，对已经出现的社会安全问题，应从微观、中观和宏观三个层面具体分析，依据其对整体社会安全的影响路径及危害后果寻求解决方案。

2. 相关政策建议

基于本研究的理论分析和得出的相应结论，笔者在最后提出有关当前中国性别失衡风险治理的若干政策建议。

首先，以科学发展观为指导，努力促进人口均衡型社会的形成。这需要重点解决如下两方面的问题。一方面，要认识到人口科学发展的重要性，更加关注性别失衡问题。当前，不论是政府、社会还是学界，对性别失衡问题的关注力度仍然不够，该问题日益严重，有必要进一步加强理论研究，制定科学的政策并严格执行。另一方面，要充分认识到相关文化引导措施的特殊重要性。如前所述，相关文化引导措施尽管在影响系数上不如其他风险源因素，但是其作用日益凸显却不容争辩；同时，文化引导措施还是传宗接代等传统观念的主因，并在一定程度上导致人口拐卖问题的恶化。政策制定者，很多时候都在加紧制定相关有形（如经济方面）的政策，却容易忽视文化引导措施对降低性别失衡风险所具有的关键意义。虽然近年来以"关爱女孩"为代表的一些社会行动在某种程度上弥补了该领域的文化引导措施，但是仍需加大这方面的关注和政策制定力度，使人们从心理上真正接受"生男生女都一样"的思想，这样才能真正有效解决出生性别比失衡问题。

其次，要有所侧重地加大对各个社会元素的关注，促进社会主义和谐社会的建立。在本研究中，如果我们将所研究对象看作一个社会系统，那么每个节点即为一个元素。每个节点对整个系统都是有作用的，但是作用又是不尽相同的。因此，应当关注系统内的每个节点即元素，但同时应有所侧重地关注。对于本书所研究的问题来说，不同社会风险传导系统的元素具有不同的影响强度和敏感性，我们应当区别对待，有侧重地进行关注和治理：一是重点关注男性婚姻挤压、光棍、拐卖人口、性犯罪、性疾病和其他犯罪行为等问题；二是适度关注弱势群体、性产业和破坏已婚家庭等问题；三是特别关注光棍不良的心理压力问题并加强相应的心理疏导和治疗方面的工作。

最后，要采取有效措施加强和创新社会管理，不同层面的社会安全状况应予以区别对待。通过本研究的分析，我们可知三个层面的社会安全状况对整体社会安全系统的影响程度是不同的，其中微观层面个体安全的影响最大，宏观层面社会运行安全次之，中观层面婚姻家庭安全的影响最小。因此，从政府社会管理职能的角度来说，应予以区别对待，比如对微观层面个体安全的关注度应提升，同时不能放松对宏观层面和中观层面社会安全状况的警惕和治理。在本研究所构建的性别失衡风险传导的社会系统中，我们同样需要有针对性地加强和创新社会管理活动，可将性别失衡风险的传导分为几个阶段，比如风险源、传导载体、风险传导路径和风险子系统等，有针对性地采取管理措施，尤其是对传导载体的管理活动更应加以关注。由于风险的传导具有传递性，因此，如果我们能对各个阶段的社会管理活动进行加强和创新，那么最终的社会安全状况就会得到极大的改善，从而实现社会既充满活力又和谐稳定的状态。

三　性别失衡社会风险的突变机制

中国经济体制的转轨和全球化进程的推进，导致中国社会日益暴露出深层次的矛盾和问题，构成社会安全事件的直接或潜在因素（周定平，2008）。而且，伴随中国经济社会转型，大量的过剩男性将作为新的社会弱势群体，成为转型社会不可忽视的重要力量，这种力量一旦与社会转型中的深层次的矛盾和问题相结合，就会成为"点燃"和升级社会安全事件的现实社会基础。性别失衡风险的多维交叉社会放大模型和风险传导模型，虽然已经揭示出性别失衡风险从人口领域传导放大到公共安全领域、从个体风险放大为全局性安全事件的机制和路径，上一节构建的性别失衡风险传导模型也揭示了性别失衡社会的风险源及其风险传导过程，但对于社会转型背景下的各种矛盾和冲突如何在性别失衡的各种风险事件的刺激下，导致社会系统中的矛盾和冲突发生突变，演化成恶性公共安全事件的升级突变机制尚缺乏明确的结论。因此，本研究将基于尖点突变模型所揭示的社会安全事件的发生机制，探讨性别失衡背景下社会风险突变升级的内在机制。

（一）性别失衡背景下社会安全事件的发生过程模型

对本章引言部分所列案件进行整理，从纵向和横向两个维度对案件发生背景进行分析。在纵向维度，案件主体心理方面的成长过程可以归纳为三个阶段，即积极向上、热爱生活——厌恶社会、消极、敏感多疑——人格扭曲、心理变态；在横向维度，可以将案件主体所处的外界环境划分为五个部分，即社会、家庭、恋爱状态、单位和邻里关系，其中恋爱状态和社会是案件主体做出危害社会安全行为的主要动因。从案件主体心理变化历程和外界环境等因素的影响来看，此类事件具有基本相同的发生过程，因此可以通过构建该类事件的发生过程模型阐释性别失衡背景下社会安全事件发生的基本过程。

1. 模型框架选取

荷兰学者 A. F. G. 汉肯认为一般系统理论与控制论是完全一致的，因此他将全部系统分为两类，即可由人控制的一类与人不能控制的一类。其中他将可控系统细分为状态（S）、环境（E）、决策者（D）三个子系统，并在此基础上提出了社会可控系统模型（如图 5 - 3）。社会系统理论认为，具备两个或两个以上的行动者按照某种方式相互交往而形成的系统即可称为社会系统。本研究所分析的案件主体及其周围环境具备社会系统的构成要素，我们可以将案件主体及其外界环境构建成一个社会子系统，因此我们将该子系统模型作为事件发生过程模型的框架。

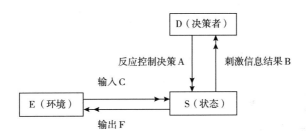

图 5 - 3　社会可控系统的三个子系统以及相应的基本变量

2. 外界环境变化过程分析

（1）社会控制类型

以美国学者 E. A. 罗斯为代表的社会控制理论始于 19 世纪末（罗斯，1989），随后国内众多学者都进行了深入研究，在社会控制类型的研究方面，大多数学者认可正式社会控制和非正式社会控制两种类型。在上述 6 个案件中，郑民生和陈康炳二人在从高尚职业从业者变为杀人魔头的过程中同样受到正式和非正式社会控制手段的影响，本研究拟采取该分类方法来划分发生过程模型中外界环境变化过程的社会控制类型。

（2）外界环境变化过程分析

根据犯罪社会学的相关社会学理论和方法，结合案件的发生背景，本研究认为，性别失衡背景下社会安全事件的社会控制手段变化过程主要有三个阶段。

阶段一：以非正式社会控制手段为主、正式社会控制手段为辅，比如上述案件中大多数主体都是在 40 岁之后才犯案的，这个阶段主要受自身、家庭和道德等非正式控制手段约束。

阶段二：以正式社会控制手段为主、非正式社会控制手段为辅，案件主体在实施犯罪行为前都经过了激烈的心理斗争，而引起心理斗争的正是法律等因素的限定。

阶段三：社会控制失效，案件最终的发生正是各种社会控制手段失效的表现。

3. 犯罪心理变化过程分析

通过对犯罪心理学国内外相关研究的整理，本研究认为该类事件的主体犯罪心理是一个渐进式的形成过程，主要有三个阶段。

萌芽期：积极向上、热爱生活，但是由于性格等原因缺少交流，该阶段可由郑民生和陈康炳在职业初期的积极工作态度得到验证。

滋长期：随着社会压力增大及恋爱等因素，使其越发厌恶社会，感到不公，该阶段产生于性别失衡以及社会经济变革的背景下。

成熟期：特殊事件的刺激，使得人格突然扭曲，进而心理变态。

4. 此类事件发生过程模型的构建

根据上述部分对社会控制手段的变化和犯罪心理形成发展过程的研究，构建该类事件的发生过程模型，如图 5－4 所示。

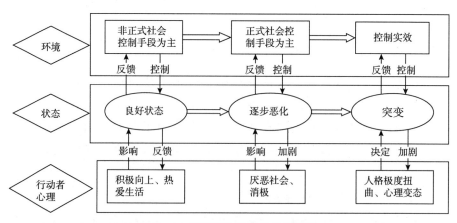

图 5－4　该类案件的发生过程模型

该系统模型从三个维度即环境、状态、行动者心理对此类事件的发生过程进行了分析：案件主体及其外界环境所构成的系统状态从良好到恶化再到突变行为的发生是一个渐变的过程；而案件主体所处的环境对其的社会控制手段从以非正式社会控制手段为主变为以正式控制手段为主再到所有社会控制手段失效；同时，案件主体的犯罪心理也是逐渐形成的，从积极向上、热爱生活变为厌恶社会再到人格极度扭曲、心理变态。因此，该模型对此类事件的发生过程进行了比较全面的呈现，为后续的突变理论解释工作做了铺垫，对 6 起案件的分析与上述模型基本吻合。

（二）性别失衡背景下社会安全事件的突变分析

1. 突变理论及尖点突变模型

突变理论是 1972 年由法国数学家托姆建立起来的以奇点理论、稳定性理论等数学理论为基础的理论，主要用于研究不连续的变化现象（Thom，1975）。突变理论不仅用于数学、物理学等自然科学领域中（凌复华、魏焕明，1985；凌复华，1987），而且在生物学和社会科学等领域中也得到广泛的应用（Fischer，1967；凌复华，1987）。在突变理论中，对于有势系统，托姆证明了只有 7 种基本的初等突变模型，而这 7 种模型中，在社会科学领域运用得最广泛的是尖点突变模型，应用该模型的前提是所分析的系统中只有 1 个状态变量和 2 个控制变量。前文构建的案件主体子系统符合尖点突变模型的应用要求，因此本研究选取该模型作为解释事件发生机理的基础模型。

2. 社会安全事件的突变分析

（1）应用突变模型的可行性分析

突变理论及模型在社会科学研究中的一个重要方式就是经验方式，即在系统的势函数未知的情况下根据系统表现的外部性态来建立它的一个突变模型（凌复华，1987）。社会科学问题的分析基础即是该问题的突变特征分析。齐曼（Zeeman）1976 年在其所构建的齐曼突变机制的基础上，对突变模型的基本特征进行了分析，可以总结为：多模态、不可达性、突跳、发散、滞后（Zeeman，1976）。以上五点是被学者们证明了的突变现象所遵循的基本特征，突变理论认为，在一般情况下，只要所研究的社会科学问题中出现上述两个以上特征时，就可以运用突变模型进行定性分析。

通过资料整理，本研究认为社会安全事件基本符合突变模型的五个特征。

a. 多模态，即系统中可能出现两个或多个不同的状态（〔英〕桑博德，1987）。对于社会安全事件主体，事发前的正常和事发及事后的极端是两个完全不同的状态，可认为该事故系统出现了两个不同状态。比如，在郑民生案中，郑民生在犯案前曾是一名众口交赞的儿童医生，但是犯案后在宣判法庭上仍不知悔改，这是两种截然相反的状态；同样，在"瓮安事件"中，28 日下午 3 时左右，仅有数百人去县政府门口情愿，这是一种比较正常的行为，但是在下午 4 点半左右，聚集了 2 万余人并与公安人员发生了冲突，砸了多辆警车还烧了县委大楼，事件的影响极其恶劣。

b. 不可达性，即系统有一个不稳定的平衡位置。对于社会安全事件，事件主体从正常状态到极端状态，几乎没有思考后果等中间状态，因此该类事故符合不可达性。在郑民生案中，郑民生从决定犯案到实施犯罪的间隔很短，可从其邻居前一天还见其正常的证词中得出；而"瓮安事件"中从最初的"请愿"行为到后来的疯狂发泄不满也仅间隔 1 个小时左右，可见该事件是符合突变模型的不可达性的。

c. 突跳性，即控制变量的不同取值使系统发生变化，而从一个稳态向另一个稳态的转变是突然完成的，所用时间很短。社会安全事件的后果往往都比较严重，受害人受到的迫害极为残忍，究其原因，事件主体在实施侵害行为的时候是瞬间完成的，由于受害人未做任何准备，因此尚未反应就已被伤害，符合突跳性的特征。比如在"瓮安事件"中，闹事群体砸若干警车、剪断消防人员的工具以及后来的火烧县委大楼等行为都是在不到 2 个小时的时间内完成的，使瓮安县相关工作人员无法及时采取有效措施予以应对。

d. 发散性，即控制参数数值的有限变化会导致状态变量平衡位置数值的有限变化（凌复华，1987）。通过资料整理笔者发现，很多社会安全事件主体的犯罪行为很多时候是因为受一个很小的事故刺激而爆发的，这是比较符合发散性要求的。比如，郑民生虽处于突变的临界值，但尚未真正实施犯罪，而受邻居"干大事"的言论刺激了他贸然行动。"瓮安事件"同样如此，请愿的人数本来不多，但死者的叔叔被不明人士袭击点燃了人群的怒火，现场警察抢走请愿横幅更是彻底激怒了群众，导致后续事件无法控制。

e. 滞后性，即当物理过程并非严格可逆时，会出现滞后（凌复华，1987）。在很多社会安全事件中，事件主体都处于人格极度扭曲和心理变态的状态，有的甚至在法庭上也不悔改，也就是说他们一旦进入这种极度危险的状态，就很难恢复到以前的安全状态，是不可逆的，具有滞后性；对于"瓮安事件"来说同样如此，从跟警察发生冲突开始，群体的破坏行为逐步升级，最终演变成火烧县委大楼等。

突变理论认为，在一般情况下，只要所研究的社会科学问题系统中出现上述两个以上特征，就可以运用突变模型进行定性分析。对社会安全事件进行整理后发现，此类事件基本符合突变模型的五个特征，理论上运用突变理论进行事件的成因机理分析，并构建相应的初等突变模型对该事件进行解释和分析是可行的。

（2）影响因素及相关变量分析

a. 社会安全事件影响因素分析

1977 年艾伯特·班杜拉（Albert Bandura）在前人大量研究的基础上提出了社会学习理论，社会学习理论认为，只有将行为人的个体信息与其实施行为的环境信息结合起来，我们才能理解有关的人类行为（〔英〕詹姆斯·马吉尔，2009）。对于社会安全事件，案件主体无论在正常状态还是破坏社会的极端状态，一般是其个人心理状态及周围环境共同作用的结果，可认为其影响因素为个体心理因素和环境因素。同时根据社会系统理论的观点，可将社会安全事件主体及其周围环境构成一个社会子系统。

b. 相关变量分析

由上述分析可知，社会安全事件主体的状态是由个体心理和环境两个因素共同影响的，符合突变理论中尖点突变模型的要求，即由 1 个状态变量和 2 个控制变量构成。

（a）状态变量：对于社会安全事件主体，无论其是处于正常状态还是极端状态，都是其与外界环境所构成的社会子系统的状态特征，因此将该系统的状态作为状态变量。对于郑民生案，郑民生及其周围环境所构成的子系统的状态可作为该系统的状态变量，而在"瓮安事件"中，聚集群众及其周围环境所构成的系统状态可作为其状态变量。

（b）控制变量：在社会学习理论的相关观点下（〔英〕詹姆斯·马吉尔，2009），该类社会子系统中的整体状态是由案件主体的个人信息即其心理和周围环境所决定的。根据系统论观点，我们可以将社会安全事件中犯案主体的心理及其周围环境构成该系统的两个控制变量。

通过对该子系统变量的分析，笔者进一步论证，对该类子系统的分析应选用初等突变模型中的尖点突变，这既是可行的也是合理的。

（三）性别失衡背景下社会安全事件的尖点突变模型构建

在应用突变理论解释社会科学问题时，一般通过运用相应的初等突变模型定性描述问题，本研究在运用尖点突变模型研究社会安全事件的发生机理时，同样也是借助模型进行定性描述。由托姆的数学演化以及齐曼对突变机构的证明过程可知，尖点突变模型是由若干公式相继推导而得到的。

1. 势函数

在社会科学领域，势由系统各个组成部分的相对关系、相互作用及系统与环境的相对关系决定，系统势可以通过系统的状态变量和外部控制参量描述系统的行为，势的数学函数描述也是由状态变量和控制变量共同决定的。因此，根据尖点突变函数的推导过程可知，由社会安全事件的主体及其外界环境构成的社会子系统的势函数可表述为：$V = V(x, c)$。在该势函数表达式中，V 表征的是社会安全事件主体及其外界环境构成的社会子系统势的大小，反映在郑民生案和"瓮安事件"中，可表示事件主体及周围环境所具有的势是否在可控范围内；式中的 x 是状态变量，即该子系统所具备的状态是安全还是危险，是一维变量，表征的是社会安全事件子系统所具有的状态特征；而式中的 c 是控制变量，由前文分析可知在该系统中，指的是社会安全事件主体的心理变量和环境变量，是二维变量，可分别用参数 u、v 来表示，对于具体的社会安全事件，主体的犯罪心理演化和周围环境的变化可作为其所处社会子系统的两个控制变量。

2. 平衡曲面方程

在突变模型中，平衡曲面是指由所有临界点构成的曲面。在该子系统中，可以描述为当社会安全事件的主体产生某一状态（安全或危险）时，其心理和周围环境所表征的程度，比如在郑民生案件中，平衡曲面方程就是指其处于安全状态时的心理和环境状况，同样在"瓮安事件"中，可指整个群体处于温和状态的情形。

3. 奇点集

在突变理论中，把某平滑函数的位势导数为零的点叫作定态点，在某些定态点附近，连续变化能够引起不连续的结果，此时将退化的定态点称为奇点，由奇点所构成的集合即为奇点集。在该子系统中，奇点集是指社会安全事件主体在从安全状态突变为危险状态期间（尽管只有很短暂的时间），其心理和外界社会控制所具有的程度。在郑民生案中，奇点集可表征为其发生危害行为时所具有的心理和环境状况，而在"瓮安事件"中，则表征为人群处于危险状态的情况。

4. 分歧点集

突变理论认为，当系统处于稳定状态时，状态变量 x 就取唯一的值。当控制变量参数 u、v 在某个范围内变化，安全状态函数值有不止一个极值时，系统必然处于不稳定状态。因此分析的关键是求"一对多"时控制变量对应的集合——分歧点集 N。分歧点集也就是奇点集在控制面（由两个控制变量所构成的平面）上的映射，一般是由平衡曲面方程和奇点集方程联立所得。在该子系统研究中，分歧点集表征的是社会安全事件主体产生状态突变时具有的所有心理和外界社会控制恶化的程度。比如，当郑民生处于残暴状态时，他的心理特征已达到变态，当时的外界环境也处于恶化状态；对于"瓮安事件"来说，分歧点集描述的是骚乱人群在实施极端行为时所具备的从众心理激变到"法不责众"的心理状态，同时政府相关人员简单粗暴的处理方式进一步恶化了人群所处的环境，进而使事态失去控制。

综合以上分析，将社会安全事件主体及其周围环境所构成的子系统的平衡曲面 M 和分歧点集 N 绘制出来得到该子系统的尖点突变模型（如图 5-5）。

在图 5-5 中，底平面是子系统中社会安全事件主体的心理和周围环境两个控制变量所构成的控制平面 C，控制面中的曲线 opq 即为分歧点集；曲面是由不同控制变量条件下案件主体的状态所构成的平衡面 M，由突变模型特征可知，曲面的上半部分即上叶表征的是子系统状态良好，处于安全状态，曲面下半部分即下叶表征的是子系统处于极度危险状态，而中间

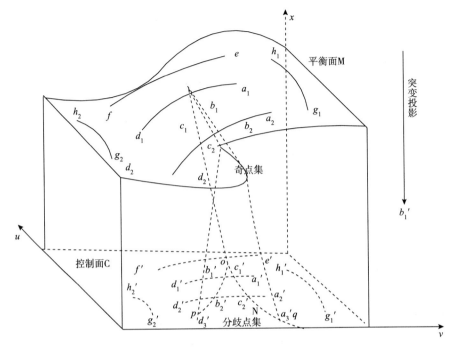

图 5 - 5　子系统的尖点突变模型

部分即中叶是不可达区域，表征的是社会安全事件的主体从安全状态突变
到危险状态的过程。

（四）基于尖点突变模型的社会安全事件发生机理分析

突变理论认为，平衡曲面中不可达区域上的点即是奇点，在控制面中
的投影形成分歧点集，也就是说只有在分歧点集中的控制变量才能使此时
的系统处于两个模态转变的过程。因此，基于尖点突变模型的社会安全事
件的发生机理从模型曲线解释和模型总结两个部分进行分析。

1. 模型曲线解释

（1）位于上叶曲面的 $g_1 - h_1$ 线，其实际意义是指在控制变量 v 不变的
情况下，社会安全事件主体的心理状况逐步恶化，该曲线在控制面中的投
影未处于分歧点集中，也就是说此时该子系统比较稳定，处于相对安全状
态，不会出现突变现象。在具体的社会安全事件中可予以阐释，比如在
"瓮安事件"中，尽管聚集的人群的心理已经处于极度膨胀的阶段，但是
在警察等公务人员简单粗暴地执法之前，人群还是处于相对温和的状态，

并未成为恶劣的社会安全事件；同理，位于下叶的 $g_2 - h_2$ 曲线表示的是在环境不变、心理恶化的情况下，社会安全事件主体持续地处于危险状态。比如在郑民生案中，即使在法庭上，郑民生也拒不认错，反而将错全部归于社会，有的类似事件的犯案者更是扬言如果出狱将继续危害社会，"瓮安事件"同样如此，在 28 日下午砸警车、烧县委大楼后的一天，仍有数千人在进行破坏社会安全的行为，进而给社会带来更大的不稳定因素。

（2）对于曲线 $e - f$ 来说，该曲线的实际意义是在控制变量即心理状态不变的情况下，随着环境的逐步恶化，在控制面 C 上的突变投影是 $e' - f'$，而曲线 $e' - f'$ 未与分歧点集相交，因此此时不会发生突变行为。多数社会安全事件的犯案主体从犯罪现场到法庭后，尽管环境发生了变化，但是其危害社会安全的心理并未变化，因此案件犯罪嫌疑人仍处于极度危险状态，并未突变为安全状态或者其他状态。

（3）对于曲线 1：$a_1 - b_1 - c_1 - d_1$ 和曲线 2：$a_2 - b_2 - c_2 - d_2$，二者都位于平衡曲面的中叶，且在控制面 C 中的突变投影均与分歧点集相交，因此曲线 1 中 $b_1 - c_1$ 是一个突变过程，同理曲线 2 中 $b_2 - c_2$ 也是突变的，在事件中即两个控制变量均发生恶化时，案件犯罪嫌疑人会做出杀人的突变行为。比如在郑民生案中，其在案发前已经积怨很久，处于即将爆发期，与此同时，邻居的一些言论和周围人的嘲讽使他处于突变状态，进而做出令人发指的行为。对于"瓮安事件"来说，社会变革所产生的各种社会矛盾在人们心中积怨已久，经过"李树芬"这一事件的刺激，再加上政府人员的简单粗暴执法，直接点燃了大家的怒火，导致事态失控。

（4）对于曲线 1：$a_1 - b_1 - c_1 - d_1$ 和曲线 2：$a_2 - b_2 - c_2 - d_2$，虽然两条曲线经过不可达区域，但是二者在控制面上的突变投影曲线 3：$a_1' - b_1' - c_1' - d_1'$ 和曲线 4：$a_2' - b_2' - c_2' - d_2'$ 与分歧点集相交所形成的长度大小不同，其中曲线 3 与分歧点集所形成的长度为：$\Delta x_1 = x\ (u_{b_1},\ v_{b_1})\ - x\ (u_{c_1},\ v_{c_1})$，曲线 4 与分歧点集相交所形成的长度为：$\Delta x_2 = x\ (u_{b_2},\ v_{b_2})\ - x\ (u_{c_2},\ v_{c_2})$，由图可知，$\Delta x_2 > \Delta x_1$，根据突变理论，长度越大说明两个模态之间的差距越大。在社会安全事件中，两个控制变量同时恶化，但由于恶化程度的不同，可造成案件主体不同程度的危险状态，比如在类似社会安全事件中，有的案件犯罪嫌疑人选择杀害若干无关的小学生，有的选择伤害个别相识的成年人，虽然都是犯罪，但是影响社会安全的程度是不同的；反映在

"瓮安事件"中，当政府相关部门处于不闻不问时，人群仅是骚动，并未出现什么过激举动，但是当死者的叔叔遭莫名侵害而且公务人员采取简单粗暴的手段制止这种请愿行为的时候，人群的怒火就被引爆了，进而导致更严重的破坏行为，可见不同的手段对事件结果有着不同的影响。

2. 模型总结

（1）只有当位于曲面上的曲线经过不可达区域即该曲线在控制面上的投影与分歧点集相交时，突变行为才会发生。在社会安全事件中，只有当案件主体的心理和周围环境同时变化并且经过不可达区域时，才会从正常状态突变为极端状态，在上文分析中，无论是郑民生案类的还是"瓮安事件"类的社会安全事件，都是在主体心理和外界环境均恶化时才会发生突变行为。

（2）当只有一个控制变量发生变化时，一般不会引发突变行为，但系统的功能会有所下降。在该子系统中，当仅有案件主体心理逐步恶化或者其周围环境恶化时，不会发生突变行为，但是其状态会比较差，处于非正常水平，比如"瓮安事件"的初期阶段，人群的心理处于恶化阶段，但周围环境尚未进行刺激，此时并不会造成严重的社会影响。

（3）不同的突跳值决定了不同的状态变化程度。在心理和周围环境均不断恶化的情况下，由于二者的恶化程度和路径不同，会产生不同的危险状态。在社会安全事件中，在处于不同的心理状态或者环境影响程度的情况下，案件主体的突变行为往往是不同的，比如有的选择杀人，有的选择重伤，还有的选择其他伤害行为等，对于群体性事件同样如此，有的群体性事件发展到静坐示威，有的则进一步发展到打砸抢烧等行为。

（五）社会安全事件主体的控制点分析

控制点理论认为，个体控制分为内控和外控两种，前者指把责任归于个体的一些内在原因（如能力、性格、心理等），后者则把责任或原因归于个体自身以外的因素（如外界环境等）。由于内控者与外控者理解的控制点来源不同，因而他们对待事物的态度与行为方式也不相同。对于本节所分析的犯案者来说，他们既是内控失效者也是外控失效者，带来的结果即为影响恶劣的社会安全事件。因此，对于此类事件的控制点分析既有理论价值又有实践操作意义。

1. 外部控制点分析：社会控制手段调整的角度

由前文分析可知，在此类事件的发生过程中，其外界环境所具备的社会控制手段也随之调整，即从以非正式社会控制为主到以正式社会控制为主再到社会控制的失效，是三个阶段的调整过程。因此，该过程的控制点主要在三个地方：以非正式社会控制为主阶段、以正式社会控制为主阶段和社会控制失效阶段。

（1）以非正式社会控制为主阶段。此时的案件主体主要受家庭、邻里、单位及道德习俗等非正式社会控制手段的制约，如果该阶段控制有效，那么在一定程度上可以抑制恶化状态的发展，因此，从公共安全研究的角度来看，政府和社会应联合加大对该阶段的控制力度，具体措施有：加强社区精神文明建设、加强企事业单位文化建设、加强公民的道德修养建设等。

（2）以正式社会控制为主阶段。一旦非正式社会控制失效，此时法律等正式社会控制手段的威慑力便显现，如果此时正式社会控制手段有力地遏制了案件主体状态的改变，那么将会降低之后突变行为的发生概率。从公共安全研究的角度来看，该阶段的具体措施主要是加强相关法律法规的建设和普及工作等。

（3）社会控制失效阶段。当所有社会控制手段均失效时，一般会发生个体的突变行为，此时控制手段只有转向暴力手段才能予以压制。从政府治理角度来看，应加强特殊地点（如小学）的治安建设工作，比如完善校园保安制度等。

2. 内部控制点分析：心理变化过程的角度

在该类事件的发生过程中，案件主体的心理一般是从热爱生活、积极向上逐步变为厌恶社会再发展到人格扭曲、心理变态。因此，该过程的控制点也分别在如下三个阶段。

（1）良好的心理状态阶段。为防止心理逐步恶化，应加强巩固自身良好的心理状态。从公共安全角度来看，该阶段应主要通过舆论等手段，加强公民心理健康和心理素质的建设等。

（2）逐步恶化的心理状态阶段。如果个体心理逐步恶化的趋势得不到及时有效的抑制，那么将会发展为人格扭曲、心理变态，此时，应尽快通过有效手段予以遏制。从政府和社会角度来看，此时应通过相关手段加强对公民不良心理的疏导工作，如建立相应的心理救助工作点等。

（3）人格扭曲、心理变态阶段。此时的个体处于危险状态，随时可能做出危害社会的事情，对该阶段的控制应从心理疏导到严厉打击两个方向共同进行。对该阶段的个体，政府应建立相应的情报机构，重点关注心理极端个体的行为。

通过以上对外部和内部控制点的分析笔者发现，案件主体的状态能得到一定程度的控制，从而减少类似事件的发生，减轻事件带来的危害。

3. 深层次控制点分析：社会结构的角度

无论是内控还是外控分析，都是将研究重点放在案件主体自身上，本节提出在对案件主体进行内控和外控分析之外，还有必要深层次挖掘此类事件系统所处的整体社会系统的控制点。

（1）人口性别结构平衡。当前，我国人口结构失衡已经产生了大量的大龄未婚男性，这些光棍的个体行为将会对我国的社会稳定产生一定影响，因此应制定各种措施应对性别失衡所带来的大龄未婚男性问题。

（2）社会公平。多数犯案者产生突变行为都是因为遭遇了社会不公，不被社会所尊重，由此引发了各种社会悲剧，因此政府应加强社会公平建设工程。

（3）经济发展。我国整体经济的高速发展并未给所有人带来更大的福利，相反，贫富差距使大量弱势群体进入恶性循环中，变得更加贫困，部分贫困人口会选择非法行为来获取财富，从而引发社会安全问题。

（4）法律健全。虽然非正式社会控制手段在特殊阶段能起到重要作用，但是法律等正式社会控制手段才是解决社会安全问题最有效的方法，而我国正处于法制建设过程中，加快法律健全步伐有利于减少类似事件的发生。

（六）结论与讨论

通过对某个时期社会安全事件的整理，本研究梳理出该类事件纵向和横向两个维度的发生背景，以社会系统理论为框架，以社会控制理论、犯罪社会学理论以及犯罪心理学等理论为分析基础，构建事件的发生过程模型，然后运用突变理论中的尖点突变模型对发生过程模型进行解构，从而对该类事件的发生机理进行了分析，并在两个模型的综合框架下，对事件发生的控制点进行解剖和分析，为政府提供政策干预点，得到如下研究结论。

（1）事件发生过程的连续性和突发性的统一。在社会安全事件发生前，对于事件主体来说，无论是心理状态还是外界环境都是连续缓慢变化的，但是发生的时候是瞬间完成的，对于整个事件来说，是连续性和突发性的统一，这可以从郑民生案和"瓮安事件"中得到验证。

（2）突跳值大小决定社会安全事件危害程度的大小。在社会安全事件主体及其周围环境所构成的子系统中，其突变模型中的突跳值大小直接决定了事件所产生的后果，突跳值越大，产生的危害越大，反之越小，因此针对社会安全事件的控制上以突跳值为主。

（3）针对控制变量的政策研究。社会安全事件主体的控制变量界定为社会安全事件主体的心理及其外部环境，因此在进行政策研究时可将重点放在控制变量的限定上，在内部控制点、外部控制点、深层次控制点上着力，从而使整个子系统趋于稳定，从而减少对社会的危害。对控制变量产生变化的根源进行深度挖掘，集中解决产生问题的社会根源，从而有针对性地解决各种社会转型所带来的社会矛盾，加快和谐社会的建设步伐。

四　小结

性别结构失衡对社会安全的影响日益增强，作为中国社会目前重要的风险源之一，性别失衡与经济社会转型期的诸多因素综合作用，成为引发群体性事件等影响公共安全的社会事件的重要驱动力。但由于缺乏适用的理论模型，性别结构失衡作为人口领域的基础风险被传导为社会安全风险的过程和机制未能得到有效阐释，在性别失衡背景下，社会风险突变为安全事件的发生机理也缺乏研究。本章在对某段时间内社会安全事件进行整理分析的基础上，将风险传导理论、社会系统理论、尖点突变理论等应用于性别失衡风险和社会安全事件的分析，构建了性别失衡风险传导理论模型、贝叶斯网络模型、性别失衡背景下社会安全事件的发生过程模型和尖点突变模型，并据此揭示性别失衡风险的传导机制和社会风险突变为社会安全事件的机制。性别结构失衡、相关政治经济措施以及相关文化引导措施作为性别失衡风险源，在风险传导过程中发挥了不同的影响，其中，男性婚姻挤压、光棍、拐卖人口、性犯罪、性疾病和其他犯罪行为等对社会安全状况的影响程度较大，而且敏感性较强，是具有重大影响的关键因素。而且，事件发生过程是连续性和突发性的统一，从性别结构出现失衡到各种社会风险的出现、从人口领域基础性风险上升为影响社会公共安全的全局性风险，有一个缓慢、持续的发展和酝酿过程。在社会安全事件主体及其周围环境所构成的子系统中，其突变模型中的突跳值大小直接决定了事件所产生的后果。

本章所揭示的性别失衡风险的传导机制和社会安全事件的发生机制，同时也启示了性别失衡风险传导突变为社会安全事件的防治方向。

首先，性别结构的失衡并不意味着社会安全事件的直接、必然爆发。从性别结构出现失衡到各种社会风险的出现、从人口领域基础性风险上升为影响社会公共安全的全局性风险，有一个缓慢、持续的发展和酝酿过程。在这个过程中，如果能有效地控制和化解各种社会风险产生的心理和社会基础，就可以有效地遏制这些社会风险转化为社会安全事件。

其次，性别结构失衡下各种社会风险既是相对独立的风险，也是性别结构失衡最终演化为社会安全事件的必然一环。因此，不能孤立地看待每一个社会风险，应该阻断每一个社会风险的恶化，防止整个系统的升级和恶化。

最后，在社会安全事件的演化过程中，虽然无法确定引发整个系统出现突变的社会风险，这个引发风险存在一定的不确定和偶然性，但引发风险的突跳值越大，整个社会安全事件的社会危害就越大。而且引发社会安全事件发生突变的社会风险事件的性质，也直接决定了突变行为的方向和性质。因此，在一个高风险的社会，应该积极地将各种风险控制在社会可容忍的范围内，避免恶性事件引发整个社会的风险，这是性别失衡背景下政府应对危机的关键。

第三篇

对策研究：性别失衡及其
社会风险的治理

第六章　性别失衡及其社会风险
治理的理论基础

一　社会变迁中性别失衡的理论阐释

性别结构的失衡源于出生人口性别比的失常。为了更好地理解和把握中国的性别失衡，需要站在社会变迁的历史维度和国际比较的空间维度去审视。由此可以发现，出生性别比的变动在不同地区和国家间呈现出显著的差异。既有日本这样的国家，出生性别比从未出现过异常；也有韩国这样的国家，出生性别比在20世纪80年代中后期曾出现偏高，但在1995年后就开始出现下降趋势，并在近几年恢复到正常水平；也有中国这样的国家，出生性别比在20世纪80年代同样出现异常，但近年来仍然保持在120左右居高不下；也有一些国家进入20世纪90年代后出生性别比开始出现异常。何以出生人口性别比呈现如此鲜明的时空特征？性别结构的失衡是发展中必然出现的阶段性问题还是特定文化环境下的特殊问题？现实社会中的复杂情况在国际上引发了对出生性别比异常的决定因素及解决出路的广泛关注和研究兴趣，而且对出生性别比异常背后的社会经济文化因素的追踪已成为近20年来研究的热点和焦点（朱秀、钟庆才，2006）。在中国目前社会快速转型的背景下，把握社会变迁中性别结构失衡的内在机制，是确定性别失衡及其社会风险治理方向的重要理论基础。因此，本节将在总结和分析经济、社会、人口学界对出生性别比失衡原因所进行的不同理论阐释的基础上，结合社会变迁理论，构建社会变迁背景下性别失衡演化的机制模型，对中国性别失衡的内在机制进行理论阐释。

（一）性别结构失衡的理论阐释

基于不同的理论视角，经济、社会、人口学家从不同的角度和层面对出生性别比失衡的原因进行了阐释。尽管侧重点和归类方式存在差异，但在以下方面基本达成了共识：①出生性别比的失衡是人为选择的结果，如果没有人为的干扰因素，不同种族、不同社会经济群体的出生性别比都基本保持在103～107；②产前和产后的性别选择是出生性别比偏高的直接原因，产前选择主要通过胎儿性别鉴定、选择性人工流产实现，产后选择表现为溺弃女婴；③男孩偏好是出生性别比失衡的根源性原因，性别选择在根本上是为了实现男孩偏好；④男孩偏好观念的形成，既是传统家族制度延续的结果，又是现实经济社会环境下的必然选择。因此，探求男孩偏好背后的经济社会文化环境因素及其实现条件，成为近些年来经济和社会学理论解释出生性别比失衡的重要发展方向。

Coale（1973）的 RWA 模型在历史视野下讨论生育行为"产生、扩散和消减"的动态过程及原因，旨在揭示微观个人行为及宏观社会现象的动态转变机制。如图 6-1 所示，RWA 模型的每个要素都有不同的内涵，但都取决于外部社会环境：效益（Readiness）因素考察新的行为方式能否给个人带来更多的效用，主要由制度环境和经济形态决定；意愿（Willingness）则是指人们是否有实施该行为的意愿以及道德规范是否允许人们这样做，它往往是社会结构和社会文化影响的结果；能力（Ability）因素考察人们是否具备实现某种行为的能力，往往由技术和经济水平决定。Lesthaeghe 和 Vanderhoeft（2001）曾在 Coale（1973）提出的效益、意愿和能力三概念模型的基础上，进一步丰富和完善，构建了一个描述新行为出现并在人群中扩散为一般行为的简单的数学模型。该模型认为选择一个新行为依赖于三个前提条件，首先在于新行为带来的收益超过成本，其次在于法律和社会规范对此行为的接受度，以及个人对法律和社会规范的遵从意愿，最后在于可以获取行为实现的新技术，三个前提条件必须同时具备，并且结果取决于最薄弱的前提条件，即 $S_i = Min（R_i，W_i，A_i）$。由于效益和意愿两个概念分别包含了对行为决策过程的微观经济的成本 - 收益核算，以及对新行为模式的法律和社会规范可接受性的思考，经济和道德两个维度能够很好地解决经济与文化间的争论，因此，该模型成为解释生育率转变的一个更为综合、常用的模型。亚洲近年来出生性别比的升高与生育率的下降呈现相似的扩散过程和运行机制，都是个体生育选择的宏观结果，区别在于前者是性别选择，后者是数量选择。

Guilmoto（2009）曾利用此三概念模型，从技术变革、男孩偏好和生

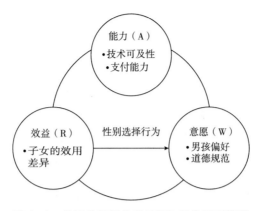

图 6 - 1 性别选择行为的 RWA 扩散机理模型

育挤压三个方面对出生性别比偏高的原因进行了分析。根据 Guilmoto（2009）的分析，男孩偏好作为一定社会经济条件下的理性选择，在对性别选择性流产持宽容态度的社会文化环境下，形成性别选择的行为动机，这种动机又因为生育率自然或强制性的下降受到生育数量的挤压而进一步强化，这个时候以 B 超诊断为代表的现代性别鉴定技术的逐步普及和推广，为男孩偏好的实现提供了现实基础，由此推动出生性别比快速上升。这三个前提条件在亚洲各国存在显著的时空差异，在同样存在男孩偏好的国家，有些国家因为现代性别鉴定技术普及率低、传统的性别鉴定和选择技术受制于准确性和安全性问题对出生性别比的影响有限，因此出生性别比尚未偏高；有些国家的出生性别比因较高的生育率暂时保障了男孩偏好的实现而保持正常；有些先行发展的国家尽管实现了低生育水平和现代性别鉴定技术的高普及率，却因男孩偏好的弱化而彻底解决了出生性别比偏高的问题。因此，现代社会生育率的下降和技术的革新与普及，在男孩偏好弱化前会激发出生性别比的攀升并呈现扩散的趋势，但随着男孩偏好的弱化，出生性别比问题将因最薄弱原理而彻底解决。

时代发展到今天，生育率下降和技术革新普及的浪潮已经不可逆转，因此理解和解决出生性别比问题的关键在于对男孩偏好产生因素的把握。无论是经济学家还是社会学家，都承认人的行为是受"理性"支配的。只不过经济学家更倾向于认为，人是依据个人稳定的利益偏好在各种行动中做出选择的；社会学家则强调人的行动是受社会环境和社会结构制约的。根据经济学理论的阐释，人的生育偏好和行为无论是数量还是性别都是对孩子的成本－效用权衡的理性选择结果。对个体来讲，生育数量取决于一个新生儿所带来的满足或者"效用"，同抚养这个新生儿所需负担的货币与心理"成本"两者间的平衡。新生儿所带来的效用包括消费效用、劳动－经济效用、保障效用、经济风险效用等。生产成本既包括父母所花费的生活费用、教育费用、医疗费用等直接成本，也包括父母为抚养子女所损失的受教育和带来收入的机会成本。基于效用递减规律，生育偏好及生育行为将在最后一个孩子所带来的效用和成本达到平衡的情况下终止。而生育行为之所以产生男孩偏好，主要源于男孩和女孩所带来的效用和成本不同。那么生育男孩或女孩带给父母和家庭的成本和效用为何表现出显著的性别差异呢？

首先，这种性别差异的形成在于社会制度和文化传统的塑造。在社会学家看来，父权制作为对妇女所受的压迫和剥削关系及特征的总体描述，为解释男孩偏好提供了一个很好的理论概念。在以"父权、父居、父系"为基础的父系家族体系下，男孩具有经济、社会文化和宗教三大功能。在传统的以父系为核心的家族制度中，从夫居的制度安排使男性与女性的婚姻具有完全不同的意义，女性婚后不仅生产力和服务都归属于丈夫家庭，而且居住环境的变动中断了女性的社会支持网络，使其成为夫家生儿育女的工具，而男性才是家庭和社会地位的生产者和传送者，家族的延续也自然由男性完成。在这种严格的父系家族制度下，对男孩的需求自然很强烈，女性的价值也只有依靠生育儿子来体现（Gupta 和 Monica，1987）。亚洲很多国家都是典型的父权制社会，特别是在中国、韩国与印度北部，这种文化尤为明显。长期以来，这种男性单系传递的家庭生活模式，不仅成为大众的一种生活方式，而且通过文化的力量逐渐内化为人们的价值取向和行为准则，形成以血缘亲子关系为价值标准的血亲价值观（姚远，2001）。尽管经济发展和社会变迁对男权主义的文化形成一定的冲击，但由于精神文化的变迁滞后于制度文化变迁，更滞后于物质文化的变迁（欧阳晓明、周宏，2004），因此基于微观社区环境形成的社会规范和舆论环境往往会保持相对的稳定性。而且根据马斯洛的优势需要决定论，多层次的需求所占的权重在特定的社会环境和发展阶段下有所不同，从而使性别差异在价值层面和不同需求层次得以延续。

其次，这种性别差异的形成也在于现实经济社会条件的强化。尽管随着社会经济的发展，父系家族体系日益松散，但男权主义文化经由不同时期政策与制度的巩固、强化而得以在现代社会延续和传承。"男尊女卑""男主外、女主内"的性别规范和性别分工模式从家庭领域推广到社会领域，形成社会权利和资源配置中的性别差异。这种男权主义的社会体制赋予男性更多的发展机会和权利，男性在整个社会生活中无疑能为家庭带来比女性多得多的资源和权势（庄渝霞，2006）。而且在经济条件落后的农村地区，生产力水平比较低，生产机械化程度也较低，体力劳动成为决定家庭经济收益的关键，男性自然能为家庭创造更多的经济收益。中国等发展中国家受到经济发展水平的制约，在人口快速转变的过程中，国家相应的养老保障制度安排特别是农村的养老保障体系严重滞后于群众的需求，传统的家庭养老模式在现代社会仍然有很大的市场。在传统的男婚女嫁、从夫居的婚嫁模式仍然占主流的情况下，儿子自然更多地承担起家庭的养老功能，而且也承担了更多的日常生活照料和精神慰藉的责任。由此，从家庭微观经济角度来看，男孩可以为家庭带来更大的预期回报。另外，印度等个别地区盛行的婚嫁习俗，也在养育成本方面加大了性别差异（Kim Barker，2006）。

（二）社会变迁的理论阐释

关于社会变迁的解释分为进化论、循环论、冲突论、均衡论等几种流派。进化论和循环论将社会变迁解释为单向成长、进化的过程（F. 奥格本，1989），往往用于解释历史长河中社会形态的演变，无法解释特定社会形态下的社会现象演进。冲突论认为社会的常态是冲突和变迁，变迁是人类活动和利益冲突的结果，其解释侧重于社会形态、结构和关系的变迁起源，却难以解释"现代化"等文化观念和生活方式的演变。与此相反，均衡论用结构 – 功能理论来解释社会变迁，隐含着社会稳定为"常态"的保守论点，该理论侧重解释当社会系统面临外部冲击或内部变革时，通过动态变迁实现新均衡的过程。因此，结构 – 功能理论能够更好地深入解释外部社会变迁与内部文化观念及其行为的演进机制，本研究将采用该理论分析性别失衡的演化机制。

根据结构 – 功能理论，社会是"许多部分组成的均衡系统"，社会系统中的每部分、每类社会关系都有其特定功能，这些关系的制度安排就是政治社会经济制度体系，它们为社会体系的维持做着贡献（Parsons，1951）。系统内的各部分之间具有相互关联、相互影响的复合因果关系，因而某个子系统的改变会影响其他子系统，如经济制度的改革会导致人们生活方式乃至社会结构的变迁等，制度变迁理论将其解释为强制性变迁会引发诱致性变迁（林毅夫，1994）。在没有外部冲击和巨大张力时，社会变迁通常是缓慢的，因为文化渗透于人们的工作、家庭、宗教及其他活动之中，起到了"黏合剂"的作用，但当这些活动之间、活动与文化之间的联系不再那么紧密时，文化的经济基础瓦解、变迁的条件就产生了（Steven Vago，2007）。社会变迁加速通常由系统的外部冲击或内部的变革张力引起，具有革命性特征的外部冲击往往带来巨大而迅速的社会变迁，最主要的两类外部冲击就是制度变革和技术革命。技术革命引发的社会变迁，通常会因为重要技术发明而带来迅速的经济发展和产业转型，进而带动人口职业分布和社会阶层结构的转变，经过一段时间的积累，原有的制度会因无法适应新的社会结构而发展变革，工业革命引发全球范围的社会变迁就是一例。战争、革命、社会动荡和政治危机等均会导致制度变革，合宜的制度变革能够为经济发展提供良好的制度和政策环境，保证长期的经济发展，进而带来社会结构转变，从而引发新一轮的制度变革，法国大革命引发的社会变迁就属于这一类。

（三）社会变迁中的性别失衡演化

事实上，RWA 三要素相互关联、共同作用于出生性别选择行为，构成一个子系统，但该系统不是孤立的，而是与社会中其他子系统相互影响的。因此，要解释性别失衡的演变机制，还需要解释各环境因素变迁之间的作用机制以及动态影响机制。本研究将社会变迁过程与出生性别选择行为扩散过程的分析结合起来，构建社会变迁与性别失衡演变机制模型（如图 6-2 所示）。

首先，对于初始条件不同的社会，触发性别选择行为发生的变迁因素也不相同。由于性别选择行为的发生必须同时具备 RWA 三个要素，影响各要素的社会变迁因素不同，那么：①对于具备意愿（W）和效益（R）要素的社会，技术进步和经济增长可以赋予人们性别选择能力，进而触发出生性别比偏高问题；②对于具备意愿（W）和能力（A）要素的社会，

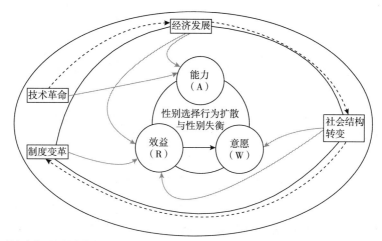

———→ 制度变革引发的社会变迁　- - -→ 技术革命引发的社会变迁　⋯⋯→ 社会变迁对性别失衡的影响

图 6 - 2　社会变迁中的性别失衡演变机制

关乎利益分配方式的制度改革和经济结构转变会改变子女给父母带来的预期收益或成本，使人们将性别选择行为付诸实践；③对于具备效益（R）和能力（A）要素的社会，一方面长期的子女效益差异会发展成性别偏好和默许性别选择的社会规范，另一方面社会结构改变会导致意愿（W）要素产生；④对于不具备多个要素的社会而言，则需要经历更多环节的社会变迁，逐步具备三个要素后再产生性别选择行为。

其次，在出生性别比偏高的问题出现之后，主导出生性别比水平变化的社会变迁因素将会动态变化。根据 RWA 模型中隐含的短板理论：①当"能力"为短板时，科学技术的进步和扩散、经济增长成为影响出生性别比水平的主要因素，能够提高个人实现性别选择行为的经济能力，从而加剧性别失衡；②当"效益"为短板时，制度体系、经济生产和社会关系的变迁成为主导因素，会通过改变男女的经济社会价值和地位差异影响性别失衡；③当"意愿"为短板时，社会关系变迁成为主导因素，通过意愿的转变影响性别失衡。

最后，社会变迁的路径不同，性别失衡演变的过程也不同。技术革命引发的社会变迁往往会遵循经济发展、社会结构转变继而发生制度变迁的路径；制度变革引发的社会变迁则遵循经济发展和技术进步、社会结构转变和更进一步制度变迁的路径。那么，在制度变革引发的社会变迁路径中，出生性别选择行为的要素变迁可能遵循"效益——能力——意愿——

效益——意愿"的往复过程；而在技术革命引发的社会变迁中，选择行为的要素则可能遵循"能力——效益——意愿——效益——意愿"的过程。

中国的社会变迁具有显著的阶段性社会经济特征，既表现为每个因素都在变迁之中，也表现为不同因素变迁的快慢、剧烈程度存在差异。这些因素变迁导致性别选择行为发生和扩散的要素发生变化，包括不同性别子女的成本收益差异、人们的男孩偏好和对性别选择行为的道德法律规范，以及获取性别选择行为技术手段的能力等，进而影响出生性别比的变动。首先，在制度改革探索阶段以国家主导的强制性制度变迁为核心特征。在男孩偏好文化（W）未曾削弱的情境下，该阶段的社会变迁导致家庭的功能定位乃至对子女的功能期望发生转变，男孩具备更高的农业劳动力价值，从而具有更高的净收益（R），传统实现男孩偏好的手段失去了作用（A），新的技术手段（A）引进，生育性别选择行为就这样产生了。其次，市场经济发展阶段是以经济增长及其带来的社会形态过渡为主要特征的。在这种背景下，政策的严格执行和价值观变化共同推动生育率进一步下降，人口流动和家庭核心化使儿子的养老功能开始弱化，传统代际关系转变，这些有利于淡化人们对子女净收益差异的预期（R），进而在长期有利于弱化男孩偏好（W），但经济水平的提高也加强了人们实现生男孩这个意愿的能力（A）。在经济发展弱化男孩偏好的作用尚未显现之前，性别选择行为还是在人群中呈扩散趋势。最后，经济发展及其带来的社会形态变化持续积累，最终导致社会结构发生变迁，推动社会发展进入社会结构变迁阶段。该阶段社会变迁对性别选择行为扩散的影响呈现两种完全相反的趋势：一方面，城乡和家庭结构变迁使代际和两性关系发生转变，一般家庭中儿子、女儿的养老功能此消彼长、日益接近，子女的净收益差异（R）逐渐消失，加之政府治理的介入，人们实现性别选择行为的能力（A）变弱，法律和道德规范（W）也日渐不支持性别选择行为的发生，这些都会导致性别选择行为扩散的减缓甚至消退；另一方面，社会分化导致贫富差距扩大，富裕人群和贫困人群的规模均在扩大，甚至阶层复制趋势日益显著，社会冲突加剧、社会治安风险扩大，导致富人以家产继承为目的的男孩偏好（W）和行为滋长，贫困弱势阶层因为安全保障的因素提高了养育女孩的成本预期和养育男孩的收益预期（R），男孩偏好（W）重新滋长。在该阶段，性别选择行为扩散和消减的两种动力并存，出生人口性别比可能出现增势放缓、徘徊不前或曲折下降的复杂态势。

二　性别失衡及其社会风险治理理论

自 20 世纪 80 年代以来，"风险社会"作为一个重要的分析概念开始进入社会科学研究领域，并得到广泛的认同。贝克、吉登斯作为风险社会理论的首创者，认为风险的出现是现代化的必然产物，因为现代制度的构建虽然提高了人们认识和消除风险的能力，但也产生了新的更大的风险，特别是现代风险与科学技术的发展和全球化紧密相关。科学技术发展到今天，已经成为一个高度复杂的系统，它所带来的后果变得越来越难以预测和控制，在给人类带来巨大福祉的同时，也潜藏着对人类社会的各种威胁，而且在全球化背景下，这种威胁和后果会迅速扩散到其他国家乃至全世界。中国正处于急剧的社会转型期，经济、社会、人口的多重转型，使中国呈现风险社会乃至高风险社会的特征，性别失衡问题与历史长期积累的社会隐患相互交织在一起，加大了社会的脆弱性和系统性风险。对于包括中国在内的风险社会的危害、成因及扩散机制，已有大量的研究涉及，但对于如何有效治理，尚缺乏足够的理论支持。贝克在提出风险社会的同时，也指出在风险社会，要"再造政治"以应对风险，即由于现代风险已经在本质上和特征上与传统风险有了根本的差异，传统的风险治理机制已无力应对。因此，本节将从前述章节中对性别失衡的产生机制及其对社会风险的放大机制的理论阐释，转向对性别失衡及其社会风险的治理机制的探讨，通过对公共治理理论和网络治理理论的总结分析，阐释在性别失衡及其社会风险治理中，应该建立起怎样的符合风险多元化特点的治理新理念和新机制。

（一）公共治理理论

1. 公共治理理论的缘起

随着经济的发展和社会的进步，人们对公共物品的需求不断增加而且更加多样化，对公共治理的理论和实践提出了更高的要求。人类社会进入 20 世纪 90 年代后，公共治理理论成为当今西方学界最流行的理论之一。公共治理理论既重视发挥政府功能，又重视社会组织的群体势力，提倡两者应该相互合作、共同管理，它之所以能登上历史舞台，并且在包括发达国家和发展中国家在内的世界公共管理领域得到广泛应用，主要得益于以下三股潮流的推动。

（1）公共治理危机的出现

公共事务的管理手段主要有两种形式，一种是依赖政府机制，采用集权化和官僚制的管理手段；另一种是采用市场机制，利用市场调节进行自主供给。传统的经济理论主张通过"政府之手"或者"市场之手"来解决，但事实上，无论是政府还是市场都不能完美地解决公共治理问题，传统理论受到巨大的冲击和挑战。实际上，公共产品并不是在封闭环境中产生出来的，它产生于关系复杂的社会空间，不可避免地要与各种社会组织和经济组织发生关系。伴随着市民社会的不断成熟，社会和市场的作用也逐渐侵蚀着传统的公共产品供给模式。在公共产品供给手段的选择上，需要摆脱对单一的政府机制的依赖，寻求一种更多样化的手段（高秉雄、张江涛，2010）。

（2）全球化运动

随着全球化、区域一体化的逐步深入，各国之间的联系越来越密切，经济全球化促使人们的活动逐渐跨越国界，产生了许多跨国性的经济组织和社会组织，国家决策与管理的影响力也不仅仅局限在一国之内了。因此与公共产品相关的管理主体不仅多元化，而且也超出了国界的限制，并导致了社会资源流动的加剧。而且，单纯依靠联合国的安全机制和国际社会的和平力量，已经无法拯救世界一些地区大规模的无政府状态，尤其是毒品、跨国犯罪、核武器扩散、科技风险、环境保护等问题已对国际社会的管理提出了严峻的挑战（魏涛，2006）。

（3）技术进步与公民结社运动

科学技术的进步使人类的信息交流更加密切，文化的渗透和借鉴程度也大大加强，人们能够接触更多的新理念，在社会发展中能够有选择和借鉴。因此，伴随着这种交流和传播，人们对公共事务和公共产品的认识更加成熟，单一的公共产品供给形式越来越不被人们所接受。人类交流的加强促使人类的思维更加开放，也更加复杂，所以面对公共产品的供给问题，越来越多的人希望出现更多的形式，在供给主体上也希望有更多的选择。公民结社运动的迅速发展也为公共治理的全面运作提供了现实基础和体制化支援。

　　埃莉诺·奥斯特罗姆教授突破传统经济理论政府和市场非此即彼的禁锢，在大量经验研究的基础上发现了治理公共事务的"第三只手"，提出了公共治理理论，为解决现实问题提供了新的思路。

2. 公共治理理论的基本内涵

　　公共治理理论事实上是由政府、市场和第三部门共同治理国家和社会的一种理论。公共治理理论既是对福利经济学关于市场失灵论的超越，也是对公共选择理论关于政府失败论的超越。它抛弃传统公共行政的垄断和强制性质，强调政府、企业、团体和个人的共同作用，充分挖掘政府以外的各种管理和统治工具的潜力，并重视网络社会各种组织之间平等对话的系统合作机制。公共治理是指政府、社会组织、私人部门、国际组织等治理主体，通过协商、谈判、洽谈等互动的、民主的方式共同治理公共事务的管理模式。与传统的公共行政相比，公共治理不再是自上而下，依靠政府的政治权威，通过发号施令来制定和实施政策，对公共事物进行单一化管理。它强调的是主体多元化、方式民主化、管理协作化的上下互动的新型治理模式。

　　公共治理理念关注的主要问题是：如何在日益多样化的政府组织形式下保护公共利益，如何在有限的财政资源下以灵活的手段回应社会的公共需求（陈振明、薛澜，2007）。为此，公共治理力量非常关注不同治理主体针对某一治理对象采取的治理方式所产生的绩效（任声策等，2009）。Hill 和 Lynn 提供了一种研究公共治理理论的逻辑（Hill 和 Lynn，2004）。该逻辑框架描述了为实现有绩效的公共事务管理，各治理主体所采取的集体行动的互动过程及内在逻辑关系（见图 6 - 3）。

　　公共治理理论强调治理主体的多元化、治理权利的多中心化、政府权力的有效化和参与主体的平等与合作（胡正昌，2008）。也就是说在处理公共事务时，管理主体已经不再局限于政府部门，各社会组织、私人部门、国际组织甚至公民个人都可以成为公共治理的主体，而且，应该鼓励相关利益群体、专家学者以及关心公共事务的组织和个人的参与。在此过程中，政府的作用范围大大缩小，政府不再是无所不包的"全能型政府"，而且政府与社会组织、私人部门、国际组织等其他主体之间，不再是管理与被管理、控制与被控制的关系，而是相互平等的合作关系。由此形成多个权力中心互相监督、互相制衡，共同治理公共事务的局面，这不仅可以

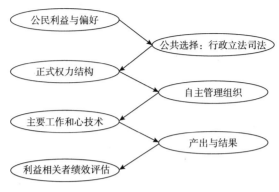

图 6 - 3   治理的政治经济逻辑

限制政府滥用权力，极大地降低管理成本，提高管理效率，而且可以促进不同主体发挥其特有的作用，以达到处理效率的最大化。

3. 公共治理的理论演进

早期公共治理理论主要研究主要地区和一部分国家在治理中形成的一些经验。随着公共治理理论研究的活跃，研究内容逐渐从单个国家或者地区的经验研究、少数国家的比较研究，慢慢地深入关于公共治理与治理绩效的一般性研究，研究结果也逐渐克服了早期的个案研究中缺乏一般性的不足（滕世华，2003）。经过十余年的快速发展，公共治理理论的研究内容已经非常丰富，各种观点纷呈。公共治理理论专家斯托克认为各国学者们对治理理论已经提出了五种主要的观点，分别是：①治理意味着一系列来自政府但又不限于政府的社会公共机构和行为者；②治理意味着在为社会和经济问题寻求解决方案的过程中存在界限和责任方面的模糊性；③治理明确肯定了在涉及集体行为的各个社会公共机构之间存在权力依赖；④治理意味着参与者最终将形成一个自主的网络；⑤治理意味着办好事情的能力并不仅限于政府的权力，不限于政府的发号施令或运用权威。而在这些围绕公共治理理念不断探索的思想流派中，多中心治理理论备受关注。

多中心治理理论相对于新公共服务而言，在治理主体的选择上不仅仅重视社会的作用，而把社会组织、经济组织放在与政府对等的地位上，通过它们之间的有效合作来进行治理。多中心治理追求的是统一规则下的合作治理，政府、市场与社会的对等合作表现为网络治理和多层次。多中心是指在治理主体上有多个中心，这种多中心是一种治理网络中的多个中心之间的合作，不仅指同一层次上的多个决策中心，还包括不同层次上互相交叉的合作。善治是这种多元合作治理形式的最高要求。善治的根本要求是一种社会分化和协作，它要求政府、市场、社会三者寻求公开、透明的合作关系，明确它们在公共产品供给上的权责关系（高秉雄、张江涛，2010）。

（二）网络治理理论

1. 网络治理理论的缘起

网络治理理论是公共管理网络研究的最新发展，该理论勃兴于西方，以欧洲和美国为典型代表。20世纪70年代以来，公共治理理论在世界各国公共事务管理领域的广泛应用，特别是网络技术的快速发展，为网络治理理论的兴起创造了条件，提供了可能。

第一，这是公共治理进一步发展的需求。随着治理理论研究的深入和不同领域实践的开展，治理理论所拥有的一系列弊端也开始显现。多中心治理理论虽然提出政府、经济组织和社会组织在同一规则下的共同治理，强调多方参与，但却无法明确给出多方参与的具体框架；试图整合政府、市场等多种力量，发挥社会管理和提供公共服务的作用，却缺乏明确的操作手段；学者们尝试运用政治学、经济学等不同领域的理论进行解释，但是结果往往莫衷一是，缺乏统一的认识（姚引良等，2010）。在这种情况下，网络治理作为一种易于构建组织框架和可操作性更强的治理工具，其出现弥补了治理理论的诸多缺陷，提出了更具实践操作性的方案。首先，网络治理为政府、市场和社会三者的合作提出了明确的框架，建立了明确的合作构建机制，合作过程中的信任、沟通等协调机制以及最后的效果评价机制；其次，网络治理坚持治理的多元参与和分权理念，又从技术进步和顾客（公民）选择角度扩展了治理理论，从而在网络化数字技术支持下实现网络结构内各方的协同和互动，真正将治理理念付诸实践。

第二，这是对信息时代的回应。信息时代的到来宣告了网络社会的出现。正如曼纽尔·卡斯特在《网络社会的崛起》一书中所提出的，信息时代的特征表现为网络社会的生成，而这一社会又以全球经济的力量彻底摇动了以固定空间领域为基础的国家或任何组织形式。各种有形和无形的网络将分散在不同地域的个体连接起来，渗透人类社会生活的各个层面，从跨国领域到一国国内，从经济层面延伸到文化和社会层面，使信息以更快的速度在个体间传递，使公共事务日益复杂、难以驾驭。这对政府管理提出了严峻的挑战。同时，在网络社会和网络组织等理念的引导下，网络的分析技术被应用于社会学，并扩展至经济学、管理学、政治学等学科。网络作为一种治理途径也随之进入公共管理学者的视野。从本质上说，治理理论的核心思想在于通过合作、协商和伙伴关系，确立共同的目标，对公共事务实施管理，这些特征与网络分析在某种程度上是契合的（郭春甫，2009）。

因而，从20世纪80年代开始，网络治理逐渐获得了西方公共管理学者的认同，他们在公共管理学科逐渐展开了对网络治理的研究。到20世纪90年代中期，政府间关系、跨组织、跨部门、跨机构研究议题的出现，使网络研究逐渐成为公共管理领域的显学。

2. 网络治理理论的基本内涵

美国印第安纳波利斯市前市长斯蒂芬·戈德史密斯和威廉·埃格斯提出，网络治理象征着世界上改变公共管理部门形态的四种有影响的发展趋势正在合流。这四种发展趋势是：利用私人公司和非营利机构从事政府工作的第三方政府模式；从顾客－公民的角度考虑，采取横向协同、纵向减少层级的做法提供更为整体化的公共服务；数字化网络技术大大减少了合作伙伴之间的合作成本，促进了网络化组织模式的发展；公民希望增加公共服务选择权的要求不断提高，而多元化服务需求和多用户服务管理客观上要求建立便于互动和倾向于网络化运行的服务模式（〔美〕斯蒂芬·戈德史密斯、威廉·埃格斯，2008）。对于网络治理，学者们基于不同的视角进行了众多的概念界定。琼·皮埃尔和盖伊·彼得斯把它看作与科层体制、市场及社群并存的一种治理结构或过程（政策网络），斯蒂芬·戈德史密斯和威廉·埃格斯则认为网络治理是与一种特定的政府类型关联在一起的，荷兰学者沃尔特·科克特则把网络治理看作一种特殊的治理模式。国内学者提出网络治理是一种复合中心的治理形式，具有自我组织的特征，表现出对政府干预的抵制，能够制定自己的政策并构建自己的环境。也就是说，网络治理意味着治理主体能够按照相互达成的博弈规则和信任进行资源交换、妥协以及互动（张康之、程倩，2010）。网络治理意味着政府的治理是在网络中发生的，政府只是此网络关系中的一个构成部分，同样要受到网络规范的影响与限制，同时政府还与其他组织形成互动与依赖的关系，与科层制的权威基础不同，网络治理强调信息的重要性，注重信息在不同构成要素之间互通互联，除了按照传统的自上而下的层级结构建立纵向的权力线以外，政府治理还必须依靠各种合作伙伴建立横向的行动线（郭春甫，2009）。但无论如何，网络治理作为公共治理的具体表现形式，仍然强调政府部门、社会组织、经济组织或公民个人等众多行动主体彼此合作，即强调环境的相互依存和权力的分享，也强调利益的博弈和能力的互补，因此，网络治理被认为是最能够实现和增进公共利益的一种新的治理形式，是一种能够提升集体的问题解决能力和促进政策发展的领航形式，与传统的治理模式有根本性的不同。

3. 网络治理的理论架构

（1）网络治理的目的

网络治理的目的在于通过网络结构内部不同参与主体之间的协商和调整实现对公共事务的管理。为了在相互依赖的情境中达成目标，参与者必须运用各种各样的途径影响政策，同时把依赖于其他参与者的效果融入自己的策略中。因此，网络治理不仅与传统的政治、科层体系的协调不同，而且也与个人独立选择的市场协调不同，对网络治理而言，参与者行为的调整是通过协商而展开的互动过程。

（2）网络治理的基本理念

网络治理的基本理念被归纳为以下四个方面：分权导向，从一元化到多元化；社会导向，寻求建立新型的国家与社会的关系；服务导向，从统治行政走向服务行政；市场导向，重构政府与市场的关系（姚引良等，2010）。与公共治理的理念相一致，网络治理也强调虽然政府仍将发挥其他组织不可替代的作用，但它不再是实施社会管理功能的唯一权力核心。网络治理的过程就是寻求建立新型国家与社会关系的过程，是重新定位政府统治与公民作用关系的过程。政府作为一种提供公共产品和进行各种制度创新的公共组织，恰恰在网络结构内部各主体平等协商、相互依赖的环境下真正实现了向服务行政的转化。网络治理注重用市场机制来改造政府或用企业家精神来重塑政府，在物品和服务的提供上采用市场的方法（合同外包、代理等）或非市场的方法，并在公共组织中确立节约成本和提高效益的激励机制。

（3）网络治理的定位

对于网络治理的定位存在相当大的争议。有些学者认为网络治理是一种新的治理工具，它实现了对传统的、自上而下的单一行动者领导方式的改良，虽然它不再将管理者视为绝对的权威，并以目标导向的方式来影响其他行动者或利益团体，但在本质上依然严守单一领导原则，只是在传统的管理框架下增强了领导的诱导性、交往的沟通性和管理过程的契约性。也有学者认为网络治理是制度层面的重新设计和安排，是在制度层面重视网络结构的多重目标以及网络组织内部制度安排的结果，即在制度层面体现出了网络的特性，并根据这一特性把行动者、关系、资源以及组织等安排到网络结构中去，从而取得治理的效果。

（4）网络治理的方式

网络治理需要掌握个体层面的事务管理和总体层面的结构管理，前者的重点在于保证网络成员间的互动顺畅，后者的重点则在于健全网络结构。只有这两个层面的管理都合乎网络治理的要求，才能使网络成员的服务承诺和资源投入都得到保障，才会出现真正的网络成员间的平等、互惠与信任关系（彭正银，2002）。为此，有效的治理方式的设计是实现网络治理的关键。丹麦学者伊娃·索仑森认为存在四种网络治理方式，即自我构建式的不介入方式、故事叙述式的不介入方式、支持与促进式的介入方式和参与式的介入方式。后两种方式属于干预型网络治理，表现为政府主体通过支持与促进网络成员间的交换或直接介入交换过程而推动特殊利益的实现。至于前两种不介入方式，指的主要是政府通过推动立法为网络的发展指明大致的方向，而达成目标的路径和机制则留给组织自由定义和细化，也包括政府采取激励性措施，鼓励组织通过特定方式互相合作（张康之、程倩，2010）。

第七章 性别失衡议题的讨论与政策博弈

一 性别失衡议题背后的多元利益格局与政策博弈

(一)引言

20世纪70年代,赫克罗(Heclo)提出政策议题网络(Policy Issue Network)的概念,指出在政策制定过程中,不同集团会从多个层面参与政策议题,以不同方式相互作用,共同影响政策进程,其关系构成松散的网络。在网络中,各议题参与者组成社群,代表实在的或潜在的利益集团,进行政策博弈。政策议题网络实质上是人们围绕同一政策议题互动而形成的社会关系结构(张新文、潘思柳,2008),它再现了多元的公共政策生态系统。因为该理论捕捉到了政策参与者身份的广泛性、协作关系的不稳定性、决策资源权力分配的不平等性,以及利益冲突整合的多态性等特征(林震,2005),所以其对开放的政策体系和决策机制表现出了良好的解释力,在国际上拥有众多的支持者。

本节拟以真实世界的政策议题网络作为研究对象,分析和理解性别失衡相关政策的制定过程与制度内涵,透视性别失衡政策议题所反映的社会利益结构。20世纪80年代以来,持续偏高的出生人口性别比严重困扰着中国,引发社会一片热议。由于性别失衡的政策议题上涉国家基本国策,下及黎民个人婚配,同社会发展休戚相关,因此进入20世纪90年代,该政策议题网络迅速扩张,达到了难以估量的规模。如林德布洛姆(Lindblom,1988)所言,"决策的力量会因某种原因结合在一起产生出'政策'结果,我们要力图弄清这些结果的原因"。在多元主义视野下政策议题网络是各利益集团左右决策进程的核心载体,要想理解性别失衡的相关政策并促进政府科学决策,就必须深入研究该网络的结构,分析深嵌其内的各种利益博弈行为。

随着互联网络的普及，以广域网和局域网为载体的政策议题活动非常频繁，发展出网络参政、网络议政、网络问政等形式，网络信息交互具有了极为丰富的政治内涵。由此可见，我们可以利用网络搜索引擎批量获得网络电子记录，并据之对性别失衡政策议题活动进行分析和研究。具体依托互联网和中国期刊网，以"性别失衡"为关键词进行标题搜索，搜集1990年1月至2010年5月有关性别失衡政策的发言与对话，共获得1065条议题信息，其中从互联网获得950条记录，从中国期刊网获得115篇论文。利用这些信息，对中国性别失衡政策议题网络中的利益格局及博弈过程进行分析。

（二）议题网络的参与人群

政策议题网络内充塞着各类议题，其运行是网络成员围绕议题积极双向互动（发言、劝告、旁听、争论）的过程。分析和归纳性别失衡议题的发动者和参与者，辨析其中的核心人物和团体分化，将为理解性别失衡政策议题网络的利益集团提供初步资料。本节辨识来自互联网的950条议题记录的参与者身份，首先删除其中重复或无关信息178条，再对各议题记录的发言角色进行统计分析，获得以下几类活动群体。

1. **代议机构与参政议政组织**

根据统计结果，人大代表和政协代表的参与比例分别占3.92%和1.18%。他们主要利用手中的提案权和决议权，对各类性别失衡政策议题进行讨论、建议和投票，如根据2009年3月17日《亚洲时报》报道，当年在两会上有多名中国人大政协代表提交了降低男女性别比例的议案。类似情况在全国性和地方性的人大和政协组织会议中都出现过，性别失衡政策议题进入立法机关和参政议政组织，充分说明了该议题的重大社会意义和政策价值。

2. **政府机构**

性别失衡的政策议题发言，来自政府机构的约占15.69%。议题形式包括公布政策制度、报道工作动态、接受媒体采访、与公众进行直接对话，以及委托专门人员进行课题研究等。其中人口计生委作为职能部门，结合倡导社会性别主流化、禁止非医学需要选择婴儿出生性别、关爱女孩行动等，利用公众媒体、部门网站和工作刊物发表了一系列相关言论，成为议题发展的重要推动力。从议题观点来看，由于失衡态势的不同和地区利益的差异，经济发达区域与欠发达区域政府的议题视角和议题观点仍然存在一些差异。

3. 学术团体

来自学术团体或研究者的议题言论约占 25.49%。在 20 世纪 90 年代，研究人员率先就性别失衡的公共政策问题提出各种议题观点，起了先导性的议题组织与政策推动作用。进入 21 世纪初叶，性别失衡成为全社会共同关注的话题，许多学术团体和研究者也聚焦于此，表现出非常高的议题参与热情。在许多研究中，学术团体被视为非政府组织的分支，但是在性别失衡政策议题网络中，学术团体与一般非政府组织的作用相距甚远，前者在议题讨论中经常起到引领和推动议题的作用，甚至在一些议题发展阶段还占据着言论的主导地位，当议题发展陷入僵局之时，其研究往往具有破冰或解疑之效，鉴于其角色的重要性，本节将其单独列出。而其他非政府组织虽然也参加过一些议题活动，但主要发挥议题交流平台的作用，议题态度不够明朗，独立的议题观点也比较少，这里暂不将之单独列为一类活动社群。

4. 社会公众

此处仅仅统计标题文章发言人，社会公众约占 25.49%；如果将论坛或博客反馈发言计算在内，社会公众将占到总发言量的 60% 以上。作为直接的政策利益相关者，中国社会公众卷入性别失衡政策议题网络的深度，远比参与其他政策议题网络要高。参与角色包括：①计生政策对象。中国的计划生育政策执行了 30 多年被强制结扎的人群达到一定规模。这部分人主要生活在农村，其中不少人同时在行为和议题观点两方面对抗生育政策，这部分人主要持男胎论或多胎论。相比之下，生活于城市的对象，由于文化环境的差异和经济生活的相对富足，对控制性生育政策褒贬参半，主要在家庭结构合理性方面发表议题言论。②婚姻市场利益相关者。性别失衡的直接后果是婚姻挤压，婚龄人群作为当事人，有许多被吸引到议题中来。事实上，性别失衡后果的展现还是将来时，可能受到冲击的孩子尚且懵懂，反之，年轻的父母们更为忧心忡忡，其中有不少人参与了性别失衡相关议题的讨论。③议题兴趣公众。因为性别失衡事关国计民生、族群繁衍发展和血亲结构变化，所以社会公众对性别失衡和计划生育议题非常关注。不少人撰写博客或文章表达思想、登录聊天室或论坛参与交流、旁听或阅读已提交的议题，并向询问者传达个人观点，主动发起或参与各种各样的议题讨论。

5. 家庭

家庭是社会最小的单元，也是性别失衡的直接利害相关团体，它以血缘发展为中心，以家庭成员规模和性别年龄结构为要件，受到生育政策的直接影响和调控，集体承受性别失衡的各种后果，对性别失衡后果的反应极为敏感，有鉴于此，本研究将之视为公众之外的一类活动社群。由于没有人会在讨论中主动表明自己考虑的是家庭利益和成员需求，所以判别这类参与人群较难。不过通过分析公众的议题观点，可以清晰地看到一些议题发言诉说的是关于自身家庭的忧思和设想。按照议题态度的不同，家庭可分成三类：①超生家庭，指已经以行动反抗计划生育政策，并在政策范围内受到了处罚的家庭，他们对计划生育政策持反对态度；②影响家庭，一般是希望生育二胎或者希望生育政策彻底放开的家庭，以及因性别失衡在婚姻市场挤压中受到影响的家庭，他们参与议题讨论的热情比较高；③关注家庭，指从家庭安全与发展角度考虑，参与议题讨论的前两类家庭之外的其他家庭。

6. 公共媒体

根据统计，公共媒体的议题发言约占 22.75%。政策议题网络既可以通过口头传播，也可以采用文字或图片的形式在公共媒体上传播，在许多情况下公共媒体属于议题参与者，如新闻记者的报道、专访节目的主持、期刊论文的编辑等，根据媒体的立场和态度取舍议题信息，使之被打上了本利益集团的烙印。但是当网络服务提供商提供发表平台却无法进行内容的实质性审查时，公共媒体只有议题工具价值，没有扮演议题参与者角色。这里的统计针对的是前一类型。

7. 境外参与者

作为人口第一大国，中国的性别结构失衡问题同样引起了境外各种力量的关注，其议题发言约占 5.10%。境外参与者的具体发言身份有学者、项目专家、记者、国会议员、政府或 NGO 官员等。在中国出现女性缺失问题之后，国际上曾多次出现以中国性别失衡为中心议题的讨论和研究热潮。用 Poston 和 Morrison（2005）的话讲，中国男性过剩和女性短缺不但是中国的问题，也是世界的问题。从实现情况来看，在中国的性别失衡政策议题网络之中，存在较强的境外压力集团。

　　赫克罗认为政策议题网络的参与人群包括政府官员、立法者、商人、说客、学者和记者，根据利益从属关系，他们可被进一步归纳为政府、国会、经济利益集团、压力集团、学术团体和公共媒体。而根据麦克法兰德的研究，这些组织具有三位一体的权力结构形态，由政府机关、特殊利益集团及反对性利益集团组成（McFarland，1987）。麦克法兰德的模型与罗维（Lowi）提出的"铁三角模型"（联邦政府、国会、利益集团）存在本质区别，在这一模型中，政府机关与利益集团不属于互惠互利关系，它扮演的是中立者角色；特殊利益集团专指经济利益集团，由于具有太大的权力，需要由政府和反对性利益集团来平衡，以实现公共利益；这里的反对性利益集团可以是实在的也可以是潜在的反对团体（杨代福，2007）。

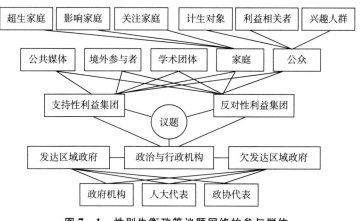

图 7 - 1　性别失衡政策议题网络的参与群体

　　本节所列的参与政策议题的七类人群，是否契合赫克罗和麦克法兰德关于政策议题网络的概念或权力模型呢？经过比较可知，中国的性别失衡政策议题网络具有开放性高、参与对象广泛、网络成员进出自由度大等特征，参与群体包含并超出了赫克罗描述的对象范围。由于中国本土的政治特色，在政策议题网络权力结构中不仅存在人民代表大会这一代议机构，政协作为参政议政机构也占有一席之地。从集团的性质和形态来看，麦克法兰德模型专门针对经济政策议题网络，因此其中的特殊利益集团是经济性的、实体化的，而在性别失衡政策议题网络中特殊利益集团和反对性利益集团的边界较为模糊，行业属性也不明显，具有更为复杂的现代政策多元主义特征，由此可见将"特殊利益集团"改为"支持性利益集团"更为恰当。从图 7 - 1 来看，麦克法兰德的模型不完全适用于中国的性别失衡政策议题网络，对于后者，政府机构既没有保持中立地位，也不像罗维的"铁三角模型"那样被利益集团所左右；就个别议题而言，各级政府的利益并不完全一致，政府机构内部也存在支持性利益集团和反对性利益集团。

（三）议题交流：利益表达与议题态度

以上对议题参与群体的区分考虑的是参与者的身份角色，它们不同于政策网络研究中常被提及的"政策社群"（Policy Community）。政策社群指共同关注某些议题的主体或潜在主体（豪利特和拉米什，2006），各议题参与群体的成员只有共同关注同一议题时才可能结成这类团体，在复杂网络中它们也被叫作虚拟社区或网络集团。这里利用搜集自互联网的议题信息，对中国性别失衡政策议题网络的政策社群规模做初步统计，结果表明关注失衡态势议题的约占 23.43%，关注失衡原因的约占 19.71%，关注失衡后果的约占 22.00%，关注失衡控制策略的约占 24.00%，属于政府提交治理工作动态的约占 6.57%，关注国际态势经验的约占 3.71%，其他约占 0.57%。显然，关注失衡态势、失衡原因、失衡后果和失衡对策的四类政策社群最活跃，其议题观点和议题态度呈现如下分布特征。

1. 失衡现象与态势

该政策社群的前期议题驱动者主要是学者，他们先是对中国的出生性别比产生争议，不过又通过内部争论排除了不同见解，确认了出生性别比的失衡态势；然后利用不同统计口径的数据做了测算，对说明未来性别失衡的态势进行预测，提出了中国"男性比女性多出 3700 万"（新华网，2007）"我国婚期男性比女性多 1800 万人　性别比例失衡"（新华网，2007）"谁来拯救中国 4000 万光棍"（乌审人口网，2009）等议题观点。这一系列数据很快被公共媒体传播开来，造成社会的恐慌情绪，如来自公众和家庭的议题态度就相当悲观，提出了"我国成性别比最失衡国家"（《南方日报》，2008）"中国进入'剩男'时代"（奚旭初，2008）等议题观点。作为全国性议题交流的伴生品，国内各区域也进行了相关议题讨论，如"广东 12 年后将有 460 万光棍"（《广州日报》，2008）"武汉城市圈人口性别失衡严重　出生性别比超正常值"（戴园、姚启慧，2009）"性别失衡，引热议　丽江男女比例升至 116：100"（云南旅游信息网，2007）等议题观点的提出，旁听附议者甚众。从整体上看，性别失衡作为当前全社会面临的共同问题，该政策社群的议题态度和利益取向较为一致，大家对失衡态势的严峻性都表现出了忧虑和关注，明显感受到了失衡态势控制的紧迫感。

2. 失衡影响与后果

该政策社群中对性别失衡影响与后果持乐观态度的比较少，用议题参与者的原话表述，"性别比失衡是社会的'高利贷'"（闻康网，2009），属于国家和社会的沉重债务包袱。他们的担忧主要有以下几方面：①对两性婚姻平衡的忧虑，担心"性别比失衡导致择偶困难"（何亚福，2009），会造成婚姻市场挤压；②对养老问题的忧虑，提出在家庭养老仍为中国主要养老模式的背景下，"出生性别比升高得不到纠正，还会带来养老保障结构问题"（袁婷，2007）；③对公共安全的忧虑，认为"性别失衡将影响社会安定"（《经济参考报》，2006），失婚使光棍规模化，导致拐卖妇女和暴力犯罪案件增加，此外还担心"性别失衡或致性乱"（《广州日报》，2008），因大量男性无法通过正常渠道解决性欲问题，造成色情业发达，艾滋病传播风险扩大；④对社会人口发展的忧虑，认为"出生性别比失衡挑战社会可持续发展"（汤兆云，2007），将带来许多人口社会问题；⑤对战争的忧虑，提出大量光棍的存在对政府是一大威胁，政府可能通过战争转嫁这种风险，此外由于国内婚姻市场萎缩，光棍可能通过叛乱发泄不满，或发起战争夺取女性资源（Hudson 和 Den Bore，2004）。

分析各利益群体的关注点，除学术团体（含境外学者）、公共媒体因研究或报道的需要无所不及外，以上第一和第二类问题的担忧者主要是家庭，第三和第四类问题的担忧者主要是政府，第五类问题的担忧者主要来自境外压力集团，人大和政协代表、社会公众则对第一至第四类问题均表现出忧虑。就家庭而言，男孩家庭在婚姻方面的忧虑、女孩家庭在养老方面的忧虑一直都存在；社会上已经出现了"中国高储蓄率与性别比例失衡有关"（魏尚进，2009）的说法，如果此说法成立，则说明家庭已经率先在行动上做出了回应。而政府、公众和境外压力集团等关于公共安全和社会稳定的忧虑仅仅来源于对性别失衡后果的推测。

3. 失衡原因与溯源

该政策社群致力于对历史进行梳理，寻找问题的症结以及承担责任的对象。相关议题观点大致有以下几类：①政策归因型，把计划生育政策作为性别失衡的主因，认为"性别失衡二胎政策难辞其咎"（阿蚌，2006），"中国的性别比失衡与计划生育政策有直接关系"，出生性别比失调"都是计划生育惹的"；②文化归因型，认为"生儿子光荣"是"农村性别比失衡的总祸根"（吴治平，2008），提出"性别不平等是中国人口性别比严重失衡的主因"（阮煜琳，2006）；③经济归因型，提出性别失衡与现实农村生产力水平有关，传统的家庭养老模式、生产资料收益权保障和家庭生活模式，使人们更热衷于生育男婴，并给予更好的教育；④环境归因型，提出"环境污染可能导致性别失衡"。从当前的情况来看，国际压力集团在中国女性失踪直至性别失衡问题上倾向于选择政策归因，公众、家庭、人大和政协代表选择政策归因和文化归因视角的较多，政府机构的议题言论对政策归因有所回避，但很强调文化归因与经济归因，相应地采取了倡导教育和利益引导等应对措施。

4. 失衡控制与治理

该政策社群议题主要讨论如何对性别失衡实施有效控制，由于意见不一，在同一组议题中往往出现了两类针锋相对的观点。主要争议在以下几方面：①是否调整生育政策？一些议题参与者认为"放开二胎有利于缓解性别比失衡问题"（何亚福，2009），取消"政策生育间隔"有助于减少人为性别选择现象（穆光宗，2006），但也有人认为"放开生育政策不能根本解决性别失衡"（吕诺、吴晶，2007）。②是否将胎儿性别选择纳入立法？有人提出"中国男女性别比失衡　非法鉴定胎儿性别应负刑责"（家庭医生网，2007），"遏止性别比失衡亟须刑法伺候"（高福生，2008），但也有不同声音建议取消性别选择限制，甚至有人提出"为解决性别比失衡问题，计生委应鼓励性别选择的堕胎"（何亚福，2008）。③是否调整婚配习俗和观念？在这方面讨论者开出的"药方"五花八门，如"'招郎'能有效遏制性别比失衡问题"（覃汉选、吴家武，2009），"通过婚龄差的拉大可以解决性别比失衡造成的婚配问题"（流风沁雪，2006），"'进口新娘'可解燃眉之急"（何亚福，2009），"认可同性婚姻分流男人"（何亚福，2009）等，这些议题观点同样有着大量的反对者。④是否放松色情业管制？有人建议让"卖淫合法化"，以帮助光棍满足生理需求、减少性犯罪，但招致许多批评。根据性别失衡治理的对象，以上议题观点可分为两大类，其中第一、第二类主要建议针对失衡原因实施治理，第三、第四类主要建议针对失衡后果实施治理，实际上当今世界各国的性别失衡治理也都围绕这两大脉络展开。公众对性别治理议题的讨论最有热情，其次是人大与政协代表，各方面的建议和说法都有。

（四）议题交锋：利益冲突与政策博弈

在性别失衡政策议题网络中，议题属于网络成员关系的黏合剂，许多网络成员虽然在日常工作和生活中几乎没有交点，但当他们组成政策议题社群并表达议题观点时，必然会因对同一议题所持的态度而成为盟友或走向对抗。不过，议题的发展是需要条件的，正如 J. W. Kingdon 所言，当一些偶发因素或人为因素出现的时候，政策过程中的议题窗口才逐渐打开（张新文、潘思柳，2008）。性别失衡的政策议题交流是动态的，随着热点的变化，议题重心也会发生转移，在什么条件下议题重心才会发生变化？什么时候一扇新的政策议题窗口才会打开？这些都很难把握，但是有一点却是几乎可以确定的——议题交流中存在兴奋点，议题交流中的摩擦会升级为议题冲突，政策社群的利益博弈可能进入胶着状态。

实际上，在中国性别失衡政策议题的发展过程中，已发生过三拨激烈的议题冲突，恰好与性别失衡的态势、原因和后果的议题发展相对应；有意思的是，当前第四拨议题交锋也初露端倪，它恰好与性别失衡的治理议题密切相关。

1. 出生性别比异常态势的存在性之争

这是一场关于中国性别失衡是真性失真还是假性失真的议题讨论。1982年第三次人口普查数据显示，中国人口出生性别比异常偏高（108.47），而在此之前的1‰和1%的抽样调查报告数据，皆显示出正常的出生性别比值范围（103~107），原因何在？难道是因为"三普"存在较为严重的漏报现象？"三普"数据究竟是真性失真还是假性失真？针对这一问题学术界发生了争论。当时，不少专家认为出生性别比偏高的原因在于出生女婴瞒报、漏报与错报，如曾毅（1993）；收养女婴未纳入统计，如贾威（1995）。

但是，随后的人口普查数据仍然显示全国出生性别比偏高，2000 年"四普"数据显示出生性别比达到 111.14，失衡状况进一步加剧。因为 20 世纪 90 年代后期，瞒报、漏报的情况已得到较好的解决，在这种情况下性别比偏高的情况依然存在，使得一些学者不得不修正自己原有的观点，认同出生性别比偏高并不是由统计数据的偏差引起的（李妍妍、刘娟，2006）。

本场议题交锋的参与人群并不限于学术团体，各级政府也是当事人。一些地方政府主观意识上"不想揽事"，一味否认存在出生性别比失衡，结果造成最佳治理时机的错失；唯有浙江等个别省份及早意识到问题，在适当的时机做了恰当的事，在 20 世纪 90 年代积极打击"黑 B 超"，使出生性别比失衡状况得到了较好的控制。

本场论辩历时数十年，现在看来争论很激烈也很有价值，由此中国政府和学术界撇开了模糊的认识，开始共同关注性别失衡这一严重的人口结构问题，此后政府相继出台了禁止非医学需要进行胎儿性别选择行为、关爱女孩行动等政策，性别失衡政策议题网络同步扩张，有关性别失衡的各类议题开始密集出现，为各级政府实施性别失衡治理奠定了基础。

2. 性别失衡与生育政策的因果关系之争

中国性别失衡与生育政策究竟有无关系？这要从出生性别比偏高与生育政策的因果关系谈起，对此学术界至少存在三类观点：一些人认为出生性别比偏高与生育政策没有直接因果关系，如原新和石海龙（2005）；另一些人持对立观点，认为因果关系成立，如张二力（2005）、陈友华（2006）；还有一些人持中间态度，提出生育政策不是性别失衡的根本原因，它通过强化男孩偏好来刺激出生性别比升高，如李树茁（2006）。总体来看，目前多数学者还是比较赞同计划生育政策对中国性别失衡存在"部分贡献"，因为它切实提前了人们在受限生育胎次内希望生育理想性别孩子（男婴）的时机。由于本场议题交锋的结果与现行生育政策的调整直接相关，因此议题冲突一开始就很激烈，在很长的时间里，一旦有全国性的计生系统会议或人口学术会议召开，就会出现相关的议题争辩。

论辩的战火很快向其他政策社群成员蔓延，首先是人口计生委与民间反生育政策力量之间的议题交锋，他们的争论很直接，直接进入"是否必须放开生育政策"的议题。在家庭生育计划与现行国家计划生育产生冲突（张翼，2006）的背景下，民间反对力量的规模还是比较庞大的，他们批评现行的计划生育政策重男轻女，认为"一胎半的政策本身就是女婴歧视"（陈友华，2006），"中国在农村实行'一胎半'政策是对农民男孩偏好的妥协"（陈友华，1999），要使性别比重归平衡必须实施二胎生育政策，或者完全放开生育管制。与之相对，人口计生委的议题态度是"放开生育政策不能根本解决性别失衡"（吕诺、吴晶，2007）。对此，有人尖锐地批评"计生部门是利益人群"（何亚福，2008），由计生委来推动生育政策调整无比艰难。实际上，在本场议题的交锋过程中，人口计生委系统内部也存在不同的观点，如浙江、广东等经济发达区域更倾向于放开生育政策，而经济欠发达地区则主要持反对态度，这与两类区域的社会抚养力和人口发展目标不无关系。

　　本场议题交锋的战场并不限于国内，境外一些国家的国会、政府和个人也卷入其中。对于中国的计划生育国策，不少国家和非政府组织持赞同和支持的态度，如联合国人口基金在计划生育生殖健康领域与中国政府有深远的合作，而以美国国会和政府为代表的一些境外国家、组织或个人对中国的计划生育政策持反对态度，美国曾以联合国人口基金向实行计划生育的中国提供捐助为由，多年拒绝提供资助（闻晶，2009）。美国一些官员通过国会的言论平台，采取听证会或议案的方式，对中国的计划生育政策提出批评，并将之与人权问题联系起来。对此，中国政府做出过反击和回应，并专门发表过白皮书。外交部发言人的话可以较好地概括中国政府的议题观点，"计划生育政策是中国的基本国策，符合中国国情"（中国外交部网站，2004）。在本场议题交锋中，境外反对压力集团的实体特征非常明显，性别失衡政策的利益博弈被扩大到人权领域，并进一步升级为国与国之间的利益冲突。

3. 大量光棍与爆发战争的逻辑关系之争

　　这是一场中国性别失衡是否会引发战争、威胁周边国家甚至世界的争论。根据不同的预测口径，未来数十年中国将因性别失衡产生数千万光棍。这一光棍问题早就引起国际社会的注意，Poston 和 Morrison（2005）称中国光棍是一枚"炸弹"，将越过中国边界，带来世界性的问题。2004年，Hudson 与 Den Boer（2004）出版了《光棍：亚洲男性人口过剩的安全意义》一书，借古喻今，以清末的捻军叛乱为例，说明中国社会底层男性人口过剩将会给世界和平带来威胁。对于以上议题观点，国内外支持者与反对者都有。反对者提出性别失衡对社会动荡的影响没有专门的课题研究支撑，其对未来的影响只是猜测，并不可信（王晓欧等，2004），更有人认为其中有着哗众取宠的成分。

在国际上，2006 年美国人口学会年会曾以中国光棍与战争为议题组织过论辩，相关的争议还在继续，但是时至今日都没有证据可以支持或否定谁的观点。也许光棍战争说就像当年罗马俱乐部提出的"增长的极限"一样，最终都得不到证实。这场议题交锋带有很强的"涉外"性质，国内外政策社群参与其中都代表着一定集团的利益，除了学术或时事因素之外，还掺杂着国家间的利益、团体间的利益，以及个人的感情因素。就像针对生育政策的境外压力集团一样，个别境外敌对势力也搜集和利用了本场议题交锋中的一些论点。

4. 经济文化发展与失衡治理必要性之争

有一种观点认为，出生性别比失衡只是一种过渡性的现象，随着社会充分地走向现代化，失衡现象会最终消失。如陈友华和徐愫（2009）认为，在有性别偏好与实现偏好手段的前提下，社会经济发展对出生性别比的影响就如同经济发展对生育率的影响一样，呈现倒 U 形，社会经济发展水平的提高、全球化、文化传播、观念转变等，已经使出生性别比回归正常的社会经济条件逐渐具备，中国出生性别比的拐点已经来临。反对的观点认为，出生性别比失衡是持续的，不是靠经济发展就可以轻松解决的。如聂坚和孙克（2008）提出，中国人口出生性别比的发展趋势存在很强的持续性，出生性别比在未来 53 年间持续偏高的概率将很大。顾宝昌和罗伊（1996）以中国台湾地区和韩国的情况说明，尽管那里的经济得到相当大的发展，但仍然出现了与中国大陆类似的出生性别比上升的现象。

如果出生性别比倒 U 形曲线确实存在，那么通过拐点，性别失衡的问题将会逐步得到解决，这意味着社会经济文化的发展会使出生性别比失衡的问题自然得到解决，如果是这样，那么政府治理的重要性无形中就被削弱了。因此本场议题交锋的焦点在于——中国的性别失衡问题，究竟应该依靠经济文化发展还是依靠治理来解决；又因为性别失衡治理已经开展多年，本场议题交锋还关系到对治理绩效的评价与归因。这些都将深刻影响我国未来对性别失衡的应对策略。本场争论近两年方显迹象，议题交锋的激烈程度和深入程度还较为有限，议题的冲突与发展还有待进一步观察和分析。

以上四场议题的交锋非常精彩，它们发生在不同的政策社群之间，反映了学术团体之间、国家之间、国家与跨国组织之间、民间与官方之间的议题较量，具有政治实体、学者群落和公众家庭多层面的利益冲突，具有比议题交流更加鲜明的政策博弈色彩，更深入地刻画出了性别失衡议题背后潜藏的多元利益格局。由此可见，中国的性别失衡政策议题网络不仅充满了旁听、发言和劝说等活动，而且还有激烈的议题交锋和政策博弈，参与者有可能因之调整自身期望或创新行为。此外，议题冲突主战场的转移也很有意思，第一场议题交锋限于中国国内；第二场议题交锋增加了国外的利益元素，国内外冲突并起；第三场议题交锋的主战场在国外，先是国际出现议题冲突，然后参与人群向国内蔓延；第四场议题交锋尚处于萌芽状态，现在还无从把握，但有一点不容置疑，它必将出现于进行利益博弈的核心社群之中。

二　性别结构失衡的出路：发展还是治理

上一节的分析表明，中国的性别失衡问题，究竟应该依靠经济文化发展还是应该依靠治理来解决，已逐渐成为目前议题争论和政策博弈的焦点。该议题的争论结果将决定未来几年中国的政策选择。因此，本节将进一步对该颇有争议的议题进行探讨。

绝大部分研究都认同源于父权制的男孩偏好文化是导致出生性别比异常的根源，但对社会经济因素的影响却存在很大的争议，特别是在经济发展与男孩偏好的关系方面，一种研究结果认为，经济发展水平影响男孩偏好，伴随着现代化的推进，男孩的边际效用以及男性偏好的意识形态基础会被弱化（Burgess 和 Zhang，2002）。因此，出生性别比失衡只是一种过渡性的现象，随着社会充分地走向现代化，失衡现象会最终消失。韩国的经验也表明，快速的发展和现代化进程的推进，特别是城镇化和教育水平的提高，是从根本上消除男孩偏好、实现出生性别比正常的关键（Chung 和 Das Gupta，2007）。中国的出生性别比也因经济增长和社会进步面临由升高到下降的拐点（陈友华、徐愫，2009）。Guilmoto（2009）进一步提出随着社会经济的发展，特别是女性人力资本和经济机会的增加，其他亚洲国家的出生性别比也会发生转变，并逐渐恢复正常。但另一种研究结论认为，经济发展实际上同性别偏好没有太大的关系，现代化水平的提高不会单独改变女性地位低下的状况，男孩偏好的弱化和消除将是相当长的过程。因为随着经济的发展，人们偏爱儿子的经济学原因（家庭养老）可能会减弱，但偏爱儿子的社会学原因（家庭传代和家庭荣耀）却会增强，重男轻女的传统可能会变得更加突出（顾宝昌，1996）。Das Gupta 等（2003）对中国、印度和韩国的比较分析证实了这一结论。台湾及广东等地区经济发展与出生性别比的居高不下也成为有力的证据。因此，以性别平等为主题、以立法和经济激励为主要手段的政府治理和公共政策促进，成为弱化男孩偏好、解决出生性别比异常的替代方案。

对于这一分歧，有些学者试图从经济发展对社会规范和行为的改变是在社会层面而不是个体层面（Croll 和 Elisabeth，2000）、男孩偏好与出生性别比存在不一致等方面来解释（Lin Tinchi，2009），但仍然无法解答为何在不同的国家，发展对出生性别比的作用呈现出明显的不同。在整个社会层面，出生性别比恢复正常的出路关键在于发展还是治理？如果说政府治理能够加速男孩偏好的弱化，韩国法律环境的改善也是出生性别比恢复正常的重要因素（Guilmoto，2009），那么治理如何才能有效地推动出生性别比快速下降？

（一）实现出生性别比下降的路径选择

根据上一节的理论阐释，男孩偏好的存在与实现是导致出生性别比失衡的关键，现代性别鉴定技术的普及和生育率下降所形成的挤压作为重要的推动力量，也将左右出生性别比失衡出现的时点和表现形式。而受"理性"支配的微观个体之所以会偏好男孩并实践性别选择，在于成本－收益核算中的性别差异，这种性别差异的存在既是传统制度与文化塑造的产物，也是经济社会条件强化的结果。因此，弱化男孩偏好作为解决出生性别比问题的根本出路，最终取决于宏观经济社会环境的改善和传统制度文化的重塑。

社会经济环境的改善是可以在现代化进程的推进中，通过发展实现的。因此许多研究提出发展能够改变家庭资源分配的方式，缩小女性与男性之间的差距，并最终弱化男孩偏好，自然而然地实现出生性别比的正常。尽管目前还存在经济发展是否影响男孩偏好的争论，但不可否认现代化的进程已经在生育数量方面实现了生育观念的转变和生育率的自然下降，并进而在生育性别方面引发了生育观念的转变。正如 M. 奈格所论述的，社会现代化使孩子的劳动参与率大幅度下降而使入学率提高，社会保障和保险机制也日益完善，现代化过程导致孩子作为劳动力、养老保障和风险预防的价值下降，而养孩子的成本却会提高，因此，随着现代化进程的推进，父母从孩子身上所获得的补偿价值同父母对孩子回报的期望价值之间的差距越来越大。这不仅导致生育率下降，也将因为对子女经济和养老需求的弱化而缩小两性差异。而且，经济增长主要依赖于劳动生产率的提高，而劳动生产率的提高则主要依靠科学技术的进步，这不仅迫使人们注意人力资本投资问题，以提高自身及其孩子的素质，教育的普及也使男性和女性用于技术上的投资平等化（Burgess 和 Zhang，2002）。另外，妇女社会参与率的提高也是现代化和社会发展的重要标志，女性从事社会活动的时间和精力代替了生儿育女的时间和精力，不仅有助生育率的下降，也有助于提高女性的地位，抵制家庭生男孩的需求。

对韩国的研究表明，韩国的出生性别比能够恢复正常，3/4 得益于社会规范的逐步改变，只有 1/4 归因于教育的提高和城市化的推进（Chung、Woojin 和 Das Gupta，2007）。因此，发展是否可以自发实现出生性别比的内在平衡，关键在于是否可以瓦解传统的社会结构和偏好男孩的价值观念，重塑性别平等的社会规范，彻底消除成本－收益核算的性别差异。社会理论认为，经济发展可以在社会层面改变传统的社会规范和行为。因为工业化和城市化能够从许多渠道打破个人与家庭的链条：工业化的出现，使更多的人能够通过纯粹依赖技能和水平的工作挣钱，而无须再依赖其在家庭中的位置和宗亲关系，而且使更多的人接受正规教育，进一步降低了他们对宗亲关系的依赖，并接触到新的思考问题的方式（Guilmoto，2009）；隔离、松散的城市生活也使儿子很难完成照顾父母和宗族祭祀的责任，丧失了男性在社会关系网络方面的优势。但发展对社会规范的改变需要一个漫长的过程，而且这一过程受到发展方式的影响。一些社会性别专家甚至提出，传统的性别角色规范并不会随着发展自发地消除，旧的性别角色分工比如男耕女织可能因为发展而改变，但在新的社会环境下往往被一种新的性别角色分工所替代，不变的是女性在掌控资源和权力方面的从属地位（任青云、董琳，1997）。因此，发展通过对经济社会环境的改善，在很大程度上启动了社会规范的改变，但要加速这一进程并真正实现社会规范的改变，还需要政府作为外部替代性力量积极推动。实际上，基于三概念模型的最薄弱环节机制，政府如果能够把握时机，清楚地掌控不同时期决定性别选择行为的瓶颈，就能因势利导，避免出生性别比的失衡或更有效地恢复出生性别比的正常。

可见，发展与治理是解决出生性别比失衡的两条路径，前者能通过对经济社会环境的改善和传统制度文化的重塑，调节个体生育决策中成本－收益核算中的性别差异，从而不断弱化男孩偏好；后者则能在社会结构的调整和社会规范的改变中发挥重要的辅助和替代性功能，特别是当政府的治理能够把握性别选择行为的最薄弱环节时，这种功能就尤为重要。由此，可以构建一个实现出生性别比下降的有效路径图（如图7-2所示）。

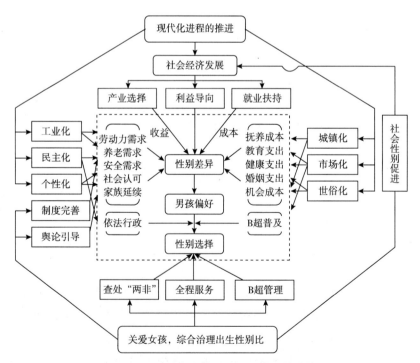

图7-2　实现出生性别比下降的有效路径

路径一，在以工业化、城市化、民主化和个性化为内涵的现代化进程的推进中，引发社会宏观环境的变迁，弱化对男性的劳动力需求、养老需求、安全保障需求，并在张扬个性、打破家族链条的基础上弱化社会认可和家族延续的需求，也通过增加生儿子的抚养成本和机会成本，调节个体生育决策中成本－收益核算中的性别差异，以弱化男孩偏好。在以中国为代表的一些进行体制改革的国家，现代化进程同时还意味着市场化的推进和世俗化的兴起，通过进一步增加健康、教育和婚姻支出，降低再生育的意愿。

路径二，以政府为首，广泛动员各种社会力量，开展关爱女孩行动，综合治理出生性别比，并根据性别选择行为的三个决定因素在不同阶段薄弱程度的不同，调整治理重心。首先，在现代性别鉴定技术普及前，获取B超鉴定和引产、流产服务是实现性别选择的最薄弱环节，加强对医院的B超管理、查处"两非"，可以进一步放大瓶颈作用，从实现手段上遏制性别选择行为；其次，当B超技术的普及和依法行政已经随着现代化特别是市场化和民主化进程势不可当之际，生育挤压成为实现性别选择的最薄弱环节，在社会经济发展中通过优先发展适合女性就业的产业、扶持女性就业、对女孩家庭实施利益分配倾斜，可以加快生育观念的转变，并在改善经济社会环境的基础上，缩小个体生育决策中成本－收益核算中的性别差异；最后，在经济发展已经稳定低生育率并启动社会规范的改变之际，男孩偏好成为实现性别选择的最薄弱环节，通过推行新的养老、婚嫁模式等制度变革和性别平等规范的舆论引导，可以加快传统社会规范的改变。

可见，出生性别比问题的解决，需要实现发展与治理的良性互动，这种互动过程要顺应时代的变迁，较好地把握观念转变和行为选择的关系，并最终通过调节民众成本－收益核算的性别差异得以实现。

（二）浙江实践经验的分析

1. 浙江省的经济社会人口特征

浙江省地处中国的东南沿海地区，自然资源条件缺乏明显优势，浙南地区的资源甚至很匮乏，交通闭塞。1978年以前经济发展一直居全国中等水平，但改革开放以来，经济发展十分迅速，国内生产总值在1997年已经居各省、市、自治区的第四位，是近20年来经济增长最迅速和区域经济相对地位上升最快的地区（史晋川，1999）。浙江经济之所以在短期内实现了飞速发展，关键在于把握了改革的先发优势，充分利用了经济体制与经济运行机制方面的"落差"，在计划经济转变为市场经济的资源配置方式的变革中，以个体私营经济、股份合作经济为代表的乡镇企业的迅猛发展和小城镇的迅速扩张促进了农村工业化进程的加速和城市化水平的提高。

　　与经济发展进程相一致，改革开放以后浙江出现了生育率的急剧下降，相比全国更早、更彻底地经历了人口转型。与此同时，浙江的出生性别比也在改革开放后经历了由急剧升高到稳定下降的演变过程。从历次普查和抽样调查的数据来看（见图7-3），自20世纪80年代以来，浙江省的出生人口性别比从1982年的108.83（全国第八）上升到1987年的118.51（全国第一），上升幅度远远高于全国平均水平。但是第四、第五次人口普查以及1995年和2005年1%抽样调查的结果显示，在全国出生人口性别比不断升高的情况下，浙江省的出生人口性别比却呈现逐渐降低的态势。

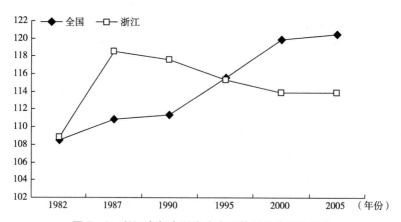

图7-3　浙江省与全国出生人口性别比的变动趋势

资料来源：人口普查与1%抽样调查数据。

　　在整体上，浙江省的出生性别比与经济发展进程呈现倒U形的关系（黄洪琳、周丽苹，2004），再一次为发展可以自发实现出生性别比的平衡提供了佐证。但在县区层次，出生性别比与经济发展的关系却被复杂化。尽管改革开放以来，浙江各地区的工业化和城市化水平都有很大的提高，经济发展水平增速显著，但出生性别比的演变态势存在明显的地区差异。从浙江省1990年和2000年的普查资料来看，浙北大部分地区的出生性别比基本保持在正常水平，浙中大部分地区的出生性别比显著下降并恢复到正常水平，但浙南地区的出生性别比虽大幅下降但仍处于较高水平。出生性别比与经济发展的关系在地区层次的差异和复杂化，恰恰为寻求出生性别比下降的有效路径提供了基础。为此，本研究分别在浙北、浙中和浙南选取三个典型县区：D县、S市和R市。基于网络资源，以"计划生育""出生人口性别比"为关键词，对浙江省和三个县区自1980年以来的政策文件进行了系统的搜集和梳理，共获得170份政策文件，其中省级文件58份，三个县区文件分别有18份（D县）、68份（S市）和26份（R市）。

2. 浙江省"三结合"的治理模式

通过对浙江省及三个地区政策文件的分析可以发现，浙江省的出生性别比治理在整体上呈现鲜明的三阶段特征。

（1）浙江省的出生性别比早在20世纪80年代末90年代初就已经严重偏高，基于当地务实的文化传统，浙江省较早察觉到出生性别比偏高的严重性，在20世纪90年代初将偏高的出生性别比治理纳入议事日程。但当时生育控制才是中国计划生育工作的重心，出生性别比问题在中国尚未受到重视。因此，这个阶段的治理工作主要是将对性别选择行为的约束与生育数量的控制结合起来，运用行政控制和经济处罚手段，保障上环、结扎等措施的落实，以控制超生数量，同时降低不符合生育政策的群体进行性别选择行为的可能性；通过对政策允许范围内的再生育群体实施生育过程的监控、B超技术的严格管理和溺弃女婴和变相收养问题的查处，进一步控制这部分群体选择性别的机会。

（2）进入20世纪90年代中期，市场经济体制改革的进程不断加快，浙江充分利用自己的地理优势，及时把握住了经济体制转轨的有利时机，在个体私营经济、股份合作制经济的带动下，率先实现了经济的飞速发展。在这个阶段，经济建设成为各地政府的主要工作重心，出生性别比问题也尚未受到普遍关注。因此，浙江在坚持生育控制和禁止性别选择行为的同时，对出生性别比的治理突出地表现为在经济发展过程中提高女性的地位。一些地区优先发展丝织、编织、领带等有利于女性就业的轻工产业，并创立"巾帼创业培训基地"，交流创业经验或推荐有才华的女大学生到"妇字号"企业里工作，有意识地扶持和鼓励女性就业和创业，提高女性的社会地位，奠定重男轻女思想观念转变的社会基础。

（3）进入 21 世纪，在全国推行关爱女孩行动、专项治理偏高出生性别比的背景下，浙江省一方面顺应国家的倡导，严格查处"两非"、规范全程服务、加大利益导向，另一方面适时地根据当地经济社会环境变化和工作重心转移的特点，探索在新的社会环境下出生性别比治理的出路，尝试将实现出生性别比正常的目标纳入经济社会综合改革，在健全社会保障制度、提高社会弱势群体抵御风险能力的同时，弱化"养儿防老"的保障功能，并进一步完善养老保障、计划生育公益金、村规民约等制度，在房屋拆迁补偿安置、土地补偿等利益分配中向女孩户倾斜，提高女性的经济价值。

浙江在出生性别比的治理中，由于其经济、社会、人口环境的变迁和治理行动都略早于全国，因此治理呈现出鲜明的探索性、阶段性和融合性。在此称为一种"三结合"的治理模式（见图 7-4），即随着经济社会人口环境的变化，随着人口与计划生育工作重心的转变，在日常的分工与协作中，自发地实现出生性别比统筹治理的模式。

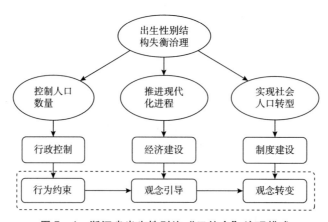

图 7-4　浙江省出生性别比"三结合"治理模式

从三个地区来看，尽管 20 世纪 80 年代浙江各地普遍存在男孩偏好，但由于生育率下降和工业化进程推进的速度存在地区差异，因此出生性别比的偏高程度与治理也就存在地区差异。以 D 县为代表的地区，出生性别比未出现严重偏高，因此没有实施出生性别比治理，在环境变迁中自然地保持了出生性别比的正常；以 S 市和 R 市为代表的地区，出生性别比都出现严重偏高，但以 S 市为代表的地区选择了"三结合"的治理道路，以 R

市为代表的地区，则顺应国家关爱女孩行动的要求，实行了出生性别比专项治理。结果是 S 市的出生性别比在 1998 年恢复正常，R 市的出生性别比近年来仍居高不下。

3. "三结合"治理模式的有效机制

何以出生性别比的演变态势出现显著的地区差异？如果说浙江省出生性别比的显著下降及以 S 市为代表的地区出生性别比恢复正常，在很大程度上归因于"三结合"治理模式的选择，那就有必要基于对这三类地区的比较分析，识别"三结合"治理模式是否是实现出生性别比正常的有效路径及有效机制。

资料显示 D 县没有实施专门的出生性别比治理，是在经济发展中自然实现了出生性别比的正常。工业化和城市化进程的推进，有助于女性地位提高的就业环境的改善和社会基本保障制度的逐步完善，对转变重男轻女的思想观念发挥了重要作用。但在观念转变之前，男孩偏好没有转化为性别选择行为，与卫生部门早期严格的引产、流产监管有关，该举措在保障计划生育率的同时，无意中也加大了"能力"瓶颈，遏制了性别选择行为的实现。因此，D 县是在生育控制和经济发展中不自觉地实现了出生性别比的治理，解决了行为约束与观念转变的问题。

S 市的资料则显示，在男孩偏好普遍存在的工业化初期，S 市试图在严抓计划生育、落实结扎率过程中，对性别选择行为形成有效控制。不管是两胎还是一胎，S 市的结扎率都是很高的。而且，以强硬行政手段实施生育控制的 20 世纪八九十年代，恰恰也是对性别选择行为实施有效控制的最佳时期。S 市正是抓住了有利时机，充分利用了严厉的行政控制手段和处罚措施，严厉打击溺弃女婴行为、严格实施 B 超管理、实施二胎生育全程监管，在恰当的时候做了恰当的事情，把性别比问题解决了。但 S 市领导认识到出生性别比的下降，主要是由于个人观念的转变，政府行为起的只是一个辅助作用。"老百姓是讲实惠的"，"女孩户家庭过得怎么样，拿出来作典型，让群众看到，才能令人信服"。为此，S 市抓住产业结构调整的时机，实施向女性倾斜的特色产业发展模式，并以利益导向和就业扶持支撑宣传教育，让民众切切实实体会到生女孩的好处。"生男孩是为了防老，现在生女孩也一样了。再加上我们 S 市出台的各项优惠政策比较齐全，独生子女养老保险、独女户的养老保险这些政策出台了，他们的后顾

之忧就更没有了。"因此，S市的结合治理不仅在经济发展前有效地约束了
性别选择行为，而且在经济发展中加快了观念的转变。

　　从R市的资料来看，其出生性别比专项治理主要在1998年以后，集
行为约束与观念引导于一体，在重奖之下查处"两非"，以规范B超管理
和二胎生育全程服务约束性别选择，在就学、就医、养老保险方面实行了
远远高于全国水平的利益导向政策，但因流动B超具有成本低、效益高的
特点，加上流动人口计划外生育较多，增加了落实凭证产前检查、接产和
计划生育技术服务的难度，行为约束的效果并不明显。而且老百姓讲眼前
利益，讲实在利益，现行的奖励扶助政策要在老百姓60岁之后才能获益，
相比利益分配中"分男不分女，多生多分"的村规民约，利益导向政策也
只能起到补偿的作用，不能起到"导"的作用，因此通过这么多年的宣传
教育和利益导向，群众生男孩的偏好没有得到根本性的改变。同时自20世
纪80年代中期以来，自R市发起的私营经济发展模式，不仅因家庭作坊、
先市场后工业、"小商品、大市场"的发展模式进一步凸显男孩的经济价
值，强化男孩偏好，也因政府权威性的丧失，生育控制难以落到实处，私
营企业主规避超生和性别选择的能力却进一步增强。因此，R市的专项治
理不仅在发展前因为时机问题未能形成有效的行为约束，在发展后也因为
治理措施不能与发展模式相呼应而无助于观念的转变。

　　因此，"三结合"的治理模式之所以有效，关键在于把握住了观念转
变与行为约束的时机，实现了发展与治理的良性互动。在工业化初期，男
孩偏好普遍存在，相对较低的市场化程度保障了政府对B超技术和城乡人
口的生育控制能力，因此"能力"前提成为实现性别选择的最薄弱环节，
以政府为主，在生育控制中进一步遏制性别选择行为的治理，能够在生育
观念转变前同时降低生育率和出生性别比；而在工业化和城市化的推进
中，低生育观念的转变在发展中得以巩固，男孩偏好受到冲击，B超技术
的普及和人口大规模流动在市场经济的发展中却无法逆转，因此，"准备"
前提成为最薄弱环节，此时，以发展为主、政府为辅，在工业化、城市化
快速推进的发展中强化利益导向的治理，由于在弱化子女对父母的经济和
社会价值的基础上进一步提升了女性的价值，因此自然能够加速观念的
转变。

第八章　性别失衡社会风险的阻断与治理

一　性别失衡社会风险的治理思路

（一）社会风险的根源性治理

性别失衡下各种社会风险的存在都源于人口性别结构的失衡，因此，尽快恢复人口性别结构的平衡是消除和治理这些社会风险的关键。而中国的人口性别结构之所以出现失衡，在于长期以来中国大范围的出生人口性别比的偏高及女婴死亡率的偏高，但性别失衡的各种社会风险往往酝酿和爆发于青壮年阶段。因此，要从根本上治理性别失衡社会蕴藏的各种社会风险，必须尽快恢复出生性别比的正常，并且通过各种措施降低女性缺失的严重程度。大量研究表明，无论是出生人口性别比的偏高还是女婴死亡率的偏高，都源于中国男尊女卑、重男轻女的文化观念和制度规范。而严格的生育政策的实施和现代医学手段的革新导致了生育意愿的挤压和性别选择行为的实现。因此，打破传统的性别规范、促进性别平等是尽快恢复出生性别比的正常并进而实现性别结构平衡的根本所在。而且，传统的性别规范及女性的弱势地位也是在性别结构失衡的社会环境下引发各种社会风险和行为失范的根本原因。

1. 在经济发展的基础上提高女性的社会地位

发展是最好的平衡器，当经济社会发展到一定程度时，就会触发人的思想观念的变革。因此，社会发展的过程也就是传统的文化规范不断被摒弃和革新的过程。但性别文化规范的更替是一个非常漫长和曲折的过程，而且单纯的经济发展也不必然实现男孩偏好的弱化。现代化机器大生产的实现和物质财富的不断积累，尽管可以弱化对男劳动力及养儿防老等的需求，却也因宗族延续和财产继承的需求进一步强化了男孩偏好。因此，为加速男孩偏好的转变，有必要在经济发展中注重女性的发展机会，通过利益倾斜引导女性地位的提高。这就需要各级政府和有关部门围绕男女平等的基本国策，大力完善涉及女性权益的法规建设和管理制度建设，并在不同层面的公共政策制定中加入对社会性别的考虑，增加赋权女性的条款与规定，不断完善该类条款的可操作性和执行力，为女性的独立地位和社会发展提供切实的制度保障。各地在制定经济发展规划时，也应该结合当地的资源优势，优先发展适合女性就业的产业，并通过对女性工作技能和创业能力的培训，出台审批程序、税收等方面的优惠政策，鼓励女性就业和创业。要高度重视基层妇女组织的建设，给予充分的权利、充足的经费，不断通过各种培训切实提高基层妇女工作者的自身素质，以有效提高易受害女性的自我保护和共同防御能力。

2. 在政策调整的基础上健全社会基本制度

政策制度建设是重要的催化剂。只有现行的政策制度彻底打破了男权主义文化在现实社会延续的基础，实现了男女真正的平等发展，才能激发男孩偏好的转变。首先，中国已经建立了一些性别敏感性的政策制度，但出于对传统的妥协，不同领域、不同层次的政策制度没有衔接上，导致男女价值事实上的差异。因此，有必要对现有政策进行系统梳理，在政策调整的基础上健全社会基本制度，引导传统规范的转变。其次，无论出生性别比的治理是如何启动的，在治理过程中必然涉及经济、社会文化和人口问题的协调。男女平等的倡导在面对农村老年人的养老问题、农村土地分配、宅基地分配、遗产的继承等方面的性别差异时，往往流于形式。因此，在中国政府大力推进社会综合改革之际，应把利益导向和养老与医疗保障制度建设结合起来，逐步完善当地的养老、医疗保障制度，同时在完善户口管理制度、土地资源等利益分配制度的基础上，积极倡导男方到女方落户的婚姻和社区自助养老，推动新型婚嫁和养老模式的建立。再次，应取消城乡生育政策的二元分化格局，逐步放开二胎生育政策。要转变男孩偏好需要一个漫长的过程，但男孩偏好之所以导致性别结构的失衡，与严格生育政策的挤压密不可分。经过生育政策多年的实施，综合生育率已经明显下降甚至到了更替水平。而且，随着低生育观念的逐渐普及，现行城乡二元分化的生育政策，不仅对稳定低生育水平的作用有限，而且在一定程度上助长了出生性别比的失衡。可以考虑在户籍制度改革的基础下，取消城乡二元结构的生育政策，有计划地适度放宽、调整现行的生育政策。除对"双独"家庭放开生育二胎政策外，还可以根据生育水平、经济和文化发展水平，区分不同省市、不同层次逐步在"单独"家庭和所有家庭放开二胎生育政策。

3. 在社会进一步开放与流动的基础上引导价值规范的健康发展

中国改革开放程度日益加深，不仅与其他国家的经济文化交流和人口流动在不断强化，而且国内不同地区之间价值规范的碰撞和交流、人口流动也已经成为一股不可逆转的潮流。作为一种必然的趋势，社会的开放和流动既可能加大性别结构失衡下各种社会风险的严重程度，也可能为加快传统性别文化规范的改变和促进性别结构的平衡提供契机。首先，无性别偏好、尊重女性独立地位的西方文化对中国男权文化的冲击、发达城市地区对落后农村地区的文化冲击会加快男孩偏好的转变，并有助于女性地位的提高和自尊、自强文化的树立。注重个性发展、崇尚婚配自由的婚姻观念，也可能通过为单身主义、同性恋等存在形式提供更宽容的社会环境而减轻性别结构失衡的婚姻挤压程度。但西方开放的性观念在性别结构失衡的社会却很可能为性病、艾滋病等传染性疾病的传播扩散埋下隐患。因此，如何在多元化的文化价值观念中，取其精华、去其糟粕，引导价值规范的健康发展，是开放的、流动的社会特别是性别结构严重失衡的社会必须重点解决的问题。其次，国内人口的大规模流动与婚姻向上流动规则相结合，导致经济落后的农村地区的男性往往成为被婚姻挤压的对象，而且随着该群体向城市地区的流动和聚集而加大社会风险。跨国婚姻流动则可以在一定程度上缓解中国的性别结构失衡。因此，在人口流动的社会背景下，政府需要进一步规范和畅通跨国婚姻，鼓励跨国婚姻和差龄婚配，努力推动婚姻市场良性运转，给失婚人群创造更多的择偶机会。

（二）社会风险的缓解性治理

1. 关注失婚男性的心理健康，健全基层心理卫生服务体系，提供规范心理疏导

在中国社会转型时期，缺乏正常婚姻家庭生活的失婚男性，不仅可能因生活困境而面临更大的心理压力和负担，而且可能会因为遭受社会的排

斥而更容易滋生各种心理疾病。这些失婚男性往往会自卑、沮丧、自暴自弃、愤懑，如果找不到渠道宣泄、疏导，极易成为影响当地社会安定的隐患（石人炳，2010）。因此，有必要针对不同群体的特点，构建多元化的心理疏导渠道，规范心理疏导市场的运作，并重点关注对失婚男性的心理疏导渠道的构建。

（1）政府与专家相结合，建立健全基层心理卫生服务体系

由于社会底层的心理健康问题往往与现实困难交织在一起，仅靠专家难以最终解决问题，需要把社区心理卫生工作纳入政府职能，加大资金投入与行政干预，依托现有的社区卫生服务体系，对现有工作人员开展专业培训并吸纳专业人员，提高社区心理卫生工作的专业化程度。通过定期进行社区内居民心理卫生状况普查，筛查出需关注的重点人群，为其提供心理援助，有针对性地开展心理咨询及治疗，做好早期预防。

（2）把握心理疏导的作用机理，构建规范的心理疏导机制

要使心理疏导达到预期的目的，就需要根据对象的特点，深入研究心理疏导的作用机理。有针对性地构建出包括心理沟通、心理关怀、心理疏导在内的相对完善的心理疏导机制。首先，社区通过开通服务热线建立心理疏导室，给包括失婚男性在内的弱势群体提供日常心理安慰，并坚持以人为本，提供日常生活帮助和心理关怀。其次，由专业人员不定期进行心理辅导，引导该群体正确运用心理转移、心理排解、心理发泄等心理学的知识和技巧调节心理、缓解压力、保持良好心态。

2. 健全和完善社会医疗和养老体制建设

在中国社会人口全面转型的历史背景下，不仅人口性别结构出现失衡，人口年龄结构也出现失衡。随着人口老龄化程度的不断加大，那些在市场经济改革驱动下的社会转型中处于弱势地位的群体，往往是承担性别结构失衡后果的主要群体，这些群体将在失婚和经济贫困的双重困境下难以承担起赡养老人的责任。研究表明，在中国目前公共支持网络和社会服务系统都相对欠缺的情况下，弱势群体对私人关系的过度依赖，并不能缓解其面临的经济和社会风险，反而会在涟漪效应下进一步加大该群体内部的心理困扰。因此，中国应当提倡发展公共社会支持，建好建强社会公共服务系统，为弱势人群提供养老、医疗、扶贫以及健康促进等多方面的政府支持或社区支持。

（1）加快社会基本医疗和养老保障制度的建设步伐，构建一体化的社会保障网络

2010年的人口普查显示，在我国家庭户中，二代户占绝大部分。2010年一代户比2000年增加很多，二代户进一步发展成一代户，三代户及以上户变化不大。这说明我国的家庭模式日趋现代化、小型化，传统以生育和代际支持为主要功能的大联合家庭模式已经转变为以情感支持为主要功能的小型核心家庭模式。已婚群体也往往面临因赡养家庭而产生心理福利损害问题，影响到家庭的和谐和婚姻市场的稳定。因此，要积极适应中国社会人口转型中独生子女增多、家庭负担压力增大的现实，加快现行医疗改革和社会养老保障制度建设的步伐，减轻家庭医疗和养老的负担，并促进城乡之间、地区之间制度的衔接，降低被迫留守妇女和空巢老人的比例，减少失范行为发生的机会。

（2）实现普惠和优惠的结合，在基本保障的基础上适度向弱势群体倾斜

由于我国性别结构失衡，部分男性被迫无法成婚，形成了数以千万计的大龄未婚男性，这些群体往往又是在社会转型中失利的弱势群体。在中国，家庭往往是抵御社会风险的主要屏障，因此失婚的男性将面临更大的脆弱性和风险性。特别是当该群体逐渐进入老龄阶段、丧失劳动能力后，健康状况将更加快速地恶化，由于缺少了家庭的保障和支持，这部分人群的生活状况将令人忧虑。这就要求社会和政府更加关注这部分被迫失婚的男性群体，在建设基本社会医疗、养老保障体系的基础上，加大对该群体的财政支持力度，将该群体的医疗和养老纳入财政优先拨款的范畴。另外，还需要根据普惠和优惠相结合的原则，建立向计划生育女孩户家庭倾斜的农村个人养老储蓄账户；并立足于目前的农村新型合作医疗，向农村计划生育女孩户家庭提供更大比例的医疗补贴。

3. 促进社会融合，加快基层社会支持网络建设

大量研究表明，婚姻家庭不仅（包括由血缘、姻缘关系延伸的扩展家庭）是抵御生活风险和消除危机的"救生筏"，也提供了进入对方的朋友、亲属和社区网络的机会，已婚身份也有助于在社会交往中赢得信任和认同，因此，相比未婚人群，已婚群体往往拥有更大的社会网络和更多的社会支持。因此，失婚人群所能获取的经济支持和情感交流的机会较少，而

且参加正常社交活动的频率也往往较低，容易成为被社会排斥和孤立的群体。因此，应促进包括失婚男性在内的弱势群体的社会融合，加快基层社会支持网络建设，以弥补个体资源和社会支持网络的不足。

（1）促进地区发展，提升弱势群体的发展能力

加大对落后农村地区的财政补贴和政策优惠力度，努力缩小社会经济地位差距，为弱势群体提供更多的知识教育和技能培训机会，不断提升他们的就业和创收能力。提供更多的就业与发展机会，拓宽底层群众的创收渠道和收入水平，逐渐改变弱势人群的收入劣势。进一步完善新农村与社区建设，提供更多优良的低成本的基本生活设施服务。致力于缩小相对社会经济地位差距，在社会财富的二次分配过程中，通过税收负担、优惠政策等公共品，进一步调控各阶层的收入，严格控制先富者的财富与权力进一步膨胀，实施指向共同富裕的公共政策。

（2）加快基层社会支持网络建设

社会融合的程度越高，就越有利于促进弱势群体社会心理福利的改善，降低失范行为发生的概率和社会风险放大的可能性。因此应当进一步加强社区精神文明建设，努力改善基层社会关系的网络质量，消灭特权、消除歧视、促进融合，为弱势人群在需要时寻求经济支持、情感支持、社交支持创造更好的条件。建议尽量多组织一些群众性活动，将他们纳入活动圈，以避免这部分人的性格变得孤僻。

二   性别失衡社会风险放大途径的阻断与治理思路

（一）宏观上采用新的以网络治理为工具的危机管理模式

在处理公共危机事件的实践中，各国政府已逐步建立一套较为成熟的危机应对策略，中国也形成了一整套具有中国特色的危机处理模式。这种依靠执政党的组织权威和意识形态的整合功能，自上而下的一元化危机应对模式，在"非典"和"5·12"大地震等风险事件中取得明显效果（孙岩、蒋建新，2009）。但随着风险社会的来临，危机已不再是偶然的、突发的外部事件，而是"嵌于"社会运行系统中的一种正常的、不可避免的事件，越来越呈现紧急性、复杂性、偶然性和不确定性（胡杨，2007）。

但在传统的以政府为单一的危机决策主体的管理模式下，政府组织由于自身在信息处理、条块分割、危机意识等方面的缺陷，往往对不期而至的危机准备不足，错失治理的最佳时机，成为危机管理的掣肘（刘霞、向良云，2006）。而且，从突发性事件的演变轨迹来看，风险的产生与放大都与政府决策失误、民众恐慌和不信任感的增强有着莫大的联系，这凸显了在应对风险事件时，政府组织传递信息和处理的局限性（比如民众对来自政府的信息有所质疑且信息的时效性较差）。因此，为及时、高效地应对中国经济社会转型和人口性别结构失衡背景下的各种风险、阻断风险的进一步放大，有必要改变传统的以政府为单一的危机决策主体的管理模式，建立一种以网络治理为工具的危机管理模式。利用现代化的信息和网络技术，纳入政府、非营利组织、公民社会等多元化治理主体，在危机决策过程中形成一整套深入社会各个层面的网络传感机制和预测各种可能性的危机预警机制，进而构成迅速做出相应对策的整体联动系统。

1. 广泛参与，实现危机管理的良性互动

应对公共危机是政府应尽的责任和义务，但面对危机决策的复杂性与动荡环境，政府有限的信息和能力，在应对复杂多变的公共危机中捉襟见肘。实际上，任何社会风险和公共危机一旦放大，后果就可能降临到所有社会成员身上。因此，危机应对应该由全社会共同面对和承担。而且，在风险和危机管理中，鼓励更多的社会主体参与，可以带来更多的知识和信息，争取专业技术上的支持，整合分散的信息和资源，实现信息和资源的交流和共享（李桌青，2008）。这对于解决现代社会复杂的风险问题及阻断风险的放大至关重要。另外，在社会风险的应对中，纳入多元化的治理主体，实现多元化利益和价值的碰撞和协调，有助于赢得民众的信任，化解社会冲突和风险，增进社会民众对危机管理的理解和支持。

2. 构建危机预警机制，实施标本兼治的风险治理

在中国社会人口转型的背景下，社会风险的产生与放大既是现代化进程中科技进步和风险信息传播的结果，也是利益分化、社会矛盾和冲突不断累积的产物，体现了中国政府在应对公共危机、阻断风险放大方面的局限性。正是由于社会经济转型中贫富差距拉大，作为社会稳定器的中产阶层的比重急剧下降，因此整个社会处于不稳定状态；人口性别结构的失衡，进一步加大了弱势群体的脆弱性，婚姻挤压为性暴力、拐卖妇女儿

童、买婚骗婚等各种社会风险事件的爆发埋下了一颗"定时炸弹",也为社会风险的放大奠定了社会民众基础。任何国家都不可能回避现代化进程及其带来的社会风险,但可以利用这些先进的信息技术与网络平台,构建一套深入社会各层面的网络传感机制,高效、快捷地捕捉社会中酝酿的各种风险信息,及时施加以预防、预警、预控为主的外部阻断,同时利用这些网络化平台,畅通利益表达渠道,特别是及时掌握以大龄未婚男性为主体的弱势群体的社会需求,施以制度援助和需求引导,及时缓和矛盾、化解冲突,以釜底抽薪的方式铲除社会风险爆发和放大的社会基础。

3. 建立整体联动系统,实现风险放大途径的快速阻断

风险事件爆发后,信息强化、政府应对、公众基于风险感知基础上的反应是决定规模是否升级的三个风险放大环节,其中政府对风险事件的态度和应对是桥梁和关键,不仅政府在危机应对中的缺位和延迟会错失风险治理的最佳时机,而且政府及其官员的腐败信息本身就是信息强化中的重要内容,也是产生信任危机、加大公众风险感知的重要基础。因此,为了更高效、更快捷地做出危机决策,有必要建立一个包括政府、非营利组织、公民社会、新闻媒体在内的权力和信息共享、工作协调配合的自组织网络系统,用动态的并行式网络决策系统替代严格层级制的串联式线性系统,缩短信息的延迟时间,控制信息的随意性传播与加工,并提高信息引导的可接受性,实现风险放大途径的快速阻断。

(二) 微观上围绕风险的四级放大途径采取具体治理措施

社会转型和性别失衡背景下突发事故的风险放大具有独特的途径、机制与效应,应区别于一般社会风险实施干预和阻断。政府应在引进以网络治理为工具的危机管理模式的同时,围绕转型社会高脆弱性的风险催化、信息传导机制的价值阐释、公共反应机制的心理共鸣和基于人口流动和弱势地位的规模化四级放大途径,有针对性地提出具体的治理措施。

1. 在完善社会保障制度的同时,为相关地区的反贫困工作提供项目支持和资金帮助,提高性别失衡地区抵御社会风险的能力

性别比失衡所产生的社会风险,一部分是可以通过制度建设有效抵御的,如失婚人群的家庭养老问题、贫困农村地区女性的婚姻市场转移问题、失婚人员及其家庭的心理压抑问题等,政府需要加强相关制度的建

设、改进相关政策及提供相关法律依据。具体建议有如下两项。

一是照顾差异，当前的社会保障政策采取同步推进方式，并未考虑地区性的性别比差异，造成局部地区的养老和医疗制度保障乏力。建议在性别失衡严重的区域加速推进家庭养老向社会养老转型，如有必要可由后者在养老中发挥主导作用，优先将大龄未婚群体的医疗纳入国家保障范围。

二是改善条件，加大政府的支持力度，为贫困农村地区创造走向富裕的各类条件，以希望和现实留住本地的"金凤凰"，阻止性别失衡区域婚姻市场的持续恶化。同时，政府的资源是有限的，还应动员社会力量，为相关地区的反贫困、降低脆弱性工作提供项目支持和资金帮助，或做其他辅助性工作，帮助性别失衡地区提高抵御社会风险的能力。

2. 畅通信息网络，建立信息披露制度，实现政府信息的透明与快速流通

在性别失衡的社会背景下，当突发事件发生时，如果缺乏必要的信息沟通和传递，不仅风险源信息容易被扭曲，也更容易对政府产生信任危机，加大公众的风险感知，并产生大规模的社会恐慌。因此，实现信息的透明和快速流通是及时遏制风险放大、有效处理突发事件的关键。具体建议有如下两项。

一是畅通信息网络。在信息自下而上传递的过程中，信息的不透明势必会使政府的信息发布存在困难，信息的虚报和瞒报也往往导致错失处理危机的最佳时机。在网络时代，各种信息的传播越来越快，官方信息缺位反而激发民间信息的泛滥。政府有必要主动利用现代化的网络平台，畅通信息网络，以引导舆论导向。

二是建立信息披露制度。信息披露机制是危机管理中的重要机制之一。危机及危机管理的特点，决定了非常时期的信息公开需要建立不同于平常时期的信息发布制度。既要及时公布信息，以增强民众对政府的信心，又要掌握分寸，注意信息公开的时间、地点、方式和方法等。

3. 构建一套深入社会各层面的网络传感机制，高效、快捷地捕捉社会中酝酿的各种风险信息，及时施加以预防、预警、预控为主的外部阻断

在中国人口转型的背景下，社会风险的产生与放大无不与现代化进程中的科技进步、风险信息传播有着莫大的关系。任何国家都不可能回避现代化进程及其带来的社会风险，但可以利用这些先进的信息技术与网络平台，构建一整套深入社会各层面的网络传感机制，高效、快捷地捕捉社会中酝酿的各种风险信息，及时施加以预防、预警、预控为主的外部阻断。因此，具体建议有如下三项。

一是加强沟通互动，发挥公共服务型政府的优势，充分了解弱势群体的处境和需求，重视与社会各弱势群体的良性互动，积极消除误解和矛盾，创造出相互信任的良好氛围；做好群联群防工作，为群众参与风险治理提供合作平台，并推进合作平台的应急信息流动和知识共享，提高包括失婚男性在内的弱势群体抵御风险的能力和积极性，扎实做好政府危机应对行动中的群众工作。

二是实施重点监测，在突发事故应急处置过程中的监测工作，应包括对政府和传媒信息处理过程、对社会公众反应行为的监测和控制。要求基于应急预警的视角，早一步发现这两个环节存在的问题，以便调整或强化应急救援行动，防范重大纰漏的出现，争取以适度的规模、快速的反应和有针对性的行动，将风险事件的危害降到最低。

三是科学处置危机，在制定应急预案时，应区分不同公众的反应行为制定应急计划，以便相关应急组织能够灵活处置风险失控下的各类突发情况。同时，利用好现有的应急资源和治理工具，采取有针对性的风险控制手段，特别要防止由于政府行为失当而加大原有风险事件的破坏性。

4. 针对人口流动导致的局域性社会风险积聚现象，对聚居地社会安全情况实施动态监测，及时整治各类违法犯罪行为，促进流动人口与迁入地城市的社会融合

与农村社会相比，城市的农村流动人口聚居地的大龄未婚男性与已婚分居人口较多，性别结构的暂时性失衡严重，社会矛盾冲突较为激烈，但社会自发的内部矛盾容纳机制运行效果差，因此，局域性社会风险积聚现象突出。具体建议有如下四项。

一要加强登记、走访和群联工作，摸清大龄未婚对象以及已婚分居对象成规模聚居的社区的情况，对聚居地的社会安全情况实施动态监督监测，及时上报违法犯罪活动或者犯罪嫌疑人。早发现、早处理不良苗头，避免相关风险事件的发生，最大限度地降低这些事件危害后果的扩大。

二要实施专项清理，整治各类违法犯罪，特别是对团伙犯罪应予以充分重视、坚决打击。流动人口聚居地（如出租屋）一直是各市案件多发区域，非常需要加强重点预防、清理和监控。

三要提供务实的服务，设法为已婚分居流动人口提供租金低廉的"鸳鸯屋"，为其来访亲属提供方便的临时招待屋。提高流动人口居住地街道的服务质量，改善流动人口的生活质量，促进流动人口与迁入地城市的融合。

四要规范性服务产业，重点加强中低档性服务场所安全性的监督和安全套的推广，这是防范未来性病/艾滋病传播风险放大的关键，对男性未婚流动人口的行为干预宜优先关注该群体中收入和受教育程度相对较高的失婚男性，从正面引导和利用该群体的示范效应，并在失婚男性高度聚集的居住区和工作场所重点加强性安全意识的培养和安全套的可及性。

参考文献

阿蚌：《人口咨询会、研讨会侧记》，http：//policy. sinoth. com/Doc/article/2010/5/23/server/1000060685. htm。

阿蚌：《性别失衡二胎政策难辞其咎》，http：//bbs. sachina. edu. cn/archiver/tid－5009. html，2006 年 1 月 14 日。

敖慧：《信用担保风险传导机理分析》，《武汉理工大学学报》2007 年第 8 期。

常建华：《清代的国家与社会研究》，人民出版社，2006。

陈宝智：《危险源辨识控制及评价》，四川科学技术出版社，1996。

陈刚：《贵州光棍村调查：2100 多人村庄有 290 个光棍》，《贵州都市报》，http：//gzdsb. gog. com. cn/system/2007/07/02/010079924. shtml，2007 年 7 月 2 日。

陈宏辉：《企业的利益相关者理论与实证研究》，博士学位论文，浙江大学，2003。

陈科：《"重男轻女"影响社会和谐——与成都市计生委副主任刘德华谈出生人口性别》，《四川日报》，2005 年 3 月 7 日。

陈庆云：《公共政策分析》，中国经济出版社，1996。

陈坛祥、黄义伟、桑羊：《买卖妇女竟有"专业市场"，被拐妇女多数不愿回家——福建农村"打拐"第一案扫描》，《大地》2000 年第 11 期。

陈卫、翟振武：《1990 年代中国出生性别比：究竟有多高》，《人口研究》2007 年第 5 期。

陈友华：《中国和欧盟婚姻市场透视》，南京大学出版社，2004。

陈友华：《"光棍阶层"就要出现》，《百科知识》2006 年第 5 期。

陈友华：《关于出生性别比的几个问题——以广东省为例》，《中国人口科学》2006 年第 1 期。

陈友华：《仅仅性别偏好不足以导致出生人口性别比偏高》，载穆光宗编《出生人口性别比异常偏高与生育政策有关吗》，《人口与发展》2006

年第 2 期。

陈友华：《中国生育政策调整问题研究》，《人口研究》1999 年第 6 期。

陈友华、徐愫：《性别偏好、性别选择与出生性别比》，《河海大学学报》（哲学社会科学版）2009 年第 4 期。

陈振明、薛澜：《中国公共管理理论研究的重点领域和主题》，《中国社会科学》2007 年第 3 期。

陈宗伦：《研究称性别比例失衡致男性寿命缩短 3 个月》，http://www.zbnews.net.。

程国平、刘勤：《供应链风险传导路径变化研究》，《价值工程》2009 年第 4 期。

程国平、邱映贵：《供应链风险传导模式研究》，《武汉理工大学学报》（社会科学版）2009 年第 4 期。

崔疑、杨卫、邵希娟：《从亚洲金融风暴反观企业风险的传导机理》，《南方金融》2001 年第 10 期。

戴胜利：《企业营销风险传导机理研究》，《武汉理工大学学报》（社会科学版）2008 年第 6 期。

戴胜利：《风险传导机理与实证研究》，武汉理工大学，2009。

戴园、姚启慧：《武汉城市圈人口性别失衡严重出生性别比超正常值》，http://finance.ifeng.com/city/wh/20090513/655399.shtml，2009 年 5 月 13 日。

邓国胜：《低生育水平与出生性别比偏高的后果》，《清华大学学报》（哲学社会科学版）2004 年第 4 期。

邓明然、夏喆：《企业风险传导及其载体研究》，《财会通讯》2006 年第 1 期。

邓明然、夏喆：《基于耦合的企业风险传导模型探讨》，《经济与管理研究》2006 年第 2 期。

丁仁能：《中国男人能指望到国外"淘"老婆吗》，《中国青年报》，2006 年 11 月 15 日。

丁元竹：《中国社会转型时期的风险与规避》，《公共管理高层论坛（第 4 辑）》，南京大学出版社，2006。

F. 奥格本:《社会变迁:关于文化和先天的本质》,浙江人民出版社,1989。

范永超:《河南遣返缅甸非法新娘,警方被指责为"法海"》,http://news. sina. com. cn/c/2006 – 06 – 16/09329219288s. shtml, 2006 年 6 月 16 日。

高秉雄、张江涛:《公共治理:理论缘起与模式变迁》,《社会主义研究》2010 年第 6 期。

高福生:《遏止性别比失衡亟须刑法伺候》,http://www. china. com. cn/review/txt/2008 –03/05/content_11594001. htm, 2008 年 3 月 5 日。

葛剑雄:《中国人口史》,复旦大学出版社,2000。

顾宝昌、ROY:《中国大陆、中国台湾省和韩国出生婴儿性别比失调的比较分析》,《人口研究》1996 年第 5 期。

《关于天津市妓女改造问题的初步意见及调查材料》,天津市公安局档案馆藏,1950。

《广东 12 年后将有 460 万光棍性别失衡或致性乱》,《广州日报》,http://news. mop. com/domestic/342627. shtml。

郭春甫:《公共部门治理新形态——网络治理理论评介》,《宁夏大学学报》(人文社会科学版) 2009 年第 4 期。

郭松义:《伦理与生活——清代的婚姻关系》,商务印书馆,2000。

郭松义:《〈清代女史〉概述》,http://www. historychina. net/cns/QSYJ/WXWD/QSZS/01/04/2006/14242. html。

郭细英、肖良平:《论收买被拐卖的妇女、儿童犯罪形成原因及对策》,《江西教育学院学报》2007 年第 6 期。

郭媛媛:《基于利益相关者理论的关系营销战略研究》,博士学位论文,辽宁大学,2007。

郭志刚、邓国胜:《婚姻市场理论研究——兼论中国生育率下降过程中的婚姻市场》,《中国人口学科》1995 年第 3 期。

郭志刚、邓国胜:《中国婚姻拥挤研究》,《市场与人口分析》2000 年第 3 期。

国家人口计生委关爱女孩行动领导小组办公室专家组:《中国的关爱女孩行动》,中国人口出版社,2008。

国家统计局:《中国 2010 年人口普查资料》,中国统计出版社,2012。

国家统计局:《我国人口平均预期寿命达到 74. 83 岁》,http://www.

stats. gov. cn/tjgb/rkpcgb/qgrkpcgb/t20120921_402838652. htm。

《国家突发公共事件总体应急预案》，http：//baike. baidu. com/view/2507959. htm。

韩彦婷、王淑清：《西安市流动人口管理经验研究》，《理论观察》2009 年第 5 期。

〔荷〕A. F. G. 汉肯：《控制论与社会》，商务印书馆，1984。

何海宁：《贵州牌坊村：282 条光棍的心灵史》，《乡镇论坛》2007 年第 9 期。

何亚福：《性别比失衡导致择偶困难》，http：//heyafu. blog. hexun. com/37105326_d. html，2009 年 9 月 8 日。

何亚福：《为解决性别比失衡问题，计生委应鼓励性别选择的堕胎》，http：//heyafu67. blog. 163. com/blog/static/10733434220084107542666/，2008 年 5 月 10 日。

何亚福：《放开二胎有利于缓解性别比失衡问题》，http：//heyafu. blog. sohu. com/110533857. html，2009 年 2 月 17 日。

何亚福：《计划生育、光棍与战争》，http：//heyafu. blog. sohu. com/101634400. html，2008 年 10 月 10 日。

何亚福：《"五大绝招"解决不了光棍问题》，http：//blog. ifeng. com/article/2482819. html，2009 年 3 月 28 日。

胡鞍钢、王磊：《社会转型风险的衡量方法与经验研究（1993～2004 年）》，《管理世界》2006 年第 6 期。

胡国庆：《秦岭山里的光棍村》，《华商报》，2002 年 12 月 30 日。

胡杨：《危机管理的理论困境与范式转换——兼论我国政府应急管理制度创新的路径选择》，《郑州大学学报》（哲学社会科学版）2007 年第 2 期。

胡正昌：《公共治理理论及其政府治理模式的转变》，《前沿》2008 年第 5 期。

黄洪琳、周丽苹：《浙江出生性别比变动态势及有关问题的探讨》，《市场与人口分析》2004 年第 3 期。

黄荣清、刘琰：《中国人口死亡数据集》，中国人口出版社，1995。

黄涛：《主观概率判断的演进》，《数量经济技术经济研究》1998 年第

5 期。

〔加〕迈克尔·豪利特、M. 拉米什：《公共政策研究——政策循环与政策子系统》，庞诗等译，三联书店，2006。

《加强任务落实不断开创人口工作新局面，为经济社会发展创造更加有利的人口环境》，《人民日报》，2011 年 4 月 28 日。

家庭医生网：《中国男女性别比失衡非法鉴定胎儿性别应负刑责》，http：//www. 0514zx. com/trait/ylwz/200505/trait_52355. html，2007 年 7 月 10 日。

贾威：《收养子女对出生性别比的影响分析》，《南京人口管理干部学院学报》1995 年第 4 期。

姜全保、果臻、李树茁、Marcus W. Feldman：《农村大龄未婚男性家庭生命周期研究》，《中国人口科学》2009 年第 4 期。

姜全保、李树茁、费尔德曼：《20 世纪中国失踪女性数量的估计》，《中国人口科学》2005 年第 4 期。

姜全保、李树茁：《女性缺失与社会安全》，社会科学文献出版社，2009。

姜涛：《中国近代人口史》，浙江人民出版社，1993。

靳小怡、郭秋菊、刘利鸽、李树茁：《中国的性别失衡与公共安全——百村调查及主要发现》，《青年研究》2010 年第 5 期。

靳小怡、刘利鸽：《性别失衡社会风险与行为失范的识别研究》，《西安交通大学学报》（社会科学版）2009 年第 6 期。

《性别失衡将影响社会安定》，《经济参考报》，http：//www. jxrkjs. gov. cn/zxgz/ganh/200808/41. html，2006 年 10 月 20 日。

孔祥利、贾涛：《社会转型期我国弱势群体问题研究综述》，《人口与经济》2008 年第 3 期。

赖志凯、张赛红：《海南"光棍村"全景透视》，《工人日报》，2005 年 7 月 3 日。

李德全、宋枫论：《风险的传导机制及其对企业价值的影响》，《山东经济》2004 年第 1 期。

李建新：《中国人口结构问题》，社会科学文献出版社，2009。

李琼：《边界与冲突——以 S 县某群体性冲突事件为个案》，《东南学术》2007 年第 5 期。

李树茁：《改革开放与中国人口发展——中国人口学会年会（2008）论文集》，社会科学文献出版社，2009。

李树茁：《生育政策、男孩偏好与女孩生存：公共政策的取向与选择》，载于穆光宗编《出生人口性别比异常偏高与生育政策有关吗》，《人口与发展》2006年第2期。

李树茁、陈盈辉、杜海峰：《中国的性别失衡与社会可持续发展——一个跨学科的研究范式与框架》，《西安交通大学学报》（社会科学版）2009年第6期。

李树茁、姜全保、〔美〕费尔德曼：《性别歧视与人口发展》，社会科学文献出版社，2006。

李树茁、姜全保、孙福滨：《"五普"人口总量和结构的分析与调整》，《人口学刊》2006年第5期。

李树茁、姜全保、伊莎贝尔·阿塔尼、费尔德曼：《中国的男孩偏好和婚姻挤压——初婚与再婚市场的综合分析》，《人口与经济》2006年第6期。

李树茁、韦艳、任锋：《国际视野下的性别失衡与治理》，社会科学文献出版社，2010。

李树茁、朱楚珠：《中国出生性别比和女婴生存状况分析》，《人口与经济》1996年第1期。

李妍妍、刘娟：《1980～2005中国出生性别比问题研究回顾与评述》，《南京人口管理干部学院学报》2006年第3期。

李艳、李树茁、彭邕：《农村大龄未婚男性与已婚男性心理福利的比较研究》，《人口与发展》2009年第4期。

李银河：《历史上的同性恋现象》，《百科知识》2004年第5期。

李银河：《他们的世界：中国男同性恋群落透视》，陕西人民出版社，1992。

李银河：《性学心得》，时代文艺出版社，2008。

李玉艳、李娜、周颖等：《深圳市流动人口艾滋病相关性行为及影响因素分析》，《复旦学报》（医学版）2010年第3期。

李桌青：《政策网络治理：理论、模式和策略》，《湘潭大学学报》（社会科学版）2008年第2期。

连成亮：《新婚九天，七个买来的媳妇全跑了》，http://www.sx.chinanews. com. cn/news/2009/0416/5081. html，2009 年 4 月 16 日。

梁学平：《我国弱势群体社会保障制度改革的瓶颈与政策建议》，《财政论坛》2006 年第 12 期。

林崇德、杨治良、黄希庭：《心理学大辞典》，上海教育出版社，2003。

林毅夫：《关于制度变迁的经济学理论：诱致性变迁与强制性变迁》，上海三联书店，1994。

林震：《政策网络分析》，《中国行政管理》2005 年第 9 期。

凌复华：《突变理论及其应用》，上海交通大学出版社，1987。

凌复华、魏焕明：《初等突变理论在 Hamiton 系统中应用的一个例子》，《力学学报》1985 年第 1 期。

刘斌、彭江：《"买婚" 买来的恶果》，http：//news. xinhuanet. com/video/2006 - 06/05/content_4647261. html，2006 年 6 月 5 日。

刘达临：《中国当代性文化》，上海三联书店，1992。

流风沁雪：《通过婚龄差的拉大可以解决性别比失衡造成的婚配问题?》，http：//1home. hainan. net/publicforum/Content/free/1/730153. shtml，　2006 年 6 月 15 日。

刘利鸽、靳小怡：《社会网络视角下中国农村成年男性初婚风险的影响因素分析》，《人口学刊》2011 年第 2 期。

刘利鸽、靳小怡、李树茁、姜全保：《明清时期中国大龄未婚男性问题及其治理》，《浙江社会科学》2009 年第 12 期。

刘生旺：《公共政策失效的新制度经济学解释》，《税务与经济》2009 年第 2 期。

刘霞、向良云：《公共危机决策网络治理结构学习机理探析》，《软科学》2006 年第 2 期。

刘英杰：《中国社会现象分析》，中国城市出版社，1998。

刘智才、任璐：《浅析西安城市边缘区流动人口特征及住房条件》，《山西建筑》2007 年第 9 期。

刘中一：《大龄未婚男性与农村社会稳定——出生性别比升高的社会后果预测性分析之一》，《青少年犯罪问题》2005 年第 5 期。

罗大华：《犯罪心理学》，中国政法大学出版社，2007。

吕峻涛：《中国西部农村性贫困调查》，《中国作家》2006 年第 19 期。

吕诺、吴晶：《计生委：放开生育政策不能根本解决性别失衡》，http：//news. xhby. net/system/2007/07/10/010082992. shtml，2007 年 7 月 10 日。

马洁芸：《一项研究报告认为——中国性别失衡可能扩大艾滋病传播》，http：//www. wsic. ac. cn/academicnews/55177. htm.

孟庆超：《论民国时期的娼妓管理》，《吉林公安高等专科学校学报》2005 年第 6 期。

〔美〕E. A. 罗斯：《社会控制》，华夏出版社，1989。

〔美〕N·维纳：《人有人的用处：控制论与社会》，商务印书馆，1978。

〔美〕查尔斯·J·福克斯、休·T·米勒：《后现代公共行政——话语指向》，中国人民大学出版社，2002。

〔美〕查尔斯·林德布洛姆：《决策过程》，普兰蒂斯－霍尔公司，1968；竺乾威、胡君芳译，上海译文出版社，1988。

〔美〕贺萧：《危险的愉悦——20 世纪上海的娼妓问题与现代性》，江苏人民出版社，2003。

〔美〕罗·庞德：《通过法律的社会控制、法律的任务》，商务印书馆，1984。

〔美〕斯蒂芬·戈德史密斯、威廉·D·埃格斯：《网络化治理——公共部门的新形态》，北京大学出版社，2008。

莫丽霞：《出生人口性别比升高的后果研究》，中国人口出版社，2005。

穆光宗编：《出生人口性别比异常偏高与生育政策有关吗》，《人口与发展》2006 年第 2 期。

《我国成性别比最失衡国家》《南方日报》，http：//jisheng. kaiping. gov. cn/Html/？1838. html.，2008 年 12 月 10 日。

聂坚、孙克：《中国人口出生性别比发展趋势的分形分析》，《西北人口》2008 年第 5 期。

欧阳晓明、周宏：《苏南文化变迁中人的社会行为取向新探》，《南京社会科学》2004 年第 7 期。

潘绥铭：《当前中国的性存在》，《社会学研究》1993 年第 2 期。

潘绥铭：《存在与荒谬——中国地下性产业考察》，群言出版社，1999。

潘绥铭、杜鹃：《对北京低阶层男性流动人口的预防艾滋病干预》，http：//www. sexstudy. org/article. php？id ＝4177.。

潘晓明、何光荣：《花甲老汉不安分住宅变"青楼"卖淫女子部分已成家》，http：//www.gxnews.com.cn/staticpages/20081029/newgx4907a7b1 – 1735229. shtml，2008 年 10 月 29 日。

彭远春：《贫困地区大龄青年婚姻失配现象探析》，《青年探索》2004 年第 6 期。

彭正银：《网络治理理论探析》，《中国软科学》2002 年第 3 期。

乔晓春：《中国出生性别比研究中的问题》，《江苏社会科学》2008 年第 2 期。

《去年破获十大要案，40 多名妇女被拐做农妇》，《东南快报》，http：//www.dnkb.com.cn/archive/info/20090226/084931892.html，2009 年 2 月 26 日。

任强、郑维东：《婚姻市场挤压的测定及其影响因素分解方法》，《西北人口》1997 年第 3 期。

任强、郑维东：《我国婚姻市场挤压的决定因素》，《人口学刊》1998 年第 5 期。

任强、郑晓瑛、曹桂英：《近 20 年来中国人口死亡的性别差异研究》，《中国人口科学》2005 年第 1 期。

任青云、董琳：《农民身份与性别角色——中原农村"男工女耕"现象考察》，载于李小江、朱虹、董秀玉主编《平等与发展》，生活·读书·新知三联书店，1997。

任声策、陆铭、尤建新：《公共治理理论述评》，《华东经济管理》2009 年第 11 期。

戎寿德、黎均耀、高润泉、戴旭东、曹德贤、李广义、周有尚：《我国 1973～1975 年居民平均期望寿命的统计分析》，《人口与经济》1981 年第 1 期。

阮煜琳：《专家：性别不平等是中国人口性别比严重失衡主因》，http：//www.yljsj.gov.cn/old/XXLR1.ASP？ID ＝488，2006 年 12 月 24 日。

陕西省人口普查办公室编《世纪之交的中国人口（陕西卷）》，中国统计出版社，2005。

陕西省人民政府：《西安常住人口 846 万流动人口十年增加 1.5 倍》，http：//www.shaanxi.gov.cn/0/1/9/42/100662.htm。

沈俊：《多维度透析企业财务风险传导类型》，《武汉理工大学学报》2007 年第 8 期。

沈俊、邓明然：《基于热传导原理的企业风险传导研究》，《武汉理工大学学报》2006 年第 9 期。

沈俊、邓明然：《企业财务风险传导及其载体研究》，《财会通讯》2007 年第 7 期。

史晋川：《浙江的现代化进程与发展模式》，《浙江社会科学》1999 年第 3 期。

石人炳：《世纪末的俄罗斯人口问题和发展展望》，《人口学刊》2001 年第 3 期。

石人炳：《性别比失调的社会后果及其特点——来自对台湾人口的观察》，《人口研究》2002 年第 2 期。

孙江辉：《男女性别比失衡与违法犯罪问题研究》，学士学位论文，中国政治大学，2006。

孙龙：《当代中国拐卖人口犯罪研究》，硕士学位论文，华东政法大学，2004。

孙岩、蒋建新：《公共危机事件中我国政府公共管理效能探析》，《山西高等学校社会科学学报》2009 年第 3 期。

谭朝霞：《北京改造妓女纪实》，《档案时空》2004 年第 11 期。

滕世华：《公共治理理论及其引发的变革》，《国家行政学院学报》2003 年第 1 期。

汤兆云：《出生性别比失衡挑战社会可持续发展》，http：//www.drcnet.com.cn/DRCnet.common.web/DocView.aspx? docid = 1517657 & chnid = 3634&deafid = 14118，2007 年 6 月 11 日。

覃汉选、吴家武：《"招郎"能有效遏制性别比失衡问题》，http：//www.cyq.gov.cn/Html/200992114385 2‐1.html，2009 年 9 月 21 日。

万幼清、邓明然：《事业单位财务风险传导机制分析》，《研究与创新》2008 年第 8 期。

王双成：《贝叶斯网络学习、推理与应用》，立信会计出版社，2010。

王丰：《全球化环境中的世界人口与中国的选择》，《国际经济评论》2010 年第 6 期。

王金营：《中国第五次人口普查漏报评估及年中人口估计》，《人口研究》2000 年第 5 期。

王军、周伟达：《贝叶斯网络的研究与进展》，《电子科技》1999 年第 15 期。

王晟：《留守妇女人数超过了五千万》，《法制晚报》，http：//www. fawan. com. cn/html/2011 – 04/09/content_300757. htm，2011 年 4 月 9 日。

晓欧、韩轩、及金子、李国栋：《"中国光棍威胁论" 登场》，《国际先驱导报》，2004 年 7 月 30 日。

魏涛：《公共治理理论研究综述》，《资料通讯》2006 年第 7 期。

魏彤儒、张刚：《中国现代社会 "城市剩女" 问题的思考》，《中国青年研究》2010 年第 5 期。

韦艳、靳小怡、李树茁：《农村大龄未婚男性家庭压力和应对策略研究——基于 YC 县访谈的发现》，《人口与发展》2008 年第 5 期。

韦艳、李树茁、费尔德曼：《中国农村的男孩偏好与人工流产》，《中国人口科学》2005 年第 2 期。

闻晶：《中国连续 4 年拒绝资助联合国人口基金遭多方攻击》，http：// www. ce. cn/ztpd/hqmt/main/yaowen/200509/17/t20050917_4717916. shtml，2009 年 5 月 27 日。

闻康网：《性别比失衡是社会的 "高利贷"》，http：//qq. xywy. com/ news/rdpl/200910/10 – 13503. html，2009 年 10 月 10 日。

魏尚进：《中国高储蓄率与性别比例失衡有关》，http：//money. 163. com/09/0902/10/5I6V0QQU00253B0H. html，2009 年 9 月 2 日。

吴存存：《明中晚期社会男风流行状况叙略》，《中国文化》2001 年第 17 期。

乌审人口网：《性别比失衡令人忧谁来拯救中国 4000 万光棍》，http：//www. wsqpop. gov. cn/pop_rkbk. asp？ClassID = 803&DisplayID = 455，2009 年 10 月 23 日。

吴治平：《揭秘农村性别比失衡的总祸根：生儿子光荣》，http：// blog. sina. com. cn/s/blog_4b6772300100b4lv. html，2008 年 11 月 11 日。

吴旭初：《性别比失衡，中国进入 "剩男" 时代》，http：//www. jieyue. net/ html/family/page/homepage_show117446. htm，2008 年 3 月 20 日。

夏喆、邓明然:《企业风险传导的动因分析》,《企业改革与发展》2007 年第 2 期。

向玲、张庆林:《主观概率判断的支持理论》,《心理科学进展》2006 年第 5 期。

新华网:《男性比女性多出 3700 万——治理"性别失衡"刻不容缓》,http://www.wangjiang.gov.cn/include/web_content.php? id = 3669,2007 年 7 月 6 日。

新华网:《我国婚期男性比女性多 1800 万人性别比例失衡》,http://jxgdw.com/jxgd/news/gnxw/userobject1ai736158.html.,2007 年 8 月 21 日。

肖群鹰、朱正威:《危机预警中的政府信息管理与调控——基于人口安全预警系统的研究》,《中国行政管理》2008 年第 8 期。

熊建和杨爱华:《基于利益相关者理论的群体性事件对策研究》,《北京航空航天大学学报》(社会科学版)2008 年第 4 期。

许军、梁学敏:《延边州农村大龄未婚男青年情况调查报告》,《人口学刊》2007 年第 4 期。

杨代福:《美国政策网络研究及启示》,《广东行政学院学报》2007 年第 5 期。

杨剑利:《近代华北地区的溺女习俗》,《北京理工大学学报》(社科版)2003 年第 4 期。

杨思斌、吕世伦:《论和谐社会背景下我国弱势群体保护与政府责任》,《北京行政学院学报》2008 年第 3 期。

姚引良、刘波、汪应洛:《网络治理理论在地方政府公共管理实践中的运用及其对行政体制改革的启示》,《人文杂志》2010 年第 1 期。

姚远:《中国家庭养老研究》,中国人口出版社,2001。

《要解决性别比失衡问题,必须立即全面开放二胎》,http://tieba.baidu.com/f? kz =549445056,2009 年 3 月 8 日。

叶厚元、邓明然:《企业风险传导的介质研究》,《企业天地》2007 年第 1 期。

叶建木:《企业财务风险传导路径及传导效应》,《财会月刊》2009 年第 1 期。

叶建木、邓明然:《战略风险传导及其效应分析》,《科学学与科学技术管理》2007 年第 2 期。

叶建木、邓明然、王洪运：《企业风险传导机理研究》，《理论月刊》2005 年第 3 期。

〔英〕桑博德：《突变理论入门》，上海科学技术文献出版社，1987。

〔英〕詹姆斯·马吉尔：《解读心理学与犯罪——透视理论与实践》，中国人民公安大学出版社，2009。

袁婷：《20 年后中国有 3000 万光棍？》，http：//www. dahe. cn/xwzx/txsy/jrtj/t20070527_977494. htm，2007 年 5 月 27 日。

原新、胡耀岭：《中国和印度"失踪女孩"比较研究》，《人口研究》2010 年第 4 期。

原新、石海龙：《中国出生性别比偏高与计划生育政策》，《人口研究》2005 年第 3 期。

云南旅游信息网：《"性别失衡"引热议丽江男女比例升至 116∶100》，http：//www. foryn. cn/Zjyn_Htm/Zjyn_277. htm，2007 年 11 月 6 日。

曾毅：《二孩晚育软着陆方案有利于解决我国出生性别比偏高问题》，《社会科学》2009 年第 8 期。

曾毅、顾宝昌、涂平等：《我国近年来出生性别比升高原因及其后果分析》，《人口与经济》1993 年第 1 期。

查瑞传：《中国人口的性别结构》，《西北人口》1996 年第 1 期。

翟运开：《基于知识转移的合作创新风险传导研究》，《武汉理工大学学报》（社会科学版）2007 年第 12 期。

翟振武、杨凡：《中国出生性别比水平与数据质量研究》，《人口学刊》2009 年第 4 期。

张超：《民国时期娼妓问题研究》，博士学位论文，武汉大学，2005。

张成福、谢一帆：《风险社会及其有效治理的战略》，《中国人民大学学报》2009 年第 5 期。

张春汉、钟涨宝：《农村大龄未婚青年成因分析——来自湖北潜江市 Z 镇 Y 村的个案分析》，《青年探索》2005 年第 1 期。

张二力：《从"五普"地市数据看生育政策对出生性别比和婴幼儿死亡率性别比的影响》，《人口研究》2005 年第 1 期。

张海峰、白永平：《中国人口性别结构的区域差异及演变动态分析》，

《西北人口》2008 年第 6 期。

张康之、程倩：《网络治理理论及其实践》，《新视野》2010 年第 6 期。

张群林、伊莎贝尔·阿塔尼、杨雪燕：《中国农村大龄未婚男性的性行为调查和分析》，《西安交通大学学报》（社会科学版）2009 年第 6 期。

张为民：《对我国人口统计数据质量的几点认识》，《人口研究》2008 年第 5 期。

张为民、崔红艳：《对中国 2000 年人口普查准确性的估计》，《人口研究》2003 年第 4 期。

张新文、潘思柳：《对政策网络与政策工具关联性的探讨》，《五邑大学学报》（社会科学版）2008 年第 10 期。

张雪筠：《社群隔离与青年农民工的犯罪》，《犯罪研究》2007 年第 1 期。

张妍、侯一兵：《五种模式破解"第一难题"》，2008 年 4 月 8 日《深圳商报》。

张研、毛立平：《19 世纪中期中国家庭的社会经济透视》，中国人民大学出版社，2003。

张翼：《为中国人口出生性别比失衡寻因》，http：//rkjsw. wf. gov. cn，2006 年 3 月 8 日。

赵锦辉：《1949 年前近 40 年中国人口死亡水平和原因分析》，《人口研究》1994 年第 6 期。

赵晓歌：《俄罗斯人口性别比失调问题探析》，《西北人口》2006 年第 1 期。

郑杭生、洪大用：《中国转型期的社会安全隐患与对策》，《中国人民大学学报》2004 年第 2 期。

郑杭生、李强等：《社会运行导论——有中国特色的社会学基本理论的一种探索》，中国人民大学出版社，1993。

郑维东、任强：《中国婚姻挤压的现状与未来》，《人口学刊》1997 年第 5 期。

中国大百科全书总编辑委员会、《社会学》编辑委员会、中国大百科全书出版社编辑部：《中国大百科全书（社会学卷）》，中国大百科全书出版社，1991。

中国外交部网站：《外交部发言人刘建超就美国会举行听证会批评我计划生育政策和人权状况事答记者问》，http：//www. mfa. gov. cn/chn/gxh/mtb/fyrbt/t176114. htm，2004 年 12 月 23 日。

中国新闻网：《降低孕产妇和五岁以下儿童死亡率任务艰巨》，http：//www. chinanews. com/jk/2012/02 - 23/3693037. shtml，2012 年 2 月 23 日。

周定平：《社会安全事件应对研究》，中国人民公安大学出版社，2008。

周定平：《社会安全事件特征的比较分析》，《北京人民警察学院学报》2008 年第 3 期。

周丽娜：《婚姻性别比失调的男性选择》，《中国社会导刊》2008 年第 3 期。

周清、刘爽、刘雁燕、黄可尤：《从人口普查数字看大龄未婚青年的择偶问题》，《人口研究》1992 年第 2 期。

周全德、周宏：《关于出生人口性别比严重失衡社会后果的理性思考》，《社会科学评论》2004 年第 4 期。

周沃欢：《流动人口犯罪嫌疑人社会心理学的实证分析》，中国心理学会法制心理学专业委员会第十一届学术研讨会交流论文，2002 年 8 月。

朱静怡、朱淑珍：《金融风险的传导机制及防御对策分析》，《东华大学学报》2001 年第 10 期。

朱力：《社会问题概论》，社会科学文献出版社，2002。

朱力：《失范的三维分析模型》，《江苏社会科学》2006 年第 4 期。

朱力：《中国社会风险解析——群体性事件的社会冲突性质》，《学海》2009 年第 1 期。

朱荣成、季德胜：《头发花白的六旬老翁竟干起介绍、容留妇女卖淫的勾当》，http：//news. qq. com/a/20070108/001310. htm. 。

朱新球：《供应链风险传导的载体研究》，《长江大学学报》（社会科学版）2009 年第 2 期。

朱秀、钟庆才：《出生性别比偏高因素的国外研究评述与思考》，《南方人口》2006 年第 1 期。

庄渝霞：《女性地位低的层级推演——对出生性别比偏高背后隐象的探析》，《南方人口》2006 年第 1 期。

宗占红、温勇、尹勤：《未婚流动人口性与生殖健康认知及行为调查》，《中国公共卫生》2008 年第 7 期。

Adimora, Schoenbach, V., Martinson, F., Donaldson, K., Fullilove, R. & Aral, S., 2001, "Social Context of Sexual Relationships among Rural African Americans," *Sexually Transmitted Diseases* 2: pp. 69 – 76.

Allan V. Horwitz, Helene Raskin White & Sandra Howell – White, 1996, "Becoming Married and Mental Health: A Longitudinal Study of a Cohort of Young Adults," *Journal of Marriage and the Family* 58: pp. 895 – 907.

Anderson, A. F., Qingsi, Z., et al., 2003, "China's Floating Population and the Potential for HIV Transmission: A Social – behavioural Perspective," *AIDS Care* 15 (2): pp. 177 – 185.

Anderson, N., 1961, *The Hobo: The Sociology of the Homeless Man*, Chicago: University of Chicago Press.

Anna Lipowicz and Monika Lopuszanska, 2005, "Marital Differences in Blood Pressure and the Risk of Hypertension among Polish Men," *European Journal of Epidemiology* 20 (5): pp. 421 – 427.

Attané I, 2005, *Une Chine Sans Femmes*, Paris: Perrin.

Attané I, 2010, *Masculinisation de la Population Chinoise: Tendances, Faits et Perspectives*, Paris, Ined.

Avakame, Edem, F., 1999, "Sex Ratios, Female Labor Force Participation, and Lethal Violence Against Women: Extending Guttentag and Secord's Thesis," *Violence Against Women* 5: pp. 1321 – 1341.

Banister, J., 2004, "Shortage of Girls in China Today," *Journal of Population Research* 21 (1): pp. 19 – 45.

Banister, J., 1992, "China: Recent Mortality Levels and Trends," Paper Presented at the Annual Meeting of the Population Association of America, May, Denver.

Barber, Nigel, 2001, "On the Relationship between Marital Opportunity and Teen Pregnancy: The Sex Ratio Question," *Journal of Cross – cultural Psychology* 32: pp. 259 – 67.

Barber, Nigel, 2004, "Reduced Female Marriage Opportunity and History of Single Parenthood（England, Scotland, U. S. ），" *Journal of Cross – cultural Psychology* 35： pp. 648 – 651.

Berkman, L. F. , 1988, "The Changing and Heterogeneous Nature of Aging and Longevity： A Social and Biomedical Perspective," *Annual Reviews in Gerontology and Geriatrics* 8： pp. 37 – 68.

Billy, John, O. G. , Karin, L. Brewster, and William, R. Grady, 1994, "Contextual Effects on the Sexual Behavior of Adolescent Women," *Journal of Marriage and the Family* 56： pp. 387 – 404.

Bilsborrow, R. E. , A. S. Oberai, G. Standing, 1984, "Migration Surveys in Low Income Countries： Guidelines for Survey and Questionnaire Design," N. H, USA London and Dover： pp. 56 – 66.

Brewster, Karin, L. , 1994, "Neighborhood Context and the Transition to Sexual Activity among Young Black Women," *Demography* 31： pp. 977 – 1011.

Bulbeck, C. , 2005, "The Mighty Pillar of the Family： Young People's Vocabularies on Household Gender Arrangements in the Asia – Pacific Region", *Gender Work and Organization* （12）： pp. 14 – 31.

Burgess, R. , & Zhuang, J. , 2002, *Modernization and Son preference in PRC*, Asian Development Bank.

Cai, Y. and Lavely, W. , 2003, "China's missing girls： Numerical Estimates and Effects on Population Growth", *The China Review* 2 （3）： pp. 13 – 29.

Choe, M. , H. Hao and F. Wang, 1995, "Effects of Gender, Birth Order, and Other Correlates on Childhood Mortality in China", *Social Biology* 42 （1 – 2）： pp. 50 – 64.

Chung, W. & Das Gupta. M, 2007, "The Decline of Son Preference in South Korea： The Roles of Development and Public Policy," *Population and Development Review*. 33 （4）： 757 – 783.

Coale, A. J. 1973, "The Demographic Transition Reconsidered," In IUSSP （ed. ）, *Proceedings of the International Population Conference*. Liège： Ordina, pp. 53 – 73.

Coale, A. J. , 1991, "Excess Female Mortality and the Balance of the Sexes in the Popu-lation： an Estimate of the Number of 'Missing Females'," *Population and Development Review*. 17 （3）： pp 35 – 51.

Coombs, Robert, H. , 1991, "Marital Status and Personal Well Being: A Literature Review," *Family Relations* (40): pp. 97 – 102.

Courtwright, D. T. , 2001, *Violent Land*, *Single Men and Social Disorder from the Frontier to the Inner City*, Cambridge, Massachusetts: Harvard University Press.

Covan, E. K. , Rosenkoetter, M. M. , Richards B, Lane A, *The Impact of Hurricane Floyd on Elderly Residing in Four Southeastern North Carolina Counties* [C] . In Maiolo, J. R. , Whitehead, J. C. , McGee, M. , King, L. , Johnson, J. , Stone, H. (eds) Facing Our Future: Hurricane Floyd and the Recovery in the CoastalPlain, 2000, 301 – 12, Coastal Carolina Press, Wilmington.

Croll, E. , 2000, *Endangered Daughters: Discrimination and Development in Asia*. London and New York: Routledge.

Cyranowski, D. , 2005, "Surfeit of Boys Could Spread AIDS in China's Cities," *Nature* 434 (7032): p. 425.

Das Gupta, M. , 1987, "Selective Discrimination Against Female Children in Rural Punjab India," *Population and Development Review* 13 (1): pp. 77 – 100.

Das Gupta, M. , A. Ebenstein, and E. J. Sharygin, 2010, "China's Marriage Market and Upcoming Challenges for Elderly men", *World Bank Policy Research Working Paper* 5351: p. 39.

Das Gupta, M. , Chung, W. and Li, S. Z. , 2009, "Evidence for an Incipient Decline in Numbers of Missing Girls in China and India," *Population and Development Review* 35 (2): pp. 401 – 416.

Das Gupta, M. , Jiang, Z. , Li, B. et al. , 2003, "Why is Son Preference so Persistent in East and South Asia? Cross – country Study of China, India, and the Republic of Korea," *The Journal of Development Studies* 40 (2): pp. 153 – 187.

Das Gupta, M. , S. Li, 1990, "Gender Bias in China, South Korea and India 1920 – 1990: The Effects of War, Famine, and Fertility Decline," *Development and Change* 30 (3): pp. 619 – 652.

David, P. Schmitt, 2005, "Sociosexuality from Argentina to Zimbabwe: A 48 – Nation'Study of Sex, Culture, and Strategies of Human Mating," *Be-*

havioral and Brain Sciences 28: pp. 247 – 311.

Davin, D., 2007, "Marriage Migration in China and East Asia," *Journal of Contemporary China* 16 (50): pp. 83 – 95.

DH Lin, XM Li, HM Yang et al., 2005, "Alcohol intoxication and Sexual Risk Behaviors among Rural to Urban Migrants in China," *Drug Alcohol Depend* 79 (1): pp. 103 – 112.

Downing, T. E. and Bakker, K., 2000, "Drought Discourse and Vulnerability," Chapter 45, in D. A. Wilhite (ed.), *Drought: A Global Assessment, Natural Hazards and Disasters Series*, Routledge Publishers, U. K.

Dreze, J. and R. Khera, 2000, "Crime, Gender, and Society in India: Insights from Homicide Data," *Population and Development Review* 26: pp. 335 – 352.

Dudley, P., Glover, K., 2005, "Too Many Males: Marriage Market Implications of Gender Imbalances in China", *Genus* 61 (2): pp. 119 – 40.

Ebenstein, A. and E. J. Sharygin, 2009, "The Consequences of the 'Missing Girls' of China", *The World Bank Economic Review* 23 (3): pp. 399 – 425.

Ed Diener, Carol, L. Gohm, Eunkook Suh et al., 2000, "Similarity of the Relations between Marital Status and Subjective Well – Being Across Cultures", *Journal of Cross – Cultural Psychology* 31 (4): pp. 419 – 436.

Edlund, L., Li, H., Yi, J. and Zhang, J., 2007, "Sex Ratios and Crime: Evidence from China's One – child Policy," IZA Discussion Paper No. 3214, Bonn, Germany.

Edlund, L., Li, H., Yi, J. and Zhang J., 2008, "More Men, More Crime: Evidence from China's One – Child Policy," IZA Working Paper No. 3214.

Eiko Kobori, Surasing Visrutaratna et al., 2007, "Prevalence and Correlates of Sexual Behaviors Among Karen Villagers in Northern Thailand," *AIDS Behavior* (11): pp. 611 – 618.

E. R. Pouget, T. S. Kershaw, L. M. Niggolai et al., 2010, "Associations of Sex Ratios and Male Incarceration Rates with Multiple Opposite – Sex Partners: Potential Social Determinants of HIV/STI Transmission," *Public Health Reports* 125 (Supplement 4): pp. 70 – 80.

Evans, H. , 1997, *Women and Sexuality in China*, New York: Continuum.

Festini, F. , Martino, M. , 2008, "Twenty Five Years of the One Child Family Policy in China," *Journal of Epidemiology and Community Health*: pp. 358 – 360.

Fischer, G. H. , 1967, "Preparation of Ambiguous Stimulus Materials", *Perception and Psychophysics* (2): pp. 421 – 422.

Freeman, R. E. , 1984, "Strategic Management: A Stakeholder Approach", Freeman Edward (Vol. 1, pp. 31 – 60), Pitman.

Gallo, L. C. , Troxel, W. M. , Matthews, K. A. , Kuller, L. H. , 2003, "Marital Status and Quality in Middle – aged Women: Associations with Levels and Trajectories of Cardiovascular Risk Factors," *Health Psychol* 22: pp. 453 – 463.

George, S. , 1997, "Female Infanticide in Tamil Nadu, India: from Recognition Back to Denial?" *The International Women's Health Movement*. 11: pp. 124 – 132.

Ginny Garcia, Rachel Traut Cortes and Dudley, L. Poston, 2009, *Patterns of Sexually Transmitted Infections in China*, In Dudley L. Poston (ed.) et al. , Gender Policy and HIV in China 22: pp. 153 – 175.

Goodkind, D. , 2011, "Child Underreporting, Fertility, and Sex Ratio Imbalance in China," *Demography*. 48: pp. 291 – 316.

Gove, Walter, R. , "The Relationship between Sex Roles, Marital Status and Mental Illness," *Social Forces* 51: pp. 34 – 44.

Gove, W. R. , Michael, H. , and Carolyn, B. S. , 1983, "Does Marriage Have Positive Effects on the Psychological Well – Being of an Individual?" *Journal of Health and Social Behavior* 24: pp. 122 – 31.

Grewen, K. M. , Girdler, S. S. , Light, K. C. , 2005, "Relationship Quality: Effects on Ambulatory Blood Pressure and Negative Effect in a Biracial Sample of Men and Women," *Blood Press Monit* 10: pp. 117 – 124.

Guillot, M. , 2002, "The Dynamics of the Population Sex Ratio in India," *Population Studies*, 56 (1): pp 51 – 63.

Guilmoto Christophe, Z. , 2009, "Declining Sex Ratio and the Demographic Transition in India," *Population and Development Review* 35 (3): pp. 519 – 549.

Hansson, A. , Forsell, Y. , Hochwlder, J. et al. , 2008, "Impact of Changes in Life Circumstances on Subjective Well – being in an Adult Population over a 3 – Year Period," *Public Health* 122: pp. 1392 – 1398.

He, N. , Detels, R. , Chen, Z. , Jiang, Q. , Zhu, J. , Dai, Y. et al. , 2006, "Sexual Behavior among Employed Male Rural Migrants in Shanghai, China," *AIDS Education Preview* 18: pp. 176 – 186.

Heligman, L. , 1983, "Patterns of Sex Differentials in Mortality in Less Developed Countries," *Sex Differentials in Mortality*: Trends, *Determinants and Consequences*. pp. 7 – 32.

Hertog, S. , Merli, M. G. , 2005, "Demographic Shifts and the Spread of HIV in China," New York Population Association of America Annual Meetings.

Hesketh, T. and W. Zhu, 2006, "Abnormal Sex Ratios in Human Populations: Causes and Consequences," *Proceedings of the National Academy of Sciences of the United States of America* 36: pp. 13271 – 13275.

H. J. Liu, X. M. Li, Bonita Stanton et al. , 2005, "Risk Factors for Sexually Transmitted Disease Among. Rural – to – Urban Migrants in China: Implications for HIV/Sexually Transmitted Disease Prevention," *AIDS PATIENT CARE and STDs* 19 (1): pp. 49 – 57.

Holt Lunstad, J. , Birmingham, W. & Jones, B. Q. , 2008, "Is There Something Unique about Marriage? The Relative Impact of Marital Status, Relationship Quality, and Network Social Support on Ambulatory Blood Pressure and Mental Health," *Annual Behavior Medication* 35: pp. 239 – 244.

Honig, E. , 2003, "Socialist Sex, the Cultural Revolution Revisited," *Modern China* 29 (2): pp. 143 – 175.

Hu An'gang, Wang Lei, 2006, "A Study of the Measurement Methods and Experiences Concerningthe Risks from Social Transition (1993 ~ 2004)," *Management World* (6): pp. 46 – 54.

Hudson, V. M. and Den Boer, 2004, *Bare Branches*: *The Security Implications of Asia's Surplus Male Population*. Cambridge, Mass. : The MIT Press.

Hudson, V. M. and Den Boer, 2002, "A Surplus of Men, a Deficit of Peace: Security and Sex Ratios in Asia's Largest States," *International Security* 26: pp. 5 – 38.

Hudson, V. M. and Den Boer, 2005, "Missing Women and Bare Branches: Gender Balance and Conflict," *ECSP Report* (11): pp. 20 – 24.

Hurlbert, J. S. & Acock, A. C., 1990, "The Effects of Marital Status on the Form and Composition of Social Networks," *Social Science Quarterly* 71: pp. 163 – 174.

Jack, C. Smith, James, A. Mercy & Judith, M. Conn, 1988, "Marital Status and the Risk of Suicide," *Am J Public Health* 78: pp. 78 – 80.

Jennifer Young Yim & Ramaswami Mahalingam, 2006, "Culture, Masculinity, and Psychological Well – being in Punjab, India," X *Sex Roles* 55: pp. 715 – 724.

Jin, X. Y., Liu, L., 2009, "Identification of the Social Risks and Anomie in the Context of Gender Imbalance in China," *Journal of Xi'an Jiaotong University* (*Social Sciences*) (6): pp. 41 – 50.

Joseph, D. Tucker and Dudley, L., Poston, 2009, "Gender Policy and HIV in China," Introduction, The Springer Series on Demographic Methods and Population Analysis 22: pp. 1 – 6.

Julianne, M. Serovich, Kathryn Greene, 1997, "Predictors of Adolescent Sexual Risk Taking Behaviors Which Put Them at Risk for Contracting HIV," *Journal of youth and adolescence* 26 (4): pp. 429 – 444.

Kaminski, Graciela, Carmen, R., 2000, "On Crises, Contagion, and Confusion," *Journal of International Economics* 6 (51): pp. 145 – 168.

Kasperson, R. E., Renn, O., Slovic, P., et al., 1998, "The Social Amplification of Risk: A Conceptual Framework," *Risk Analysis* 8 (2): pp. 177 – 187.

Keith, P. M., 2003, "Resources, Family Ties, and well Being of Never – Married Men and Women," *Journal of Gerontological Social Work* (42): pp. 51 – 72.

Kim, D., 2004, "Missing Girls in South Korea: Trends, Levels and Regional Variations," *Population* (*English Edition*) (6): pp. 865 – 878.

Klasen, S. and Wink, C., 2002, "A Turning Point in Gender Bias in Mortality? An Update on the Number of Missing Women," *Population and Development Review* 28 (2): pp. 285 – 312.

Kofi, D. Benefo, 2008, "Determinants of Zambian Men's Extra – Marital

Sex: Multi - level Analysis," *Arch Sex Behavior* 37: pp. 517 - 529.

Kontula, O., Haavio, M., 2002, "Masturbation in a Generational Perspective," *Journal of Psychology and Human Sexuality* (14): pp. 49 - 83.

Krimsky, S. and Golding, D. (eds), 1992, *Social Theories of Risk*, London: Greenwood Press.

Kundu, A., Sahu M. K., 1991, "Variation in Sex Ratio: Development Implications," *Economic and Political Weekly*. 26 (41) (12 October): pp. 2341 - 2342.

Le, B. D., Bélanger, D., Khuat, T. H., 2007, *Watering the Neighbour's Garden: The Growing Demographic Female Deficit in Asia*, Paris: Cicred.

Lesthaeghe, R., & Vanderhoeft, C. Ready, Willing, and Able: A Conceptualization of Transition to New Behavioral Forms. Casterline, JB (ed.). Diffusion Processes and Fertility Transition: Selected Perspectives. Washington, DC: The National Academies Press, 2001.

Li, S. and F. Sun, 2003, "Mortality Analysis of China's 2000 Population Census Data: A Preliminary Examination," *The China Review* 3 (2): pp. 31 - 48.

Lin, Tin chi, 2009, "The Decline of Son Preference and the Rise of Gender Indifference in Korea and Taiwan since 1990," Paper for the IUSSP International Population Conference, Marrakech.

Liu, B, Peng, J., "The Terrible Consequence of Mercenary Marriage," http://news. xinhuanet. com/video/2006 - 06/05/content_4647261. html.

Lisa Catanzarite, Vilma Ortiz, 2002, "Too Few Good Men? Available Partners and Single Motherhood Among Latinas, African Americans, and Whites," *Hispanic Journal of Behavioral Sciences* 24 (3): pp. 278 - 295.

Lydia, A. Shrier, Sion Kim Harris et al., 2001, "Associations of Depression, Self - Esteem, and Substance Use with Sexual Risk among Adolescents," *Preventive Medicine* (3): pp. 179 - 189.

Malzberg, B., 1936, Marital Status in Relation to the Prevalence of Mental illness, *Psychiatric Quarterly* (10): pp. 245 - 261.

McFarland, A., 1987, "Interest Groups and Theories of Power in America," *British Journal of Political Science*, 17: pp. 129 - 147.

Ministry of Public Security, "The Brief Information of Special Action on

Cracking Down on the Abduction of Women and Children," http: //www. mps. gov. cn/n16/n1237/n1342/n803680/1933133. html.

Miller, H. T. , 1994, "Post – Progressive Public Administration: Lessons from Policy Networks," *Public Administration Review*, 54, (4): pp. 379 – 385.

Monica Das Gupta, Avraham Ebenstein & Ethan Jennings Sharygin, China's Marriage Market and Upcoming Challenges for Elderly Men [R/OL]. [2010 – 10 – 26], Policy Research Working Paper 5351. 2010. http: //ideas. repec. org/p/wbk/wbrwps/5351. html.

N. F. Marks, 1996, "Flying solo at midlife: Gender, Marital Status, and Psychological Well – being," *Journal of Marriage and the Family* 58: pp. 917 – 932.

N. He, Frank, Y. Wong, Z. Jennifer Huang, 2007, "HIV Risks among Two Types of Male Migrants in Shanghai, China: Money Boys vs. General Male Migrants," *AIDS* 21 (suppl 8): pp. S73 – S79.

Pan, S. , 1993, "A Sex Revolution in Current China," *Journal of Psychology & Human Sexuality*: pp. 1 – 14.

Pan, S. , 1997, "Sexual and Relationship Satisfaction in Mainland China," *The Journal of Sex Research* 34 (4): pp. 399 – 410.

Park, C. B. & Cho, N. H. , 1995, "Consequences of Son Preference in a Low Fertility Society: Imbalance of the Sex Ratio at Birth in Korea," *Popul. Dev. Rev.* 121: pp. 59 – 84.

Parsons, T. & Shild, E. A. (Ed). 1951, *Toward a General Theory of Action*. Cambridge, MA, US: Harvard University Press. p. 506.

Pearlin, L. & Johnson, J. , 1977, "Marital Status, Life Strains and Depression," *American Sociological Review* 42: pp. 704 – 715.

Pinkerton, S. D. , Bogart, L. M. , Cecil, H. et al. , 2002, "Factors Associated with Masturbation in a Collegiate Smaple," *Journal of Psychology and Human Sexuality* (14): pp. 103 – 121.

Poston, D. L. , Glover, K. S. , 2005, "Too many Males: Marriage Market Implications of Gender, Imbalances in China," *Genus LXI* (2): pp. 119 – 140.

Poston, Dudley, L. , Jr. and Peter Morrison, 2005, "China: Bachelor Bomb," *International Herald Tribune*, September 15: p. 8.

Qu, Shuquan, Wei Liu et al. , 2008, "Predictors of HIV Infection and Prevalence for Syphilis Infection among Injection Drug Users in China: Community - based Surveys along Major Drug Trafficking Routes", *Harm Reduction Journal* (5): pp. 29 - 40.

Quali, A. , Cherif, A. R. , Krebs Marie Odile, 2006, "Data Mining Based Bayesian Networks for Best Classification," *Computation Statistics & Data Analysis* 51 (2): pp. 1278 - 1292.

Richard, A. Crosby, David, R. Holtgrave, 2003, "Social Capital as a Predictor of Adolescents' Sexual Risk Behavior: A State - Level Exploratory Study," *AIDS and Behavior* 7 (3): pp. 245 - 252.

Robin, W. Simon, 2002, "Revisiting the Relationships among Gender, Marital Status, and Mental Health," *The American Journal of Sociology* 107 (41): pp. 1065 - 1096.

Ronald Skeldon. "Population Mobility and HIV Vulnerability in South East Asia: An Assessment and Analysis," Thailand, February 2000: 1. UNDP. [2011 - 1 - 16]. http: //siteresources. worldbank. org/INTTSR/Resources/46261 3 - 1135099994537/ Mobilitypaper. pdf.

Ross, C. E. , 1995, "Re - conceptualizing Marital Status as a Continuum of Social Attachment," *Journal of Marriage and the Family* 57: pp. 129 - 140.

R. Thom (translation by D H Fowler), 1975, *Structural Stability and Morphogenesis*, Reading Mass: Benjamin.

Sabrang Website, "Pakistan Infanticide on the rise," 2001, http: //www. sabrang. com/cc/comold/ feb99/obvat. htm, 2001.

Scott J. South and Katherine Trent, 2010, "Imbalanced Sex Ratios, Men's Sexual Behavior, and Risk of Sexually Transmitted Infection in China," *Journal of Health and Social Behavior* 51 (4): pp. 376 - 390.

Sen, S. and P. M. Nair, 2004, A Report on Trafficking in Women and Children in India 2002 - 2003 Institute of Social Sciences, New Delhi.

Shi Renbing, 2002, "The Social Consequence and Characters of Gender Imbalance: Observation from Taiwan Population," *Population Research* 26 (2): pp. 57 - 60.

Silverberg, C. , 2009, "Effects of Masturbation," [EB/OL] [2009 – 06 – 02], http: //sexuality. about. com/od/masturbation/p/masturbation_fx. htm

Slovic, P. , 1987, "Perception of risk," *Science* 236: pp. 280 – 285.

Smith, A. M. , Subramanian, S. V. , 2006, "Population contextual associations with Heterosexual Partner Numbers: a Multilevel Analysis," *Sex Transmition Infect* 82: pp. 250 – 254.

S. M. Pan, "Sex Industry and HIV in China" [C], Presentation at the Center for Strategic and International Studies, Washington, D. C. , November 17, 2004.

Sonia Dalmia, 2004, "A Hedonic Analysis of Marriage Transactions in India: Estimating Determinants of Dowries and Demand for Groom Characteristics in Marriage," *Research in Economics* 58: pp. 235 – 255.

South, Scott J. and Katherine Trent, 1988, "Sex Ratios and Women's Roles: A Cross – National Analysis," *American Journal of Sociology* 93: pp. 1096 – 1115.

South, Scott J. , Katherine Trent, and Yang Shen, 2001, "Changing Partners: Toward a Macrostructural – Opportunity Theory of Marital Dissolution," *Journal of Marriage and Family* 63: pp. 743 – 754.

South, Scott J. and Steven F. Messner, 1987, "The Sex Ratio and Women's Involvement in Crime: A Cross – National Analysis," *The Sociological Quarterly* 28: pp. 171 – 188.

Stanley, S. M. , Whitton, S. W. , and Markman, H. J. , 2004, "Maybe I Do: Interpersonal Commitment and Premarital or Nonmarital Cohabitation," *Journal of Family Issues* 25: pp. 496 – 519.

Stoker, Gerry, 1998, "Governance as Theory: Five Propositions," *International Social Science Journal* 50 (12): pp. 17 – 28.

Sun, Shenoy, P. , 2007, "Using Bayesian Networks for Bankruptcy Prediction: Some Methodological Issues," *Computing, Artificial Intelligence and Information Management* 180: pp. 738 – 753.

Taimur, B. , Goldfajn, I. , 1999, "Financial Market Contagion in the Asian Crisis," IMF Staff Papers, Vol. 46, No. 2.

Tien, Jukang, 1988, *Male Anxiety and Female Chastity: A Comparative Study of Chinese Ethical Values in Ming – Ch'ing Times*, New York: E. J. Brill.

Theresa, E. Senn, Michael, P. Carey, Peter, A. Vanable, 2008, "The Male - to - Female Ratio and Multiple Sexual Partners: Multilevel Analysis with Patients from an STD Clinic," *AIDS and Behavior* 14 (4): pp. 942 - 948.

Tucker, J. D., Henderson, G. E. et al., 2005, "Surplus Men, Sex Work, and the Spread of HIV in China," *Aids* 9 (6): pp. 539 - 547.

Tuljapurkar, Li et al., 1995, "High Sex Ratios in China's Future," *Science* 267 (5199): pp. 874 - 876.

Uecker, Jeremy, E. and Mark, D. Regnerus, 2010, "Bare Market: Campus Sex Ratios, Romantic Relationships, and Sexual Behavior," *The Sociological Quarterly* 51: pp. 408 - 435.

Umberson, D., 1992, "Gender, Marital Status and the Social Control of Health Behaviour," *Social Science and Medicine* 34: pp. 907 - 917.

United Nations, Department of Economic and Social Affairs, Population Division, 2011, World Population Prospects: The 2010 Revision, CD - ROM Edition.

Van, G. R., 1971, *La vie Sexuelle dans la Chine Ancienne*, Paris: Gallimard.

Waite, L. & Gallagher M., 2000, *A Case for Marriage*, New York: Doubleday.

Wang, B., Li, X. M. & Stanton, B., et al., 2007a, "Gender Differences in HIV - related Perceptions, Sexual Risk Behaviors, and History of Sexually Transmitted Diseases among Chinese Migrants Visiting Public Sexually Transmitted Disease Clinics," *Aids Patient Care and STDs* 21 (1): pp. 57 - 58.

Wang, B., Li, X. M. & Stanton, B., et al., 2007b, "HIV - Related Risk Behaviors and History of Sexually Transmitted Diseases among Male Migrants Who Patronize Commercial Sex in China," *Sex Transmitted Disease* 34 (1): pp. 1 - 8.

Wei, S. J., Zhang, X., 2009, "The Competitive Saving Motive: Evidence from Rising Sex Ratios and Savings Rates in China," NBER Working Paper.

Wilson, C. M. & Oswald, A. J., 2005, "How Does Marriage Affect Physical and Psychological Health? A Survey of the Longitudinal Evidence," http://wrap.warwick.ac.uk/1466/.

Wincherster, P. Power, 1992, *Choice and Vulnerability*: *A Case Study in Disaster Mismanagement in South India*, London: James and James.

W. Wang, C. Wei, M. E. Buchholz et al., 2010, "Prevalence and Risks for Sexually Transmitted Infections among a National Sample of Migrants versus Non – Migrants in China", *International Journal of STD & AIDS* 21: pp. 410 – 415.

X. G. Chen, Bonita Stanton, X. M. Li et al., 2009, "A Comparison of Health – Risk Behaviors of Rural Migrants With Rural Residents and Urban Residents in China", *Am J Health Behav* 33 (1): pp. 15 – 25.

Xiao, Q. Y., Zhu, Z. W., 2008, "Information Management and Scheduling in Crisis Warning——Based on Population Security Forewarning System," *Chinese Public Administration* (8): pp. 86 – 90.

X. M. Li, Bonita Stanton et al, 2004, "HIV/Std Risk Behaviors and Perceptions Among Rural – to – Urban Migrants in China," *AIDS Education Preview* 16 (6): pp. 538 – 556.

X. M. Li, L. Y. Zhang, Bonita Stanton et al., 2007, "HIV/AIDS – related Sexual Risk Behaviors among Rural Residents in China: Potential Role of Rural – to – Urban Migration", *AIDS Education Preview* 19 (5): pp. 396 – 407.

X. S. Yang, G. M. Xia, 2008, "Temporary Migration and STD/HIV Risky Sexual Behavior: A Population – Based Analysis of Gender Differences in China," *Social Problems* 55 (3): pp. 322 – 346.

Yan, Y., 2003, *Private Life under Socialism*, Stanford: Stanford University Press.

Y. C. Fan, The Repatriation of Myanmar Illegal Bride by Henan, Police Have been Accused of "Fa – hai", http://news. sina. com. cn/c/2006 – 06 – 16/09329219288s. shtml.

Y. Hong, Bonita Stanton, X. M. Li et al., 2006, "Rural – to – Urban Migrants and the HIV Epidemic in China," *AIDS Behavior* 10 (4): pp. 421 – 430.

Y. Owensfergusion, S. Crousequinn, E. Eeg & M. Sandelowski, 2006, "The Gender Ratio Imbalance and its Relationship to Risk of HIV/AIDS among African American Women at Historically Black Colleges and Universities," *AIDS Care* 18 (4): pp. 323 – 331.

Zeeman, E. C., 1976a, "Catastrophe Theory," *Scientific American* 234 (part4):

pp. 65 – 83. (An expanded Version of this Paper Appears in Zeeman 1977b.)

Zeeman, E. C., 1976a, "A Catastrophe Machine," *Towards a Theoretical Biology*, ed. C. H. Waddington, Edinburgh University Press: pp. 276 – 82.

Zeng, Y., P, Tu, B, Gu et al., 1993, "Causes and Implications of Recent Increase in the Sex Ratio at Birth in China," *Population and Development Review* 19 (2): pp. 283 – 302.

Zhang, C. F., Xie, Y. F., 2009, "Risk Society and the Strategy of its Effective Governance," *Journal of Renmin University of China* (5): pp. 25 – 32.

Zhang, Y., Hou, Y. B., 2008, "Five Modes Break 'the First Problem'," *Shenzhen Economic Daily*, 2008 – 04 – 08 (A04).

Zhao, G. M., 2003, "Trafficking of Women for Marriage in China," *Criminology and Criminal Justice* 3: pp. 83 – 102.

Zheng Hangsheng, Hong Dayong, 2004, "The Hidden Risks and the Measures for the Transitional China's Social Security," *Journal of Renmin University of China* (2): pp. 2 – 9.

Z. Hu, H. Liub, X. Li et al, 2006, "HIV – related Sexual Behaviour among Migrants and Non – migrants in a Rural Area of China: Role of Rural – to – urban Migration," *Public Health* (120): pp. 339 – 345.

索　引

图书在版编目（CIP）数据

性别失衡的社会风险研究：基于社会转型背景／刘慧君等著.
—北京：社会科学文献出版社，2014.8
国家社科基金后期资助项目
ISBN 978 - 7 - 5097 - 6181 - 6

Ⅰ.①性…　Ⅱ.①刘…　Ⅲ.①人口性别构成 - 研究 - 中国
Ⅳ.①C924.24

中国版本图书馆 CIP 数据核字（2014）第 133723 号

·国家社科基金后期资助项目·
性别失衡的社会风险研究
——基于社会转型背景

著　　者／刘慧君　李树苗　朱正威　果　臻

出 版 人／谢寿光
出 版 者／社会科学文献出版社
地　　址／北京市西城区北三环中路甲 29 号院 3 号楼华龙大厦
邮政编码／100029

责任部门／经济与管理出版中心（010）59367226　　　　责任编辑／颜林柯
电子信箱／caijingbu@ssap.cn　　　　　　　　　　　　责任校对／谭晓明
项目统筹／恽　薇　　　　　　　　　　　　　　　　　　责任印制／岳　阳
经　　销／社会科学文献出版社市场营销中心（010）59367081　59367089
读者服务／读者服务中心（010）59367028

印　　装／北京季蜂印刷有限公司
开　　本／787mm×1092mm　1/16　　　　　　　　　　印　　张／18.25
版　　次／2014 年 8 月第 1 版　　　　　　　　　　　　字　　数／294 千字
印　　次／2014 年 8 月第 1 次印刷
书　　号／ISBN 978 - 7 - 5097 - 6181 - 6
定　　价／69.00 元